Jenseits der großen Stille

Christopher Ross

Jenseits der großen Stille

Roman

Weltbild

Das Werk einschließlich aller seiner Teile ist urheberrechtlich geschützt. Jede Verwertung außerhalb des Urhebergesetzes ist ohne Zustimmung des Verlages unzulässig und strafbar. Dies gilt insbesondere für Vervielfältigungen, Übersetzungen, Mikroverfilmungen und die Einspeicherung und Verarbeitung in elektronischen Systemen.

Weltbild Buchverlag –Originalausgaben–
© 2003 Verlagsgruppe Weltbild GmbH, Steinerne Furt 67,
86167 Augsburg
Alle Rechte vorbehalten

Projektleitung: Dr. Ulrike Strerath-Bolz
Lektorat: Ingola Lammers
Umschlaggestaltung: Michael Keller, München
Picture Research: Susanne Allende
Umschlagfotos: Premium Stock Photography GmbH, Düsseldorf:
R. Gehman (Hintergrund), Jämsen (Husky)
Satz: Anke Kiederle
Druck und Bindung: Clausen & Bosse GmbH, Birkstrasse 10,
25917 Leck

Gedruckt auf chlorfrei gebleichtem Papier

Printed in Germany

ISBN 3-89604-573-3

Für Britta Groiß

1

Das Heulen der Wölfe war bis in die Stadt zu hören. Ein lang gezogenes Klagen aus den nahen Wäldern, das mit dem kühlen Wind über die Rollbahn getragen wurde. Dichte Nebelschwaden hingen über Weeks Field. Die Positionslichter der Rollbahn flackerten im feuchten Dunst und blendeten die elegant gekleidete Frau, die ihren Chevrolet neben der Holzhütte des Airport Managers parkte und ihren Mantelkragen zuknöpfte, bevor sie ausstieg. Eisiger Nieselregen schlug ihr entgegen. Sie rannte geduckt zum Büroeingang und atmete erleichtert auf, als die Tür hinter ihr ins Schloss fiel. »Scheußliches Wetter!«
»Hi, Clarissa«, begrüßte Harry Cheek die eintretende Frau. Der ehemalige Pilot arbeitete für den Flughafen, seit er bei einer Bruchlandung ein Auge verloren hatte und gezwungen war, auf dem Boden zu bleiben. Die meiste Zeit seines Lebens hatte er in der Luft verbracht und es niemals verwunden, dass ihm das Schicksal so übel mitgespielt hatte. »Frank ist schon unterwegs! Er musste einen Colonel der Army mitnehmen, sonst wäre er gar nicht losgeflogen. In Chena ist der Nebel noch dichter als hier! Hatte es furchtbar eilig, der Lamettaträger. Tat gerade so, als müsste er noch heute Abend nach Europa fliegen und den Krieg gegen die Deutschen gewinnen! Wie wär's mit einem Kaffee?«
»Immer«, erwiderte Clarissa und versuchte ihre Nervosität hinter einem flüchtigen Lächeln zu verbergen. »Mit viel Milch und Zucker.« Sie öffnete ihren Mantel und wärmte ihre Hände über dem heißen Ofen. »Danke, dass du mich angerufen hast. Ich wollte gerade aus dem Haus.

Du weißt schon, heute findet die Benefizveranstaltung für die neue Konzerthalle statt.« Sie trat ans Fenster und blickte besorgt in den Nebel hinaus. »Ich hätte nie gedacht, dass Frank bei diesem Wetter losfliegt! Hat die Armee denn keine eigenen Flugzeuge?«
Harry grinste. »Doch. Aber bei dem Nebel will keiner von den Burschen in die Luft! Das schaffen nur ganze Kerle wie dein Frank!« Er rührte seinen Kaffee um und stellte den Becher auf den Tisch. Sein Blick fiel auf ihr dunkelgrünes Kostüm mit der silbernen Brosche. Er nickte anerkennend. »Du siehst gut aus, Clarissa!«
Ein amüsiertes Lächeln huschte über ihr Gesicht. »Weil ich mich so aufgetakelt habe?« Sie strich nachdenklich über den edlen Stoff; das kostbare Kostüm hatte sie auf ihrer letzten Reise nach Anchorage erstanden. »Ich will einen guten Eindruck bei den Leuten machen, das ist alles. Der Reporter des *News-Miner* macht bestimmt wieder ein Foto von mir, und ich möchte besser aussehen als nach dem Derby!« Clarissa hatte das »Dog Derby« gewonnen, ein Schlittenhundrennen, das jedes Jahr nach dem »Winter Carnival« in Fairbanks veranstaltet wurde. Seitdem hingen die Reporter des *Fairbanks Daily News-Miner* an ihren Fersen. Sie war noch berühmter als vor zehn Jahren, als sie mit ihrem Mann, einem ehemaligen Polizisten der Royal Canadian Mounted Police, nach Alaska gekommen war. Damals hatte sie die »Yukon Trophy« gewonnen, das angeblich »härteste Schlittenhundrennen der Welt«. Doch ihr Ruhm war schnell verblasst und erst wieder aufgeblüht, als sie ihre wesentlich jüngeren Konkurrenten beim Dog Derby besiegt hatte. Jetzt war sie vierzig.
»Bist du nächsten Winter wieder dabei?«, fragte Harry. Er steckte seine Pfeife an und blies den Rauch an Cla-

rissa vorbei. Sie hatte ihm oft genug versichert, dass ihr der Rauch nichts ausmachte. Ihr Mann rauchte Zigarre.
»Deine Hunde sind schneller als im letzten Winter, besonders der Leithund. Dusty, nicht wahr?«
Clarissa nickte, ohne den Blick von der Rollbahn zu nehmen. Sie stand immer noch am Fenster. Der Nebel schien dichter geworden zu sein und hing in zerfetzten Schwaden über dem Flugplatz. Sie wandte sich zu Harry. »Dusty hat das letzte Rennen ganz allein gewonnen«, erwiderte sie. »Hab ich dir mal erzählt, wie er den jungen Grumpy zum Weiterlaufen gebracht hat? Das war oben in den Highlands. Hinter dem Kontrollpunkt legte sich der Kleine in den Schnee und streikte. Er hatte keine Lust mehr. Dusty bellte ihn so wütend an, dass er wie ein aufgeschrecktes Kaninchen losrannte und beinahe den Schlitten umgekippt hat! Seitdem gehört er zu meinen besten Hunden!« Sie trank von dem heißen Kaffee und nickte in Richtung des Funkgeräts. »Frank hat sich noch nicht gemeldet, oder? Er müsste doch längst hier sein!«
Harry gab sich Mühe, seine Besorgnis zu verbergen. Mit einem Blick auf die Wanduhr sagte er: »Zehn, fünfzehn Minuten wird er wohl noch brauchen! Selbst dein Mann kann nicht zaubern!« Sein Lachen klang gekünstelt. »Mach dir keine Sorgen, Clarissa! Frank ist die Vorsicht in Person! Er gehört zu unseren erfahrensten Piloten! Eher setzt er diesen Colonel in Seattle ab, bevor er eine Bruchlandung im Nebel riskiert!« Er deutete aus dem Fenster. »Aber Frank findet immer eine Lücke!«
Clarissa teilte das Vertrauen des Managers nur zum Teil. Vor zehn Jahren war sie mit ihrem ersten Mann am Yukon abgestürzt. Auch er war ein erfahrener Buschpilot gewesen. Sie hatte neben ihm im Cockpit gesessen, als der Motor abstarb und sie zu einer Bruchlandung gezwun-

gen waren. Wenn sie die Augen schloss, sah sie die furchtbaren Bilder noch immer. Das zerfetzte Wrack der *Bellanca*, die brennenden Holzstreben und den verkohlten Körper ihres Mannes. In ihren Träumen schiente sie noch einmal ihr gebrochenes Bein und humpelte zu der rettenden Hütte. Ein Wolfshund hatte ihr damals den Weg gezeigt und ihr das Leben gerettet. Außer Frank, der Nanuk mit eigenen Augen gesehen hatte, glaubte kaum jemand diese sagenhafte Geschichte. Eine Legende der Indianer berichtete von einem verzweifelten Krieger, der vom Mackenzie River gekommen war und seine Frau in einem Schneesturm verloren hatte. Tagelang irrte er durch die Wildnis und tötete einen einsamen Wolf, um in der Einsamkeit überleben zu können. Er aß das rohe Fleisch des Tieres und trank sein Blut, und einige Indianer behaupteten, dass er zu einem Wolfshund geworden war, zu einem Geist-Tier, das ziellos durch die Berge des Nordens zog, auf der Suche nach seiner geliebten Frau und immer darum bemüht, unschuldige Menschen vor dem Tod zu retten.

Aus dem Nebel drang das vielstimmige Geheul der Wölfe. Obwohl das Fenster geschlossen war, konnte man es deutlich hören. Clarissa versuchte, die Nebelfetzen mit ihrem Blick zu durchdringen. Im trüben Grau des frühen Abends erkannte sie die Umrisse einiger Häuser und den baufälligen Zaun, der den Flughafen umgab. Auf dem Rollfeld standen zwei kleinere Flugzeuge, eine *Standard* und eine *Bellanca*. Sie erkannte die Maschinen nur an ihren schemenhaften Umrissen. Ein Pickup fuhr am Zaun entlang und ließ die Ergebnistafel des heimischen Baseball-Clubs im Scheinwerferlicht erkennen. Auf dem staubigen Platz fand jeden Sonntag ein Meisterschaftsspiel statt. Die Nebelschwaden hingen wie der gefrore-

ne Atem eines unheimlichen Riesen über dem Boden und ließen das Wolfsgeheul noch bedrohlicher erscheinen. »So nahe waren sie schon lange nicht mehr«, sagte Clarissa, ohne sich umzudrehen. »Die haben bestimmt großen Hunger!«
»Wär nicht das erste Mal«, meinte der Manager. Er zog nachdenklich an seiner Pfeife. »Anfang der dreißiger Jahre kamen sie bis in die Stadt! Ich war damals für den Fairbanks Air Service unterwegs. Ich kann mich noch gut daran erinnern, wie ich die Wölfe aus der Luft gesehen habe! Die Biester waren vor Hunger fast verrückt! Sie rissen die Milchkuh vom alten Scotty und wagten sich bis auf die Front Street vor. Hätte dieser Polizist nicht das Leittier erschossen, wär's wohl noch schlimmer gekommen!«
Clarissa hatte keine Angst vor Wölfen. Sie lebte seit über zehn Jahren in der Wildnis und war mit den Tieren vertraut. Sie griffen nur selten einen Menschen an. Erst vor zwei Wochen hatte der *News-Miner* berichtet, dass während der letzten zehn Jahre nur ein Bewohner der Stadt von einem Wolf getötet worden war, und der hatte die Tollwut gehabt. Wölfe mieden die Menschen und näherten sich einer Siedlung nur, wenn ihr Hunger unerträglich wurde. »Seltsam«, erwiderte sie, »eigentlich müssten sie satt sein. In den Wäldern gibt es genug Wild, und gebrannt hat es nur im Norden. Ob es ein Rudel nach Süden verschlagen hat?«
»Keine Ahnung«, antwortete Harry, »darum soll sich die Regierung kümmern! Ich hab mit Wölfen wenig im Sinn. Früher hab ich mich mit ihnen angelegt, so wie damals in den Highlands, als mir dieses Biest direkt vor die Maschine lief! Den hab ich mit einer Kugel vertrieben! Heute verlasse ich die Stadt kaum noch.«
Clarissa blickte in ihren Kaffeebecher und vor ihren

Augen erschien das Bild eines wütenden Wolfsrudels, das sie bedrängte. Wenige Meter vor der Blockhütte war sie von den hungrigen Tieren eingekreist worden, kurz nachdem sie ihren Mann verloren hatte. Und auch aus dieser gefährlichen Lage hatte Nanuk sie befreit. Der Wolfshund hatte seine wilden Brüder vertrieben.
Durch den Nebel drang das leise Brummen eines Flugzeugmotors. Ein vertrautes Geräusch, das ein hoffnungsvolles Lächeln auf ihr Gesicht zauberte. So wie vor über zehn Jahren, als Jack mit seiner *Standard* vor ihrem Haus gelandet war und sie zu einem Flug über die Felder abgeholt hatte. Unterwegs hatte er ihr einen Heiratsantrag gemacht. Sie hatte angenommen und war mit ihm nach Alaska und an den Yukon gezogen. Auch dort war das Brummen stets gegenwärtig. Wie oft hatte sie besorgt in ihrer Blockhütte gesessen und ihren Mann herbeigesehnt! Das gemeinsame Schicksal aller Frauen, die mit einem Buschpiloten verheiratet waren. Ein Flug in die Wildnis war immer mit Gefahren verbunden, auch für einen erfahrenen Piloten, und das Motorengeräusch, das durch die arktische Kälte drang, wurde zu einem Signal der Hoffnung und der Freude. Wenn sie es hörte, wusste sie, da kommt mein Mann! Er kommt nach Hause! Nichts war schlimmer als die Stille, wenn man auf den geliebten Partner wartete. So war es auch bei Frank, der seinen Job bei der Royal Canadian Mounted Police gekündigt hatte und Buschpilot geworden war. »Ich weiß, wie sehr du um deinen Mann trauerst«, hatte er gesagt. Er sprach immer noch von »ihrem Mann«, wenn er Jack erwähnte. Dann hatte er dieses verschmitzte Lächeln im Gesicht, das sie so an ihm liebte. »Ich passe auf mich auf, Clarissa! Hörst du? Ich lasse dich nicht allein!«

Das Funkgerät knisterte. »Fairbanks Radio! Fairbanks Radio! Hier ist Fairchild Zwei-Null-Sieben-Sechs-Sechs! Ich bin gleich bei euch! Was habt ihr für ein Wetter da unten?«
»Frank!«, rief Clarissa aufgeregt.
Harry Cheek eilte ans Funkgerät und legte einen Kippschalter um. »Fairbanks Radio! Fairbanks Radio! Es sieht übel aus, mein Junge! Über dem Flughafen hängt eine dichte Wolkendecke, ungefähr dreihundert Fuß, und hier unten macht sich der Nebel breit! Aber wenn du eine Lücke findest und unter die Wolken kommst, schaffst du es! Ich schalte die Festbeleuchtung ein, okay?«
»Roger, Harry«, antwortete Frank. Seine Stimme klang verzerrt. »Ich flieg nach Süden, vielleicht gibt es da eine Lücke! Ist nicht das erste Mal, dass ich einen Umweg fliegen muss. Über dem Valley sind immer Löcher. Weiß meine Frau, dass ich komme?«
»Sie steht neben mir, Frank!«
»Hallo, Schatz!«, grüßte Frank über das Funkgerät.
Clarissa griff nach dem Mikrofon und versuchte ihrer Stimme einen aufmunternden Klang zu geben. »Hallo, Frank! Musst du ausgerechnet bei diesem Sauwetter durch die Gegend fliegen? Oder hast du dir eine DC-3 geliehen?« Ihr Lachen klang gekünstelt. »Pass auf dich auf, ja? Ich hab keine Lust, dich wieder gesund zu pflegen!«
»Keine Bange, Schatz!«, kam die zuversichtliche Antwort. »Ich finde schon eine Lücke! Ich hab einen wichtigen Passagier bei mir, einen Colonel, der unbedingt zu seiner Einheit muss. Es wär bestimmt nicht in seinem Sinne, wenn ich irgendwo in den Bergen lande und mit ihm auf Bärenjagd gehe!« Sein Lachen war fröhlicher. »Wer hätte das gedacht! Ein kanadischer Ex-Mountie ret-

tet die Ehre der US-Armee! Wenn ich nicht aufpasse, steckt mich der Colonel in einen dieser schnellen Abfangjäger!«

Sie war viel zu nervös, um auf seine Scherze einzugehen. »Geh kein Risiko ein, Frank! Lande irgendwo anders, wenn der Nebel zu dicht ist!«

»Ich passe auf, Schatz! Ganz bestimmt!«

Das Funkgerät verstummte, und sie kehrte nachdenklich ans Fenster zurück. Sie war zu lange mit einem Buschpiloten verheiratet, um den Ernst der Lage zu verkennen. Auch wenn seine Maschine voll getankt war, bestand die Gefahr, dass er keine Lücke in der Wolkendecke fand und riskieren musste, blind nach unten zu stoßen. Selbst wenn er es schaffte, drohte ihm eine Bruchlandung. Außerhalb der Stadt gab es kaum Lichter, und die Wahrscheinlichkeit, im dichten Nebel in den Bergen zu zerschellen oder in den Baumkronen zu landen, war groß. So war ihr erster Mann gestorben, ein erfahrener Buschflieger, der niemals ein unnötiges Risiko eingegangen war. »Als Buschflieger musst du das Glück gepachtet haben«, sagten die Oldtimer, »sonst hast du keine Chance in diesem wilden Land!« Ein winziger Fehler, und man war der übermächtigen Natur ausgeliefert. »Wird schon schief gehen«, versuchte Harry sie aufzumuntern, »so was kommt alle paar Tage vor, das weißt du doch am besten! Irgendwo gibt es immer eine Lücke, und der Rest ist ein Kinderspiel! Das hab ich oft genug erlebt! Hab ich dir mal von meinem Flug nach Barrow erzählt, das muss Ende der Zwanziger gewesen sein. Ich hatte einen Hundeschlitten geladen und kam in diesen fürchterlichen Eisnebel! Du hast kaum die Hand vor Augen gesehen, und ein Funkgerät gab es damals noch nicht ...«

»Radio Fairbanks! Radio Fairbanks!«, unterbrach ihn die Stimme aus dem Funkgerät. »Hier ist Fairchild Zwei-Null-Sieben-Sechs-Sechs! Ich hab die Lücke gefunden! Setz schon mal den Kaffee auf, und sag der Army, sie soll einen Fahrer schicken!«

Harry nahm erleichtert die Pfeife aus dem Mund. »Na, also! Ich hab doch gewusst, dass du dich nicht unterkriegen lässt!« Er las einige Daten von seinem Notizblock ab und strahlte Clarissa an. »Und einen schönen Gruß von deiner Frau soll ich dir bestellen! Sie kann es gar nicht erwarten, dich in die Arme zu schließen!«

»Sag ihr, dass ich sie liebe, okay?«

Jetzt schaffte auch Clarissa ein Lächeln. »Woher weißt du das alles?«, fragte sie, nachdem Harry auf Empfang gestellt hatte.

»Das ist nicht schwer zu erraten«, erwiderte er.

Ihr Lächeln ließ sie mädchenhaft wirken. Eine Beobachtung, die ihren Mann und viele ihrer Bekannten faszinierte. Obwohl sie vor einigen Tagen ihren vierzigsten Geburtstag gefeiert und einen großen Teil ihres Lebens in der Wildnis des Hohen Nordens verbracht hatte, war ihr Gesicht kaum gealtert. »Das ist die frische Luft«, sagte sie, wenn man sie darauf ansprach. Frank schob es auf ihre Augen. Das Leuchten schien tief aus ihrer Seele zu kommen. Gleich am ersten Tag, als er verletzt in ihren Armen aufgewacht war, hatte er erkannt, wie viel Sanftmut und Zärtlichkeit diese Frau ausstrahlte. »Ich weiß, dass du deinen Mann immer noch liebst«, hatte er an ihrem ersten Hochzeitstag gesagt, »und ich danke dir für die Liebe, die du für mich aufgehoben hast! Du hast die schönsten Augen der Welt, Clarissa!«

Das Motorengeräusch der *Fairchild* kam näher und ließ sie unruhig werden. »Ich warte draußen, Harry.« Sie öff-

nete die Tür und drehte sich noch einmal um, als ihr der kühle Wind den Nieselregen ins Gesicht trieb, »Vergiss nicht, den Kaffee aufzusetzen!«
Sie lief über den regennassen Platz und blieb unter einer Lampe stehen. In dem kalten Licht wirkte ihr Gesicht unnatürlich blass. Der Regen hing wie silberner Staub in der feuchten Luft und vermischte sich mit den Nebelschwaden, die selbst die Lichter der nahen Stadt in weite Ferne rückten. Ihre Nervosität kehrte zurück. Besorgt horchte sie auf das nahende Motorengeräusch. Auch ein erfahrener Pilot musste sein ganzes Können aufbieten, um bei diesem Wetter sicher aufzusetzen.
Später würde sie oft an jenen Augenblick denken, als die *Fairchild* aus den Wolken tauchte und wie ein dunkler Schatten durch den Nebel taumelte. Genauso war es gewesen, als sie mit Jack abgestürzt war. »Frank! Mein Gott, Frank! Was ist los?«
Frank hatte die Kontrolle über die Maschine verloren. Die *Fairchild* torkelte führerlos durch den Nebel, und es grenzte an ein Wunder, dass sie nicht wie ein Stein zu Boden fiel. »Zieh sie nach oben, Frank!«, rief Clarissa in aufkommender Panik. »Mehr Seitenruder! Himmel, was tust du da, Frank? Halte sie gerade!«
Die *Fairchild* kam näher, brach nach links aus und zog wieder nach rechts. Unter der Maschine leuchteten die Positionslichter der Landebahn. »Du bist zu schnell!«, rief Clarissa. Ihre Hände waren zu Fäusten geballt, und sie merkte gar nicht, dass Harry Cheek aus der Hütte gerannt kam und schwer atmend neben ihr stehen blieb. Sie begann zu weinen. »Frank ... viel zu schnell ...«
Auch Harry schrie und gestikulierte, aber sie nahm ihn nicht wahr. Ihr entsetzter Blick folgte der Maschine, die viel zu steil auf die Landebahn zuraste, mit einer Trag-

fläche den nassen Boden berührte und in einer schmutzigen Wolke um die eigene Achse gewirbelt wurde. Die Schnauze kippte nach vorn, der Propeller brach ab und wirbelte durch die Luft. Aus der linken Tragfläche schoss eine Stichflamme. Clarissa sah, wie der Körper ihres Mannes aus der brennenden Maschine geschleudert wurde und im Schlamm liegen blieb. Sekunden später explodierte die *Fairchild*. Eine grelle Stichflamme stieg aus dem Wrack und durchbrach die dichten Nebelschwaden wie ein Blitz.
Clarissa starrte mit geweiteten Augen in den Nebel. Tiefes Entsetzen lähmte ihren Körper. Das Prasseln des Feuers und das Poltern der herabfallenden Wrackteile drang durch einen dichten Schleier zu ihr. Der Nebel wurde eins mit den Flammen und dem reglosen Schatten ihres Mannes. Erst dann wurde ihr das ganze Ausmaß des Unglücks bewusst. »Frank!«, kam es verzweifelt über ihre Lippen. »Bitte nicht, Frank! Nicht schon wieder!« Sie rannte in panischer Angst über den Platz, fiel weinend neben ihrem Mann auf die Knie und schloss ihn vorsichtig in die Arme.

≈ 2 ≈

Clarissa wachte bei ihrem bewusstlosen Mann und berührte ihn sanft. Seine Augen waren geschlossen, und aus einer Platzwunde am Kopf sickerte dunkles Blut. Sein linker Arm war seltsam verdreht. Sie wischte einen Schlammspritzer von seinem Gesicht und küsste ihn auf beide Wangen, berührte seine Stirn mit der flachen Hand, wie die heilige Frau der Indianer, die sie vor einigen Jahren in einem Küstendorf beobachtet hatte. Sie war mit ihrem Mann auf einem Postflug gewesen und hatte mit eigenen Augen gesehen, wie ein todkranker Mann unter den Händen der greisen Frau zum Leben erwacht war. Frank rührte sich nicht. Im flackernden Schein des Feuers, das die *Fairchild* und den Colonel verschlang, wirkte er wie ein Toter. »Du darfst nicht sterben!«, flehte Clarissa mit tränenerstickter Stimme. »Halte durch, Frank! Der Krankenwagen ist schon unterwegs! In ein paar Tagen bist du wieder auf dem Damm! Hörst du mich?«
Sie suchte seinen Puls und blickte nervös in den Nieselregen. Die Nebelschwaden hatten sich mit dem schmutzigen Rauch des Feuers vermischt und hingen wie Fetzen eines glühenden Vorhangs in der Luft. Die Hitze, die von dem brennenden Flugzeug ausging, brannte in ihren verweinten Augen. Es roch nach Benzin und verbranntem Leder. Noch war sie viel zu benommen, um das ganze Ausmaß der Katastrophe zu erkennen. Sie war nur erleichtert, dass ihr Mann dem brennenden Inferno entkommen war. In der Kabine wäre er genauso qualvoll wie der Colonel gestorben. Der Gedanke an den toten Soldaten erinnerte sie an den Absturz mit

ihrem ersten Mann, wie sie vor seinem verbrannten Körper gestanden und stumm geweint hatte. Auch zehn Jahre nach dem schrecklichen Unfall wachte sie in manchen Nächten noch schweißgebadet auf und schrie um Hilfe.
Sie bemerkte den Schatten des Airport Managers, der vergeblich mit seinem Mantel gegen das Feuer ankämpfte, und hörte die Sirenen der Rettungswagen. Verschwommene Lichter drangen durch den Nebel und zeichneten bunte Schatten auf ihr Gesicht. Sie erkannte die Sanitäter in ihren Anoraks und beugte sich zu ihrem Mann hinunter: »Der Krankenwagen ist da, Frank! Du hast es geschafft! Gleich bekommst du eine Spritze, und wenn du wieder aufwachst, sind die Schmerzen vorbei! Hab keine Angst!«
Zwei Sanitäter traten aus dem Feuerschein und kümmerten sich um den Verletzten. »Schwere Kopfverletzung«, hörte sie einen der Männer sagen, »und der linke Arm ist gebrochen! Sieht schlimm aus!« Sie legten den bewusstlosen Piloten auf eine Trage und trugen ihn zum Wagen. »Ich komme mit!«, sagte Clarissa entschlossen. »Ich bin seine Frau!« Ihr Gesicht war von der Hitze gerötet, und sie wirkte auf einmal sehr gefasst. Nur in ihren Augen war Angst. Ohne die Sanitäter anzublicken kletterte sie in den Wagen. Sie setzte sich neben ihren Mann und griff nach seinem gesunden Arm. »Ich bleibe bei dir, Frank!«, versprach sie.
Der Krankenwagen brauste davon, und sie musste sich mit beiden Händen festhalten, um nicht von der Bank geschleudert zu werden. Durch die beiden Rückfenster sah sie, wie die Feuerwehrmänner die brennende *Fairchild* löschten. Harry Cheek stand etwas abseits, seinen schwelenden Mantel in der rechten Hand. Aus den um-

liegenden Häusern waren Menschen gekommen. Sie blickten neugierig zu dem brennenden Flugzeug hinüber und sprachen aufgeregt miteinander. Wie in einem Stummfilm zogen die Szenen an ihr vorüber, nur das Brummen des Motors und das Heulen der Sirene waren zu hören. Ihr Mann lag reglos auf der Trage, wie ein Todkranker, dem nicht mehr zu helfen war. Und doch lächelte der Sanitäter ihr aufmunternd zu, als wollte er sagen: »Keine Angst, Ma'am! Das kriegt der Doc wieder hin! Ist nicht so schlimm, wie es aussieht!« Etwas Ähnliches sagte er auch, aber im Sirenengeheul war seine Stimme nicht zu hören.
Bis zum Krankenhaus waren es nur wenige Minuten. Clarissa erlebte sie als bösen Traum, der alle Bewegungen langsamer ablaufen ließ. Das Gesicht ihres Mannes war wie aus Stein gemeißelt. Die Angst schnürte ihr die Kehle zu, so wie damals in den Bergen, als sie allein durch den Schnee gestapft war. Sie weinte wieder. Um ihren ersten Mann, der in seiner *Bellanca* verbrannt war, und um Frank, der von einem Sanitäter versorgt und ins Krankenhaus gebracht wurde. Ein erfahrener Arzt würde ihn operieren, und in ein paar Tagen, spätestens in einer Woche, würde er wieder in ein Flugzeug steigen. Sie wusste, dass es nicht so war, und doch klammerte sie sich an diese Hoffnung. Wenn er nur am Leben blieb! Sie liebte Frank, so wie sie ihren ersten Mann geliebt hatte, und konnte sich nicht vorstellen, noch einmal um einen geliebten Menschen trauern zu müssen.
Der Wagen hielt mit quietschenden Bremsen vor dem Krankenhaus. Das St. Joseph Hospital lag außerhalb der Stadt, am Ende einer breiten Sandstraße, und war hell erleuchtet, als Clarissa hinter ihrem Mann und den Sanitätern nach draußen kletterte. Sie sah das Schild

der Notaufnahme über der geöffneten Seitentür und folgte den Ärzten, die ihren Mann übernahmen und sich von den Sanitätern die Verletzungen erklären ließen, bevor sie hinter einer Klapptür verschwanden. Sie verstand kein einziges Wort von den Fachausdrücken, die zwischen den Männern in den weißen Kitteln gewechselt wurden. Als sie ihnen folgen wollte, wurde sie unsanft von einer Krankenschwester aufgehalten.
»Da können Sie nicht rein!«, rief die Schwester. Sie packte Clarissa am Oberarm und hielt sie fest, als sie sich losreißen wollte. »Im OP haben Sie nichts zu suchen!« Ihre Stimme klang heiser, und Clarissa fühlte sich an eine Lehrerin erinnert, die sie in Dawson City gekannt hatte. Große blaue Augen in einem runden Gesicht, ohne Humor und viel zu streng, kurze blonde Haare, wie manche Frauen sie in den zwanziger Jahren getragen hatten, ein mächtiger Busen, der ihre Uniform zu sprengen drohte. Manche Männer bevorzugten diesen Typ, das wusste sie aus Dawson City, doch ihr war diese Frau immer zu gefühllos gewesen. »Ich benote die Schüler allein nach ihrer Leistung«, hatte sie gerne gesagt, und obwohl im Allgemeinen nichts gegen diese Behauptung einzuwenden war, hatte sie aus ihrem Mund wie eine Drohung geklungen.
Seltsam, dass ihr diese Gedanken gerade jetzt durch den Kopf schossen. Der Schmerz in ihrem rechten Arm holte sie in die Wirklichkeit zurück. »Ich will zu meinem Mann!«, fuhr sie die Krankenschwester an. »Er ist schwer verletzt! Sehen Sie denn nicht, dass er mich braucht?« Sie versuchte erneut, sich aus dem Griff der Schwester zu befreien, aber ihr rechter Arm schien in einem Schraubstock zu hängen, und sie musste aufgeben. Ihr Schmerz verwandelte sich in Wut, sie schrie und trat und

wurde von der Schwester in einen kleinen Nachbarraum gezwungen. Nach einem kräftigen Stoß fand sie sich auf einem harten Stuhl wieder.
»Halten Sie den Mund!«, schrie die Schwester. »Die Ärzte tun alles, um Ihren Mann wieder gesund zu machen, und Sie würden da drin nur stören! In einen Operationssaal dürfen nur die Ärzte und die Schwestern, die an der Operation beteiligt sind!«
Clarissa begann zu weinen. Nachdem sie von dem Wasser getrunken hatte, das ihr die Schwester brachte, beruhigte sie sich wieder. »Entschuldigen Sie«, meinte sie, ohne die Schwester anzublicken, »ich hab wohl die Nerven verloren. Mein Mann ist mit dem Flugzeug abgestürzt, wissen Sie, drüben auf Weeks Field, und ich habe furchtbare Angst, dass er nicht durchkommt!«
»So schnell stirbt man nicht«, erwiderte die Schwester mit einem verständnisvollen Unterton in ihrer rauen Stimme. »Wir haben die besten Ärzte des ganzen Territoriums, die tun, was sie können! Ihr Mann ist bestens bei ihnen aufgehoben! Also bleiben Sie hier sitzen und warten Sie, bis Sie Bescheid bekommen!« Sie ging zur Tür und drehte sich noch einmal um. »Ich bin Schwester Ruth. Rufen Sie nach mir, wenn Sie was brauchen!«
»Ich bin ...«, begann Clarissa, aber da war die Schwester schon verschwunden. Sie trank einen weiteren Schluck von dem Wasser und stellte das Glas auf den Tisch. Das Wartezimmer war nüchtern eingerichtet. Ein Tisch mit Zeitschriften, ein paar Stühle, ein Regal mit zerfledderten Büchern, an den Wänden ein Bild des Mount McKinley und ein Kalender, der den 2. September 1941 anzeigte, das gestrige Datum. Sie stand auf, riss das Kalenderblatt ab und drehte es unschlüssig zwischen den Fingern, bevor sie es zu den Zeitschriften auf den Tisch leg-

te. »Lieber Gott, mach ihn wieder gesund!«, betete sie, obwohl sie nie viel von der Kirche gehalten hatte. Aber sie hatte im Haus eines katholischen Priesters gewohnt, bevor sie ihren Mann geheiratet hatte, und sprach öfter mit dem lieben Gott, wenn sie allein war.

Sie wischte sich die Tränen aus den Augen und ging unruhig im Zimmer auf und ab. Inzwischen schämte sie sich für ihren Ausbruch. Sie war eine erfahrene Frau, die viele Jahre in der Wildnis zugebracht und lebensgefährliche Situationen überlebt hatte. Die langen Monate in der einsamen Blockhütte, nachdem sie mit ihrem Mann abgestürzt war und sich das Bein gebrochen hatte. Der Schneesturm, den sie mit ihrem Mann durchlebt hatte. Der Angriff eines wütenden Elchs, als sie mit ihrem Hundeschlitten unterwegs gewesen war. Der aufgebrachte Grizzly, der sie bis zur Hütte verfolgt hatte und erst verschwunden war, als sie einen Eimer kaltes Wasser aus dem Fenster geschüttet hatte. Sie hatte mehr erlebt als die meisten Männer, die im Hohen Norden von Alaska lebten, und war schwer zu erschüttern.

Eine Heldin, wie sie Jack London in seinen Büchern beschrieben hätte, wäre nüchtern geblieben und hätte niemals die Fassung verloren. Sie hätte sich mit versteinerter Miene in das Wartezimmer zurückgezogen und auf den Arzt gewartet, der ihr nach der Operation mitteilte, wie es ihrem kranken Mann ging. Sie war keine Heldin, auch wenn die Zeitungen in Dawson City und Fairbanks sie nach ihren Siegen in den Hundeschlittenrennen in den Himmel gehoben hatten. Sie war die erste Frau gewesen, die das Dog Derby gewonnen hatte! Über die Berichte in den Zeitungen hatte sie nur gelacht. Was hätten die Reporter wohl gesagt, wenn sie ihren Ausbruch mitbekommen hätten?

Clarissa schämte sich nicht für ihre Tränen. Die Bilder des brennenden Wracks und ihres bewusstlosen Mannes, die sich tief in ihr Gedächtnis gebrannt hatten, waren leichter zu ertragen, wenn sie ihren Tränen freien Lauf ließ. Die Angst zerrte an ihren Nerven und ließ sie unruhig zur Tür blicken. Die Ungewissheit war kaum zu ertragen. Sie stand auf, öffnete die Tür und blickte in den Gang hinaus. Er war leer. Die Pendeltüren, die zum Operationssaal führten, schienen sie anzustarren. Hinter den Fenstern brannte Licht. Aber der Raum, in dem ihr Mann operiert wurde, lag hinter einer weiteren Tür, und außer den Umrissen einiger Schränke und Regale war nichts zu sehen. Die Stille in dem Gang wirkte gespenstisch, und das blasse Licht verstärkte ihr Gefühl, in einem Traum gestrandet zu sein. Sie schien sich in einem dieser Raumschiffe zu befinden, die auf den *Pulp Magazines* abgebildet waren, die jetzt überall im Handel waren. Billige Groschenromane, die im Weltraum oder auf außerirdischen Raumschiffen spielten. Vor drei Jahren war ein Hörspiel im Radio gelaufen, das von der Ankunft feindlicher Marsmenschen berichtet hatte. Viele Menschen hatten geglaubt, was Orson Welles ihnen in »War of the Worlds« vorgegaukelt hatte. War sie in einem dieser Raumschiffe gelandet?

Sie schalt sich eine Närrin und nahm einen kräftigen Schluck von dem Wasser. Gewaltsam verdrängte sie die seltsamen Bilder. Sie musste der Wahrheit ins Gesicht blicken, so hatte sie es in der Wildnis immer getan. Schwester Ruth hatte Recht. Die Ärzte würden alles tun, was in ihrer Macht stand, um ihren Mann zu retten. Sie konnte ihnen nicht helfen und lenkte sie nur von ihrer Arbeit ab, wenn sie jetzt die Nerven verlor. Sie würde früh genug erfahren, wie die Operation verlaufen war.

Erleichtert, ihre Fassung wiedergewonnen zu haben, trat sie ans Fenster. Der Anblick der White Mountains jenseits des Flusses beruhigte sie. Der Nebel hatte sich verzogen. Herbstliches Zwielicht lag wie feiner Dunst über den verschneiten Hängen und ließ die Berge wie eine Fata Morgana aussehen. Der Chena River, der sich in zahlreichen Windungen durch die Täler wand, glänzte im fahlen Nachtlicht. Auch im Herbst wurde es spät dunkel. Die beiden Kunstflieger aus Montana, die letzten Sommer in Alaska gewesen waren, hatten ihre Kollegen aus dem Norden um die langen Tage beneidet und lachend von dem vielen Geld gesprochen, dass man als Buschflieger »im Schlaf« verdienen konnte. Sie wussten nichts von dem Regen und dem tückischen Nebel. In Alaska musste man das Glück gepachtet haben, wenn man überleben wollte.

Nicht einmal die Ärzte hätten sagen können, ob das Glück ihrem Mann treu geblieben war. Der gebrochene Arm und die Prellungen würden heilen, doch niemand wusste, wie schwer seine Kopfverletzung war. Würde er überleben? Würde er jemals wieder fliegen können? Oder würde er wie Harry Cheek auf dem Abstellgleis oder als Krüppel enden? Voller Bitterkeit dachte sie an den alten Chuck, der mit seiner Maschine gegen einen Baum gerollt war und seitdem im Rollstuhl saß. Der Unfall hatte harmlos ausgesehen. Erst als Chuck nicht aus seiner Kabine geklettert war, hatten die Mechaniker vor dem Hangar gemerkt, dass er ernsthaft verletzt war. Das vernichtende Urteil war im Krankenhaus gekommen: Der leidenschaftliche Pilot würde sein Leben lang gelähmt bleiben. Er verbrachte den ganzen Tag und die halbe Nacht im Nugget Saloon und trank so lange, bis er seinen Unfall vergaß. Wenn er seinen Kater überwunden hatte, begann er von vorn. Niemand lachte den alten Chuck aus, weil jeder wusste, dass er der Nächste sein konnte.

Ein lang gezogenes Heulen drang von den Bergen herüber. Sie lehnte sich mit beiden Handflächen gegen das kalte Fenster und starrte in den regnerischen Dunst. Ihr Atem hinterließ einen weißen Fleck auf der Glasscheibe. Über zehn Jahre waren vergangen, seitdem Nanuk ihr geholfen hatte. Der geheimnisvolle Wolfshund hatte sie zu der einsamen Hütte geführt und vor einem qualvollen Tod in der Wildnis gerettet. In Dawson City war ihre Geschichte längst zur Legende geworden, auch ein Grund dafür, warum sie mit Frank nach Fairbanks gezogen war. Sie wollte nicht, dass man sie zur Heldin verklärte. Sie war eine gewöhnliche Frau. Mutiger als die Modepüppchen in New York und San Francisco und stärker als die meisten Frauen, die vom »Festland« nach Alaska gekommen waren, in einem stabilen Haus in Anchorage wohnten und die Wildnis niemals erlebt hatten. Doch dazu gehörte nicht viel. Selbst eine selbstbewusste Frau wie sie, die allein mit ihrem Hundeschlitten durch den abgelegenen Busch fuhr, wäre nach ihrem Absturz in der Einsamkeit verloren gewesen. Nanuk hatte sie gerettet, der legendäre Wolfshund aus den Bergen. Es gab ihn wirklich. Sie hatte ihn mit eigenen Augen gesehen und war seinen Spuren nach Dawson City gefolgt.

»Nanuk«, flüsterte sie nachdenklich, als sich das vertraute Heulen wiederholte. Doch der Gedanke war abwegig. Nanuk hatte in den Ogilvie Mountains am Yukon River gelebt und musste seit vielen Jahren tot sein.

Clarissa kehrte auf ihren Stuhl zurück und lehnte sich gegen die Wand. Sie merkte gar nicht, dass sie immer noch ihren Mantel trug. Es war beinahe Mitternacht, und

die Stille in dem Krankenhaus war unheimlich. Nur gelegentlich waren Schritte zu hören. Sie griff nach einer Zeitschrift, einer Ausgabe des neuen *Life Magazine*, und betrachtete die Bilder aus einem neuen Kinderfilm, den ein gewisser Walt Disney in die Kinos gebracht hatte. Sie ging selten ins Kino und war in diesem Jahr nur einmal dort gewesen, um sich die Wochenschau mit dem Bericht über die Amtseinführung von Franklin D. Roosevelt anzusehen. Sie mochte den Präsidenten, obwohl er noch nie in Alaska gewesen war und sich wohl kaum etwas aus dem fernen Territorium machte. Washington war eine halbe Ewigkeit entfernt.
Sie legte das Magazin auf den Tisch und ging in den Flur. Die wenigen Lampen warfen unruhige Schatten. Sie näherte sich der Klapptür zum Operationssaal und wurde von Schwester Ruth aufgehalten, die in einem Nachbarraum auf sie gewartet zu haben schien. »Bleiben Sie bitte im Wartezimmer, Mrs. Watson!«, sagte sie eindringlich. »Immerhin hatte sie sich nach ihrem Namen erkundigt. »Warum gehen Sie nicht nach Hause? Ich habe keine Ahnung, wie lange die Operation noch dauert! Der Fall ist sehr schwierig! Wenn Sie wollen, rufe ich Ihnen gern ein Taxi …«
»Nein, nicht nötig, ich bleibe hier«, erwiderte Clarissa kleinlaut. Sie ging ins Wartezimmer und setzte sich auf den Stuhl. »Ein schwieriger Fall!«, wiederholte sie die Worte der Krankenschwester leise. Sie schloss die Augen und sah Frank auf dem Operationstisch liegen, von der Narkose betäubt, den Mund voller Schläuche, die Ärzte über seinen Kopf gebeugt und hilflos den Kopf schüttelnd. »Tja, da kann man nichts machen!«, sagte einer, und eine Schwester zog die Schläuche aus dem Mund und breitete ein weißes Laken über Frank. »Nein!«,

schrie sie so laut, dass Schwester Ruth aus dem Nebenzimmer kam und sie ängstlich an beiden Armen packte »Sie haben geträumt, Mrs. Watson!«, sagte die Krankenschwester, als Clarissa von ihrem Stuhl hochfuhr und sich verwirrt im Raum umblickte.

Clarissa brauchte eine Weile, um in die Wirklichkeit zurückzufinden. Sie atmete tief durch und entspannte sich allmählich. »Wie spät ist es, Schwester? Ist die Operation schon vorbei?«

»Es ist kurz nach eins. Die Ärzte sind immer noch bei Ihrem Mann! Aber lange kann es jetzt nicht mehr dauern.« Schwester Ruth stand auf und blickte auf die erschöpfte Frau hinab. Ein Anflug von Mitleid ließ ihre Augen eine Spur sanfter werden. »Wenn Sie wollen, können Sie in einem der Krankenzimmer schlafen ...«

»Nein, danke.« Clarissa stand auf und kehrte ans Fenster zurück. Die Berge versanken im fernen Dunkel. Am Flussufer blinkten vereinzelte Lichter. Sie drückte ihre Stirn gegen die kühle Scheibe und war erleichtert, als sich die Schritte der Schwester entfernten. »Lieber Gott, bitte lass ihn am Leben!«, flüsterte sie.

3

Dr. Alex Morgan war der beste Chirurg des Krankenhauses, ein wenig attraktiver Mann in den Vierzigern, der mit seiner Halbglatze und der schmucklosen Nickelbrille wie ein zerstreuter Professor wirkte. Er gab wenig auf sein Aussehen, trug schlecht sitzende Anzüge und billige Schuhe und überwies den größten Teil seines Verdienstes an seine geschiedene Frau und seine beiden Kinder, die in einem Vorort von Los Angeles wohnten. Als er das Wartezimmer betrat, trug er noch seinen Operationskittel. »Mrs. Clarissa Watson?« Seine Stimme klang heiser, und er sah erschöpft aus. »Ich bin Dr. Morgan. Ich habe Ihren Mann operiert.«

Clarissa drehte sich erschrocken um. Sie stand immer noch am Fenster und blickte den Arzt erwartungsvoll an. In seinem Gesicht versuchte sie eine Antwort auf ihre unausgesprochene Frage zu finden. »Er lebt, nicht wahr? Sonst hätten Sie nicht so lange operiert! Sagen Sie mir, dass er lebt, Doktor!« Sie ging einen Schritt auf den Arzt zu und streckte die Hände nach ihm aus.

Dr. Morgan schien ihre Geste nicht zu bemerken. Er blieb mitten im Raum stehen und erwiderte: »Er lebt, Mrs. Watson! Aber sein Zustand ist sehr ernst! Er ist bei dem Aufprall gegen die Instrumente geprallt und hat eine schwere Kopfverletzung davongetragen! Sie ist sehr viel ernster, als wir angenommen hatten!« Er sah, dass Clarissa schwankte. »Wollen Sie sich nicht setzen, Mrs. Watson?« Ohne ihre Antwort abzuwarten, führte er sie zu einem der Stühle. Sie ließ es willenlos geschehen und starrte ihn weiter ungläubig an.

»Die Operation war erfolgreich«, sagte Dr. Morgan. Sein

nüchterner Tonfall ließ erahnen, dass er bisher nur die halbe Wahrheit gesagt hatte. »Es wird einige Zeit dauern, bis die Wunden verheilen, aber außer einigen Narben wird nichts zurückbleiben. Äußerlich.« Er setzte sich neben sie und legte eine Hand auf ihren Arm. Nach einer Pause fuhr er fort: »Ihr Mann ist in ein Koma gefallen, Mrs. Watson. Ein Phänomen, mit dem wir Ärzte uns schon seit einigen Jahren beschäftigen. Leider ist es uns bisher nicht gelungen, das Geheimnis dieser Krankheit völlig zu lösen.«

»Was wollen Sie damit sagen, Doktor?«, fragte Clarissa vorsichtig. Der ernste Blick des Arztes ließ Schlimmes befürchten.

»Ihr Mann ist bewusstlos, und niemand weiß, wann er wieder aufwachen wird.« Dr. Morgan gehörte zu den Ärzten, die nichts davon hielten, den Angehörigen etwas vorzumachen. »Es kann einen Tag, eine Woche oder ein Jahr dauern. Während des Ersten Weltkriegs gab es Patienten, die mehrere Jahre bewusstlos waren. Wie gesagt, dieses Phänomen ist wenig erforscht. Es wird angenommen, dass sich der Kranke ins Unterbewusstsein zurückzieht, um den Schmerz oder die Behinderung nicht ertragen zu müssen.« Er verstärkte den Druck seiner Hand. »Ich will nichts beschönigen, Mrs. Watson. Und ich möchte Sie jetzt schon warnen: Sie müssen sehr stark sein, wenn Sie Ihrem Mann gegenübertreten! Er kann sich nicht bewegen. Er kann weder sehen noch hören oder sprechen. Seine Sinne sind abgeschaltet, und niemand weiß, ob sie jemals wieder funktionieren werden! Ich weiß, wie sehr Sie diese Mitteilung erschüttern muss, Mrs. Watson. Aber es hätte keinen Zweck, Sie zu belügen. Sie müssen sich der Wahrheit stellen, auch wenn sie sehr schmerzhaft ist. Ihr Mann atmet! Er kann Nah-

rung aufnehmen! Das ist mehr, als wir von einigen anderen Patienten sagen konnten. Und solange es so bleibt, besteht Hoffnung! In South Dakota hatte ich einen Patienten, der nach einem Jahr aus seiner Bewusstlosigkeit erwacht ist! Er wurde vollkommen gesund!«
Clarissa hob den Kopf und blickte ihn lange an. Sie hatte jedes Wort gehört und doch nur die Hälfte verstanden. Zu ungeheuerlich war das, was Dr. Morgan gesagt hatte. »Ich komme auch aus South Dakota«, sagte sie mit einem verstörten Lächeln. »Aus einem kleinen Dorf im Süden. Den Namen kennen Sie bestimmt nicht, ich …«
Sie senkte den Kopf und begann leise zu weinen. »Was … was soll ich denn jetzt tun, Doktor? Kann ich ihn sehen?«
Dr. Morgan nickte knapp. »Aber nur für einen Augenblick! Auch wenn er bewusstlos ist, dürfen wir ihn nach einer so schweren Operation nicht stören. Sein Körper braucht Zeit, um sich zu erholen.« Er half ihr vom Stuhl hoch und wartete, bis sie ihre Schuhe angezogen hatte. Sie schwankte leicht und musste sich mit einer Hand an der Stuhllehne festhalten. »Wenn Sie sich nicht stark genug fühlen, Mrs. Watson, gebe ich Ihnen gern ein Beruhigungsmittel. Sie könnten in einem unserer leeren Zimmer übernachten und Ihren Mann morgen früh besuchen! Soll ich …«
»Ich brauche nichts«, unterbrach sie ihn trotzig. Sie ging zur Tür, als wollte sie ihm beweisen, wie gefasst sie war, und blieb abwartend stehen. Dr. Morgan folgte ihr zögernd. »Schwester Ruth! Kommen Sie mit!«, rief er, als sie am Nachbarzimmer vorbeigingen. Anscheinend wollte er sie dabeihaben, falls Clarissa doch zusammenbrach. Er hatte einige Patienten gesehen, die eine schlimme Nachricht scheinbar gefasst aufnahmen und

erst später die Nerven verloren, wenn sie den Sinn seiner Worte begriffen. Eine Frau, deren Mann bei der Operation gestorben war, hatte sehr gefasst gewirkt, als sie die Nachricht erhalten hatte, und war einige Minuten später mit erhobenen Fäusten auf eine Krankenschwester losgegangen.

Clarissa folgte dem Arzt durch die Pendeltür, gefolgt von der Krankenschwester und den neugierigen Blicken eines jungen Arztes, der in einem Schrank nach einer Medizin suchte. Ihre hohen Absätze klapperten über den Parkettboden. Es roch nach Äther und Desinfektionsmitteln. Vor dem Operationssaal stand eine leere Trage. Sie gingen in ein großes Zimmer, und Dr. Morgan schob einen Vorhang zur Seite. Schwester Ruth ließ Clarissa nicht aus den Augen und war bereit, sie festzuhalten, falls sie die Nerven verlor oder ohnmächtig wurde. Doch Clarissa blieb ruhig. Scheinbar teilnahmslos blickte sie auf ihren bewusstlosen Mann hinab. Die Muskeln in ihrem Gesicht hatten sich verhärtet, und aus ihren Augen war jeglicher Glanz verschwunden. Frank lag wie ein Toter in seinem Bett, die Augen geschlossen und beide Arme dicht am Körper. Ein dicker Verband bedeckte seinen Kopf bis zu den Augen, sein Gesicht war starr, der Mund leicht geöffnet. Das schwache Licht der Deckenlampe ließ seine Haut noch blasser als auf dem Flughafen aussehen. Eine Schwester stand am Kopfende seines Bettes und überprüfte einige Instrumente. Sie drehte sich nur einmal kurz um, als Dr. Morgan den Vorhang öffnete, und grüßte respektvoll.

»Frank!«, flüsterte Clarissa unsicher. Sie ging einen Schritt auf ihn zu, um ihn besser sehen zu können, und lehnte sich mit den Beinen gegen das Bettgestell. »Du musst wieder gesund werden! Versprichst du mir das?«

Sie wollte sein Gesicht berühren und ließ die Hand wieder sinken, als sie den warnenden Blick der Schwester sah. »Ich bleibe bei dir, bis du die Augen aufmachst! Ich lasse dich nicht im Stich! Kannst du mich hören?«
»Er ist bewusstlos, Mrs. Watson«, sagte Dr. Morgan. Er legte eine Hand auf ihren Rücken. »Kommen Sie! Es ist besser, wenn wir ihn allein lassen. Die Operation war sehr anstrengend, und er braucht jetzt vor allem Ruhe. Sobald er in ein anderes Zimmer verlegt wird, dürfen Sie wieder zu ihm! Dann sollen Sie sogar zu ihm!« Er führte sie in den Flur zurück und blieb stehen. Mit einem beiläufigen Kopfnicken entließ er Schwester Ruth. »Ich bin überzeugt, dass es dem Patienten hilft, wenn die nächsten Angehörigen bei ihm sind und ihm helfen, in die Wirklichkeit zurückzufinden. Auch wenn einige meiner Kollegen behaupten, diese Bewusstlosigkeit sei eine Vorstufe des ... nun, sie glauben, dass die Sinne des Kranken vollkommen abgeschaltet sind. Während der ersten Tage oder Wochen ist das auch der Fall, doch dann reagiert der Patient auf seine Umwelt, da bin ich ganz sicher. Irgendwann werde ich es beweisen können!« Er begleitete Clarissa ins Wartezimmer und griff nach ihrem Mantel. »Gehen Sie nach Hause, Mrs. Watson! Heute Nacht können Sie sowieso nichts ausrichten. Gehen Sie und schlafen Sie sich aus!«
Sie machte keine Anstalten, in den Mantel zu schlüpfen. »Und was ist, wenn Frank aufwacht? Nein, ich bleibe hier! Niemand kann mich zwingen, meinen Mann allein zu lassen!« Sie setzte sich auf den Stuhl und blickte beinahe trotzig an dem Arzt vorbei.
»Ich kann Sie nicht zwingen, da haben Sie Recht«, erwiderte er. Um seinen Mund war ein flüchtiges Lächeln zu erkennen. »Ich lasse Ihnen Kaffee bringen,

okay? Und wenn Sie noch etwas brauchen ... ich bin die ganze Nacht hier! Aber es wäre wirklich vernünftiger, nach Hause zu gehen. Heute Nacht wacht Ihr Mann bestimmt nicht auf! Wir haben ihm starke Beruhigungsmittel gegeben, und es müsste schon ein Wunder geschehen, wenn ...«
»Ich bleibe, Doktor.«
Dr. Morgan zuckte hilflos mit den Schultern. »Das Zimmer gegenüber ist frei, da können Sie sich hinlegen.« Er ging zur Tür und blieb noch einmal stehen. »Es tut mir Leid, Mrs. Watson.«
»Mir auch«, sagte sie, als er gegangen war. Sie vergrub ihr Gesicht in beiden Händen und versuchte, sich von den bedrohlichen Gedanken abzuschütteln, die ihr durch den Kopf gingen. Die Vorstellung, dass Frank wochen- oder monatelang, vielleicht sogar jahrelang ohne Bewusstsein blieb, war kaum zu ertragen. Mit einer schweren Krankheit wäre sie zurechtgekommen, dann hätte sie mit ihm reden und ihn pflegen können, und sie hätten ein gemeinsames Ziel gehabt. Die Aussicht, bald nach Hause gehen und wieder in ein Flugzeug steigen zu können, hätte sie beide gestärkt. Sein Tod hätte ihr den Boden unter den Füßen weggezogen und eine tiefe Leere hinterlassen. Aber nichts war so schlimm wie der Zustand, den Dr. Morgan ihr geschildert hatte. Das hilflose Verharren zwischen Leben und Tod. Die Ungewissheit, die sich über Wochen, Monate und Jahre hinziehen konnte.
Wie würde ihr Leben aussehen, wenn ihr Mann nicht mehr aufwachte? Wie lange durfte sie hoffen? Wann würde Dr. Morgan ihr sagen, dass es keinen Zweck mehr hatte, ins Krankenhaus zu kommen und auf einen Bewusstlosen einzureden?

Der Duft frischen Kaffees ließ sie die Hände vom Gesicht nehmen. Schwester Ruth stellte einen Becher auf den Tisch und sagte: »Ihr Kaffee, Mrs. Watson.« Dann verschwand sie wieder. Clarissa blickte ihr nach und wunderte sich, wie man als Krankenschwester so nüchtern und scheinbar gefühllos bleiben konnte.
Der Kaffee tat ihr gut, durchströmte ihren Körper wie ein belebendes Elixier. Für einen Augenblick vertrieb er ihren Schmerz. Obwohl sie nie geraucht hatte, sehnte sie sich plötzlich nach einer Zigarette. Sie stand auf und ging zu der Toilette, die am anderen Ende des Ganges lag. Unterwegs hatte sie das Gefühl, dass Schwester Ruth aus ihrem Zimmer gekommen war und ihr nachblickte. Sie drehte sich nicht um. In der Toilette stützte sie sich auf das Waschbecken und blickte in den Spiegel. In der kalten Deckenbeleuchtung sah sie älter aus, als sie wirklich war. Ihre Wangen waren blass und eingefallen, die Lippen schmal, die Nase spitz, die Augen ohne das Leuchten, das Frank so liebte. Sie spritzte sich kaltes Wasser ins Gesicht, ohne dass sich etwas veränderte. »Warum?«, rief sie in den Spiegel. »Warum hast du zugelassen, dass er abstürzt? Warum ist er bewusstlos? Warum wacht er nicht mehr auf?«
Der Spiegel blieb stumm, und ihre Hände verkrampften sich am Rand des Waschbeckens. Ihr Schmerz verwandelte sich in Wut. Auf Gott, der ihren Mann ins Unglück gestürzt hatte, auf die Ärzte, die nicht verhindert hatten, dass ihr Mann zum geistigen Krüppel wurde. »Warum?«, rief sie wieder, diesmal lauter und verzweifelter. »Warum ausgerechnet Frank?« Sie begann zu weinen, diesmal vor Wut, schlug mit voller Wucht gegen den Spiegel, der in tausend Scherben zersprang. Sie wich entsetzt zurück und blickte auf ihre blutende

Hand. »Tut mir Leid, tut mir Leid!«, rief sie, noch bevor sie die Toilette verließ und dem aufgeregten Dr. Morgan begegnete. »Ich hab die Nerven verloren, Doktor! Sie haben Recht! Ich sollte wohl nach Hause gehen ...«
»Ich rufe Ihnen ein Taxi«, erwiderte er. »Aber zuerst verbinde ich Ihre Hand. Kommen Sie!« Er führte sie in einen Behandlungsraum, säuberte die Wunde im Licht einer hellen Lampe und klebte ein Pflaster darüber. »Halb so schlimm«, meinte er beruhigend. »Wenn Sie morgen kommen, schaue ich mir die Wunde nochmal an. Wegen des Spiegels machen Sie sich keine Sorgen! Das hässliche Ding musste sowieso erneuert werden!«
Er führte sie zum Ausgang und wollte gerade eine Schwester bitten, einen der wenigen Taxifahrer der Stadt zu wecken, als eine modisch gekleidete Frau zur Tür hereinkam. Helen Cassano trug einen langen Nerzmantel über ihrem engen Kostüm und kostbare Nylonstrümpfe, wie es sie erst seit einem Jahr in Fairbanks gab. Sie hatte das erste Paar gekauft. Ihr blondes Lockenhaar wallte unter einem breitkrempigen Hut mit einer bunten Feder hervor, der enge Rock und die hochhackigen Schuhe ließen sie wie Carole Lombard aussehen, die bekannte Schauspielerin, die Clarissa in der Wochenschau gesehen hatte. Nur war sie wesentlich älter. Fünfundvierzig, schätzte Clarissa, obwohl die Frau des Bankdirektors das niemals zugeben würde. Sie hatte zu dem Wohltätigkeitsball eingeladen, den auch Frank und Clarissa besuchen wollten. »Clarissa!«, rief sie mit ausgebreiteten Armen. »Ich habe gerade erst von dem Unfall erfahren! Warum rufst du denn nicht an?« Sie umarmte Clarissa in einer Wolke kostbaren Parfüms und drückte sie fest an sich. »Wie geht es deinem Mann? Ich habe gehört, er wurde operiert!«

»Er ist noch bewusstlos«, antwortete Clarissa. Sie wollte nicht die ganze Wahrheit sagen. Über die Schulter ihrer Bekannten blickte sie Dr. Morgan an. »Die Ärzte mussten ihn am Kopf operieren.« Sie löste sich von der Frau. »Wie kommt es, dass du so spät noch wach bist? Hat der Wohltätigkeitsball so lange gedauert?«
»Er ist immer noch im Gange!«, winkte Helen Cassano in ihrer übertriebenen Art ab. »Du weißt doch, wie die reichen Leute sind! Die kriegen nie genug, wenn sie mal der Hafer gestochen hat!« Sie erwähnte nicht, dass sie selber zu dieser Spezies gehörte. Ihr Mann hatte ein Vermögen an der Börse erwirtschaftet. »Wir haben über hunderttausend Dollar für die Konzerthalle zusammen, hab ich das schon gesagt? Übernächstes Jahr kommen die New Yorker Philharmoniker nach Fairbanks, das haben sie fest versprochen!« Sie strahlte bei dem Gedanken, merkte gar nicht, dass Clarissa mit ihren Gedanken ganz woanders war, und verlor ihr entzücktes Lächeln erst, als Dr. Morgan sich räusperte und sagte: »Mrs. Watson braucht dringend Ruhe, Ma'am! Ihr Mann ist operiert worden! Ich wollte ihr gerade ein Taxi rufen. Vielleicht können Sie Mrs. Watson …«
Helen Cassano war nicht so leicht in Verlegenheit zu bringen. Ihr Lächeln kehrte schon nach wenigen Augenblicken zurück, und sie erwiderte: »Aber natürlich, das tue ich doch gern! Mein Chauffeur wartet draußen mit dem Wagen!« Sie hakte sich bei Clarissa unter und führte sie zum Ausgang. »Vielen Dank, Doktor! Und kümmern Sie sich gut um Frank! Er ist einer der besten Piloten, die wir in Fairbanks haben!« Sie winkte dem Arzt zu und zog Clarissa in die Kälte hinaus. Der Chauffeur war ausgestiegen und erwartete sie mit einem Schirm. »Komm, Clarissa! Der Doktor hat Recht, du musst nach

Hause und dich erstmal richtig ausschlafen!« Sie wandte sich an den Chauffeur. »Bringen Sie uns zum Haus der Watsons, Lester! Frank Watson, der Flieger!«
Clarissa stieg hinter der Frau in die noble Limousine und wurde von Mario Cassano mit der Andeutung eines Handkusses begrüßt. Der Bankdirektor ließ nicht erkennen, dass er vor zwanzig Jahren aus Sizilien gekommen war, nur an seinem Akzent hörte man, dass er ein Einwanderer war. Er hatte ein Weingut im südlichen Kalifornien bewirtschaftet, es gewinnbringend verkauft und war nach erfolgreichen Aktiengeschäften in Alaska aufgetaucht. Der raue Menschenschlag im Norden gefiel ihm. »Hier kann man noch ein Vermögen machen«, behauptete er. Er trug einen Smoking unter seinem teuren Pelzmantel und stützte sich auf einen schwarzen Spazierstock mit Elfenbeinknauf. »Ich hoffe, Ihrem Mann ist nichts Ernsthaftes passiert«, meinte er höflich.
»Er schläft noch«, wich Clarissa aus, »aber er hat die Operation gut überstanden. Danke, dass Sie mich nach Hause bringen!«
»Aber das ist doch selbstverständlich, Clarissa!«, versicherte die Frau des Bankdirektors, während ihr Chauffeur die Limousine über die sandige Cushman Street steuerte. Über die Brücke fuhr er zum nördlichen Stadtrand. »Du sollst wissen, dass du uns jederzeit anrufen kannst, wenn du irgendwas brauchst!« Sie kicherte unbeholfen. »Du weißt ja, wo du uns findest! Wir sind immer für dich da, Schätzchen! Und sag Frank, dass wir ihn bald besuchen kommen! Wirklich schade, dass ihr nicht zum Wohltätigkeitsball kommen konntet! So einen schönen Ball hatten wir schon lange nicht mehr!« Sie wandte sich an den Chauffeur. »Zum Flussufer runter, Lester! Sie wissen doch, wo die Watsons wohnen, oder?«

Der Chauffeur lenkte den Wagen zum Chena River und hielt vor dem Blockhaus der Watsons. Helen Cassano umarmte Clarissa wie eine gute Freundin. »Und vergiss nicht: Wir stehen zu unseren Freunden, wenn sie in Not sind!«, sagte sie zum Abschied. Ihr Mann beließ es bei einem höflichen Kopfnicken. »Gute Nacht, Helen! Gute Nacht, Mr. Cassano!«, erwiderte Clarissa, bevor sie aus dem Wagen stieg und dem Bankdirektor und seiner Frau nachwinkte. Als der Wagen zwischen den Bäumen verschwunden war, atmete sie erleichtert auf. Sie war froh, die Frau des Bankdirektors los zu sein. Ihr Verhalten war in den letzten Monaten immer aufdringlicher geworden. Wenn Clarissa es sich genau überlegte, seit sie das Dog Derby gewonnen hatte und zu einer Berühmtheit in Fairbanks geworden war. Wahrscheinlich glaubte sie, auf diese Weise in die Zeitung zu kommen. Seit es eine zweite Bank in Fairbanks gab, konnten die Cassanos die Publicity gebrauchen. Clarissa schüttelte den Kopf, weil ihr ein solches Verhalten vollkommen fremd war, und ging ins Haus.

4

Das Haus der Watsons stand zwischen einigen Bäumen am Flussufer, ein einfaches Blockhaus aus ungeschälten Stämmen, das sie selbst gebaut hatten. Aus dem Schornstein stieg Rauch. Bevor sie gegangen war, hatte sie einige Holzscheite in den Ofen geworfen, um es nach ihrer Rückkehr warm und behaglich zu haben. Frank liebte das knisternde Feuer im Ofen, und sie genoss es, in seinen Armen zu liegen, wenn er auf dem Sofa saß und nach einem langen Flug seine Pfeife stopfte. Ein wehmütiges Lächeln huschte über ihr Gesicht, als sie daran dachte. Nach dem Wohltätigkeitsball hätten sie sich gewiss über die reichen Bürger von Fairbanks und Anchorage lustig gemacht, die für die neue Konzerthalle gespendet und ihre teuren Kleider und ihren Schmuck zur Schau gestellt hatten, und Frank hätte seine Lederjacke auf das Sofa geworfen und gesagt: »Ich wette, ich war der erste Mann, der in seiner Fliegerjacke auf einem Ball war!«

Hinter dem Haus bellten die Hunde. Zwanzig sibirische Huskys, darunter etliche Nachkommen der Tiere, die auf der Yukon Trophy vor zehn Jahren ihren Schlitten gezogen hatten. Ohne diese tapferen Hunde hätte sie ihren Mann in der verschneiten Wildnis der Ogilvie Mountains niemals gefunden. Sie hatte auch die Namen beibehalten. Es gab einen Snowball, einen Grumpy und einen Pete, und wenn sie ihnen in die Augen blickte, erkannte sie die Hunde, die damals auf sie gewartet hatten. Neben dem Haus, abseits von den anderen Hunden, lag Dusty, ihr Leithund. Sie hatte ihn nach dem braunen Mischlingshund benannt, den sie als kleines Mädchen in South Dakota besessen hatte. Das heißt,

besessen hatte sie ihn eigentlich nie. Er war eines Tages vor ihrem Haus aufgetaucht und bei ihr geblieben, und wenn ihm der Sinn danach stand, war er mehrere Tage verschwunden, und niemand konnte sagen, wo er gewesen war.
Auch ihr neuer Dusty hatte seinen eigenen Willen, mit kräftigen Muskeln und stämmigen Beinen war er für die Rennen in den Bergen geschaffen, und in seinen hellblauen Augen lag so viel Entschlossenheit, dass sie überzeugt war, er könne sogar das Iditarod gewinnen. Das »Greatest Race On Earth« zwischen Anchorage und Nome wurde seit 1925 veranstaltet, als einige Männer mit einem Serum nach Nome gefahren und die Stadt vor einer Epidemie gerettet hatten. Dieses Rennen war ein lang gehegter Traum von ihr, obwohl die meisten Teilnehmer jünger waren und wohlhabende Sponsoren hatten, die sie mit vierstelligen Summen unterstützten. Clarissa wurde vom *News-Miner* gesponsort und trug das Wappen der Polar Bears auf ihrer Mütze, doch das Geld reichte gerade mal für das Hundefutter.
Dusty sprang bellend an Clarissa hoch, als sie ihn von seiner Kette befreite und in die Arme nahm. Er war der einzige Hund, der sich frei bewegen durfte, wenn sie zu Hause war. Die anderen Tiere blieben angekettet, damit sie einander nicht verletzten oder für unerwünschten Nachwuchs sorgten. Sibirische Huskys waren sehr sensibel, und es wäre gefährlich gewesen, sie sich selbst und ihren Stimmungen zu überlassen. Bewegung bekamen sie genug. Im Winter lenkte Clarissa den Schlitten in die nahen Wälder, und sobald der Schnee geschmolzen war, schraubte sie Räder an die Kufen und fuhr über die Schotterstraßen am Stadtrand. Das Gebell ihrer Hunde war ein vertrautes Geräusch in Fairbanks und

niemand regte sich darüber auf. Es gehörte zum Norden wie das Heulen des Windes, wenn ein Blizzard über das Land fegte, und das Geräusch knackender Zweige unter dem Schnee.

»He, Dusty!«, begrüßte Clarissa ihren Leithund. »Ihr habt mächtig Hunger, was?« Sie ging in die Knie, kraulte ihn hinter den Ohren und ließ sich von ihm über die Wange lecken, Ausdruck seiner Dankbarkeit und Zuneigung. Der Hund spürte, dass ihre Fröhlichkeit nur aufgesetzt war und irgendetwas mit seiner Herrin nicht stimmte. Er jaulte leise, ließ von ihr ab und blickte sie winselnd an. »Frank liegt im Krankenhaus«, sagte sie zu ihm. »Er ist mit der *Fairchild* abgestürzt und liegt bewusstlos im Krankenhaus! Die Ärzte haben keine Ahnung, wann er wieder aufwacht!« Sie begann zu weinen und drückte den Hund fest an ihre Brust. »Wir müssen jetzt sehen, wie wir allein zurechtkommen!«

Sie hörte die anderen Hunde an ihren Ketten zerren und löste sich von Dusty. Mit dem Ärmel wischte sie die Tränen aus ihrem Gesicht. Sie ging zu den anderen Hunden und begrüßte sie: »Hallo, Grumpy! Snowball! Pete! Blue!« Auch in dem trüben Dunst, der sich im Gestrüpp ausbreitete, konnte sie jeden Hund erkennen und nannte ihn bei seinem Namen, um keinen der Huskys zu benachteiligen. Die Hunde reagierten sehr gereizt, wenn man vergaß, sie zu begrüßen, besonders der temperamentvolle Snowball. Vor einigen Wochen hatte er einen Fetzen aus ihrem Anorak gerissen, und es hatte den ganzen Tag gedauert, bis er sich beruhigt hatte.

»Gleich bringe ich euch was zu fressen!«, beruhigte sie die aufgebrachten Tiere. »Ich bin schon unterwegs, okay?« Sie betrat das Haus durch die Hintertür, blieb in der Küche stehen und stützte sich erschöpft auf den

Herd. Am liebsten wäre sie sofort ins Bett gegangen. Die Aufregung hatte an ihr gezehrt, und zwanzig Stunden ohne Schlaf machten sich nun bemerkbar. Mit geschlossenen Augen sammelte sie neue Kraft. Sie ging zum Kühlschrank, trank etwas Milch und starrte auf den Kalender, den sie vom Drugstore bekommen hatten. Das Bild zeigte ein junges Paar, das an einem Chevy lehnte und Coca-Cola trank.

Ihre Hunde! Über all ihrem Kummer durfte sie die Huskys nicht vergessen. Sie holte den Sack mit dem Hundefutter aus der Speisekammer und füllte den Futtertrog des Leithundes. Dusty fiel heißhungrig über sein Fressen her. Dann ging sie nach draußen und fütterte die anderen Hunde. Das Bellen verstummte. Sie stellte den Futtersack neben einen Schuppen und fluchte leise, als sie mit ihren Stöckelschuhen im Schlamm versank. Sie trug immer noch ihr Kostüm und den Mantel. Frank hätte sich bestimmt darüber amüsiert, wenn er sie so gesehen hätte. Auch sie musste jetzt lachen. Sie zog die Schuhe aus und stapfte ins Haus. Im Schlafzimmer ließ sie ihre Kleider auf den Boden fallen, kroch ins Bett und schlief augenblicklich ein.

Dusty folgte ihr zögernd und schnupperte neugierig an dem Kostüm. Es roch nach dem süßlichen Parfüm, das Helen Cassano getragen hatte. Er schüttelte sich und rieb seine Schnauze an Clarissas linker Hand, die leblos aus dem Bett hing. Er spürte, dass seine Herrin bedrückt war. Sie benahm sich anders als sonst und roch ungewohnt. Leise jaulend legte er sich hin. Sein Instinkt befahl ihm, in ihrer Nähe zu bleiben und auf sie aufzupassen. Seine Augen blieben klar und wachsam, und kein Laut entging seinen Ohren.

Doch es drohte keine unmittelbare Gefahr. Um das Haus

herum waren die üblichen Geräusche zu hören, das leise Klopfen des Regens gegen die Fenster, das gelegentliche Bellen der anderen Hunde, die jetzt satt und zufrieden waren. Dusty hob nur einmal den Kopf, als das bedrohliche Heulen eines Wolfes aus der Ferne drang. Es schwoll zu einem mehrstimmigen Klagelied an und verlor sich in dem trüben Dunst, der wie der Schleier einer bösen Fee über dem Blockhaus hing. Das Heulen war näher als sonst. Der Husky antwortete mit einem nervösen Winseln und legte erleichtert den Kopf auf seine Pfoten, als es verstummte.

Clarissa hörte das Heulen nicht. Sie lag in den Armen ihres Mannes, der einen Arm um ihre nackten Schultern gelegt hatte und sie mit seinem rotblonden Schnurrbart kitzelte. Er lächelte auf seine unnachahmliche Art und küsste sie sanft, und als sie sich ein weiteres Mal geliebt hatten, sagte er: »Ich werde dich nicht enttäuschen, Clarissa! Ich weiß, dass du deinen toten Mann immer noch liebst, und ich beneide ihn darum, weil es wenige Menschen gibt, die über den Tod hinaus geliebt werden. Aber ich bin froh, dass du einen Teil deiner Liebe für mich aufgehoben hast! Oder bereust du schon, mich geheiratet zu haben?«

»Dummkopf!« Sie kniff ihn lächelnd in die Wange. »Ich liebe dich, das weißt du doch! Wenn ich mir nicht absolut sicher wäre, hätte ich dich gar nicht geheiratet!« Sie betrachtete den funkelnden Ring an ihrer linken Hand und blickte ihn spöttisch an. »He, du redest ganz schön geschwollen daher für einen Mountie, weißt du das? Ich dachte, ihr seid raue Burschen, die mürrisch in ihren Bart brummen, wenn sie einer Frau gegenüberstehen!« Er lachte. »Ich kenne da tatsächlich einige Burschen, die kaum einen Ton herausbringen, wenn sie aus der Wild-

nis kommen! Die würden sich lieber in die Hosen pinkeln, als einer Frau ein Kompliment zu machen! Ich glaube, ich hab mich auch nicht besser angestellt, oder? Ich hätte dir nach dem Rennen einen Heiratsantrag machen sollen, auf der Ziellinie in Dawson, anstatt darauf zu warten, dass du mir die Worte in den Mund legst!«
»Du warst ziemlich fertig, hast du das vergessen? Der Doktor brauchte zwei Tage, um dein Bein zu flicken, und du warst so schwach, dass ich dich eine Woche lang füttern musste!« Sie strahlte ihn an. »Ich werde mir auch Mühe geben, Frank! Sobald der Rummel um das Rennen vorbei ist, stopfe ich dir sogar die Strümpfe!« Sie blinzelte listig. »Obwohl mir zu Ohren gekommen ist, dass die Polizisten der RCMP auch das können müssen …«
»Das halte ich für ein Gerücht«, erwiderte Frank. Er nahm sie in die Arme, und sie liebten sich erneut, diesmal liebevoller und ausdauernder, und als sie erschöpft in die Kissen sanken, sagte er: »Ich liebe dich, Clarissa! Ich werde dich immer lieben!«
Sie schreckte aus dem Schlaf und blieb im Halbdunkel sitzen. Die Holzläden vor den Fenstern sperrten die Helligkeit aus, die schon am frühen Morgen über dem Blockhaus heraufgezogen war. Dusty hob den Kopf und jaulte leise. Sie sah das leere Bett ihres Mannes, erkannte schmerzvoll, wie die Wirklichkeit den Traum und die Erinnerung vertrieb, und ließ sich auf das Kissen zurückfallen. Minutenlang starrte sie an die Decke. Aus dem fröhlichen, vor Gesundheit strotzenden Mann, der sie während der Hochzeitsnacht in die Arme genommen hatte, war ein kranker und hilfloser Mensch geworden, dessen Leben am seidenen Faden hing. »Frank!«, flüsterte sie. »Wach bitte wieder auf, Frank!«
Sie verließ ihr Bett und ging in die Küche. Dusty wich

nicht von ihrer Seite. Sie beugte sich zu dem Hund hinunter, umarmte ihn flüchtig und öffnete den Kühlschrank. Neben der Wurst lag noch das halbe Sandwich, das Frank hineingelegt hatte. »Das heb ich mir für heute Abend auf«, hatte er gesagt, bevor sie nach Weeks Field gefahren waren, »auf dem Wohltätigkeitsball gibt's sowieso nichts Anständiges zu essen!« Sie griff nach der Milchflasche und nahm einen kräftigen Schluck. Nachdem sie die Flasche zurückgestellt hatte, lehnte sie sich benommen gegen den Kühlschrank. Durch das beschlagene Fenster sah sie die Hunde draußen vor ihren Holzhütten dösen. Nur Snowball war unruhig. Er schien es gar nicht erwarten zu können, einen Schlitten zu ziehen, und zerrte ungeduldig an seiner Kette.

»Ich weiß, es wird höchste Zeit für eine Tour«, sagte sie. Wie alle Menschen, die viel allein waren, sprach sie oft mit sich selbst. Wenn sie in den Bergen mit dem Hundegespann unterwegs war oder im Blockhaus auf Frank wartete, konnte selbst die eigene Stimme ermutigend wirken. Sie ging ins Wohnzimmer und warf einige Holzscheite in den Ofen. Nachdem sie das Kostüm und den Mantel in den Schrank gehängt hatte, nahm sie ein ausgiebiges Bad. Die Hunde mussten warten. Sie wusch sich gründlich und blieb im heißen Wasser sitzen, bis die Stille unerträglich wurde. Endlich verließ sie die Wanne, trocknete sich ab und zog bequeme Kleider an. Die Wollhosen, die sie bis in den Herbst trug, den blauen Anorak und die Schnürstiefel. »Diese Stöckelschuhe hat der Teufel erfunden«, sagte sie mit einem Blick auf die polierten Schuhe, die sie noch nicht aufgeräumt hatte. Sie stellte sie in den Schrank und verließ das Haus.

Die Hunde begrüßten sie in freudiger Erwartung und sprangen bellend hoch, als sie den Schlitten und die

Geschirre holte. »Blondie, wie geht's dir? Immer noch Liebeskummer? He, Pete! Du hast ganz schön Fett angesetzt! Wird höchste Zeit, dass wir in die Berge fahren! Snowball! Beruhige dich! Wenn du nicht aufhörst, nach mir zu schnappen, lasse ich dich hier, verstanden?« Sie spannte die Hunde vor den Schlitten und hatte es nur ihrer jahrelangen Erfahrung zu verdanken, dass sie von den aufgeregten Tieren nicht über den Haufen gerannt wurde. Als erfahrene Musherin wusste sie, dass es ein Fehler wäre, die Hunde zu beschimpfen. Sie freuten sich auf den Ausflug. Wenn sie diese Vorfreude nicht auslebten, konnten sie keine Höchstleistungen vollbringen. Clarissa wollte auch das nächste Dog Derby gewinnen und musste die Hunde bei Laune halten.

Sie stellte sich auf das Trittbrett des Schlittens und löste die Bremse. Mit einem scharfen Pfiff trieb sie das Gespann an. Laut bellend sprangen die Hunde über den schmalen Pfad. Der Regen hatte aufgehört, doch der Boden war immer noch schlammig und feucht, und sie mussten sich mächtig in die Geschirre legen, um vorwärts zu kommen. Clarissa sprang vom Schlitten und stemmte sich gegen die Haltegriffe, half den Hunden, das Gefährt auf die Schotterstraße zu bringen. »Lauf, Dusty! Gleich haben wir es geschafft! So ist es gut, Blondie! Nur noch ein paar Meter!« Sie erreichten die Schotterstraße und fuhren in den morgendlichen Dunst hinein. Ein kühler Wind wehte ihnen entgegen und vertrieb die letzte Müdigkeit aus ihren Augen. »Sehr gut, Dusty! Du willst wohl einen neuen Rekord aufstellen? Weiter so, Blondie!«

Die Fahrt vertrieb ihre quälenden Gedanken. Selbst während der schneelosen Monate, wenn die Räder unter den Kufen waren, schenkten ihr die Ausflüge mit den Hun-

den das unvergleichliche Gefühl von grenzenloser Freiheit und Ungebundenheit. Wenn sie mit ihnen unterwegs war, erfuhr sie das Leben wie in einem Rausch, glaubte sich in einem aufregenden Traum, der sie in eine bessere Welt entführte.
In den zehn Jahren, die sie trainierte und an Schlittenhunderennen teilnahm, war sie zu einer hervorragenden Musherin geworden, die den meisten Männern davonfuhr. »Das hab ich meinen Hunden zu verdanken«, meinte sie bescheiden. Frank wusste es besser. Er hatte noch nie gegen sie gewonnen, nicht einmal, wenn er Dusty vor seinen Schlitten gespannt hatte.
Wie oft waren sie zusammen in die Berge gefahren! In Dawson City, das sie wenige Monate nach ihrem Sieg in der Yukon Trophy verlassen hatten, und in den Highlands, die sich nördlich von Fairbanks aus dem schroffen Land erhoben. In der Wildnis fühlten sie sich am wohlsten, waren sie wirklich glücklich, und einmal hatten sie sich sogar im Schnee geliebt. An einem sonnigen Tag, wie sie sich erinnerte. Sie wurde heute noch rot, wenn sie daran dachte. Wie zwei Kinder hatten sie im Schnee gebalgt, und dann war es geschehen, und er hatte geflüstert: »He, Clarissa! Es ist ganz schön anstrengend, mit dir verheiratet zu sein!«
Warum Frank seinen Dienst bei der Royal Canadian Mounted Police quittiert hatte, wusste sie bis heute nicht. Zwei Wochen nach ihrem Sieg in der Yukon Trophy hatte er seinen Flugschein gemacht und vorgeschlagen, nach Alaska zu gehen, um dort ein neues Leben zu beginnen, und sie hatte nur zu gern eingewilligt, weil die Begeisterung der Menschen in Dawson City sie erdrückte, und es ihr unangenehm war, wie eine Heldin verehrt zu werden. Immer wenn die Legende von

Nanuk erzählt wurde, fiel ihr Name, und sie wollte nicht zur »Geist-Frau« in einer indianischen Geschichte werden. Auch in Fairbanks wurde sie bewundert, aber die Stadt war größer, und es gab noch andere Helden, die beiden Männer, die ein kleines Mädchen vor dem Ertrinken gerettet hatten, einen alten Buschflieger, der noch mit achtzig Jahren seine Runden drehte, oder die Fairbanks Polar Bears, die beinahe so gut waren wie das Eishockey-Team in Anchorage und große Chancen hatten, die nächste Meisterschaft zu gewinnen.

Frank war des Polizeidienstes überdrüssig geworden. Er brauchte eine neue Herausforderung und glaubte, sie als Buschflieger gefunden zu haben, so wie ihr erster Mann, der nur in der Luft wirklich frei gewesen war. »Anscheinend gerate ich immer an denselben Typ«, hatte sie gesagt und keine Erklärung bekommen. Sie vermutete, dass Frank ihr imponieren wollte, vielleicht sogar eifersüchtig auf Jack war und auch deshalb in ein anderes Land wollte. Er hatte keinen Grund dazu, aber sie sprachen niemals darüber, und wenn sie versuchte, mit ihm darüber zu diskutieren, redete er sich mit einem Scherz heraus.

»Easy! Easy!«, rief sie, als die Hunde in eine scharfe Linkskurve gingen, doch es war bereits zu spät. Sie wurde mit dem Schlitten von der Straße getragen und stürzte ins feuchte Gras. Schlamm spritzte in ihr Gesicht. Sie blieb benommen liegen, weinte vor Wut darüber, die Kontrolle über den Schlitten verloren zu haben, und stützte sich vom Boden hoch. Ihr war nichts passiert. Sie klopfte den Dreck von ihrer Kleidung und stellte erleichtert fest, dass der Schlitten umgekippt war und die Hunde zum Anhalten gezwungen hatte. »So was passiert nur Anfängern!«, schimpfte sie laut.

Clarissa ging zum Schlitten und richtete ihn auf. Wütend rammte sie den Anker in den Boden. »Gleich geht es weiter, Dusty!«, beruhigte sie ihren Leithund. »Easy, Snowball!« Sie bemerkte, wie Dusty den Kopf schief legte und sie anblickte. »Du wunderst dich wohl, dass ich wie eine blutige Anfängerin vom Schlitten falle, was?« Sie hielt sich mit beiden Händen an den Haltegriffen des Schlittens fest und schloss die Augen. »Frank«, flüsterte sie. Dusty schien sie zu verstehen und jaulte mitfühlend.

5

Das St. Joseph Hospital war ein unheimlicher Ort. Das fahle Licht der schmucklosen Lampen warf unheimliche Schatten in den langen Fluren, der beißende Geruch von Desinfektionsmitteln und Äther und die bedrohliche Nähe des Todes wähnten sie in einem bösen Traum. Die schneebedeckten Berge, die man durch das Flurfenster sehen konnte, schienen meilenweit entfernt zu sein. Während der Operation war kein Platz für solche Empfindungen gewesen, hatte sich ihr ganzes Denken um ihren verletzten Mann gedreht, doch an diesem Vormittag empfand sie die Atmosphäre des Krankenhauses als Bedrohung. Sie verharrte einen Augenblick im Eingang, bevor sie zum Empfang ging und nach Dr. Alex Morgan fragte. »Er hat meinen Mann operiert. Frank J. Watson.«
»Ah, Mrs. Watson«, erwiderte die Schwester freundlich. »Ich glaube, Dr. Morgan erwartet Sie schon! Ich sage ihm gleich Bescheid.« Sie griff nach dem Telefonhörer und deutete auf die Sitzecke am Fenster. »Wenn Sie so lange Platz nehmen würden?«
Clarissa war viel zu nervös, um sich zu setzen. Sie zog es vor, am Fenster stehen zu bleiben, und sah einigen Jungen zu, die am Ufer des Chena Rivers missmutig ihre Angeln auswarfen. Anscheinend bissen die Forellen an diesem Morgen nicht an. Sie zog ihre Handschuhe aus und stopfte sie in die Anoraktaschen. Sie trug dieselbe Kleidung wie während des kurzen Ausflugs mit ihren Hunden. Nach ihrer Rückkehr hatte sie die Futtertröge der Huskys gefüllt und war sofort losgefahren.
»Mrs. Watson?«, erklang eine Stimme. Sie drehte sich um

und sah das erschöpfte Gesicht des Arztes, der ihren Mann operiert hatte. Seit der Operation schien er kaum geschlafen zu haben. »Tut mir Leid, dass Sie warten mussten.« Er fragte nicht nach ihrem Befinden und verzichtete auf die Floskeln, die manche Angehörige in einer solchen Situation von ihm erwarteten. Clarissa war eine Frau, die sich nur mit der Wahrheit zufrieden geben würde, das hatte er schon letzte Nacht erkannt. Er hatte im Laufe der Zeit ein Gespür für Menschen entwickelt. »Kommen Sie, ich bringe Sie zu Ihrem Mann! Ich möchte gern dabei sein, wenn Sie zu ihm gehen.«
»Wie geht es ihm?«, fragte sie, während sie den Flur hinabliefen. »Ist er schon aufgewacht? Es geht ihm doch besser, oder?«
»Sein Zustand ist unverändert, Mrs. Watson. Ich habe ihn in das kleine Zimmer am Ende des Flurs legen lassen. Dort sind Sie ungestört.« Er blieb vor einer weißen Holztür stehen und legte eine Hand auf den Drehknopf. »Sie dürfen nicht erschrecken! Das Zimmer ist wirklich sehr klein, und Ihr Mann sieht, wie soll ich sagen, er sieht sehr krank aus. Die Operation ist nicht spurlos an ihm vorübergegangen.« Er zögerte immer noch. »Verstehen Sie mich nicht falsch, Mrs. Watson! Körperlich hat er den Eingriff gut überstanden. Wenn die Schädigung des Hirns nicht wäre ...«
»Schädigung des Hirns?«, wiederholte Clarissa entsetzt. »Dann ist er ... geisteskrank? Sie müssen mir die Wahrheit sagen, Doktor! Was passiert mit ihm, wenn er jemals wieder aufwacht? Ist er wirklich geistesgestört? Wird er im Rollstuhl sitzen müssen?«
Dr. Morgan erkannte, dass er etwas Falsches gesagt hatte. »Nein, Mrs. Watson. Wie gesagt, wir wissen nicht viel über diese Krankheit, aber in den mir bekannten Fällen

wurden die Patienten wieder vollkommen gesund! Ich bin sicher, bei Ihrem Mann ist es genauso. Er braucht nur noch ein wenig Zeit!«
Er öffnete die Tür und ließ sie eintreten. Es war noch kleiner, als sie befürchtet hatte. Die Ausstattung war dürftig: ein Schrank, ein Tisch mit zwei Stühlen und ein Waschbecken, das wie in einer Gefängniszelle aus der Wand ragte. Das Fenster war leicht geöffnet. Auf dem kleinen Nachttisch standen Arzneimittel. »In ein paar Tagen geht es ihm besser!«, versprach Dr. Morgan rasch. Clarissa blickte auf ihren Mann und verstand, warum der Arzt so besorgt um sie war. Frank sah sich kaum noch ähnlich. Sein Gesicht war eingefallen, sein Mund stand leicht offen, und um seine Nase war eine Blässe, wie man sie sonst nur bei Toten sah. Er schien nicht zu atmen. Der Verband um seinen Kopf erinnerte sie an die Bilder von Verwundeten aus dem Ersten Weltkrieg. Ihre Augen füllten sich mit Tränen. »Frank!«, flüsterte sie entsetzt. »Was haben Sie mit dir gemacht?« Sie lehnte sich an das Fußende des Bettes und kämpfte gegen die aufkommende Angst. »Was ist mit ihm, Doktor? Er sieht so hilflos aus ...«
»Ich weiß, wie Ihnen zumute ist«, sagte Dr. Morgan, den in solchen Augenblicken immer die Erinnerung an seine Scheidung überkam. Seine Frau war mit den beiden Kindern ausgezogen, ohne ihm ein Wort zu sagen. Dann war der Anruf ihres Anwalts aus Los Angeles gekommen. »Kein Mensch übersteht eine so schwere Operation ohne Blessuren. Wie gesagt, der Körper braucht einige Zeit, um sich von dem Eingriff zu erholen.« Er überprüfte die Atmung des Patienten und nickte zufrieden. »Aber das schaffen wir schon. Ich habe ihm einige Medikamente verschrieben, und sobald er wieder Nah-

rung aufnehmen kann, sieht er gesünder aus, das verspreche ich Ihnen! Viel wichtiger erscheint mir, dass wir ihn aus dem Koma rausholen. Dabei müssen Sie uns helfen, Mrs. Watson! Von einem Kollegen in Chicago weiß ich, wie wichtig die Mitarbeit der Angehörigen in einem solchen Fall ist.«

»Ich tue alles, was in meiner Macht steht«, versprach Clarissa. Die ruhige Stimme des Arztes verlieh ihr Mut. Sie zog ihren Anorak aus, hängte ihn über einen Stuhl und rieb sich die Tränen aus den Augen. »Was soll ich tun, Dr. Morgan?«

»Sprechen Sie mit Ihrem Mann, Mrs. Watson! Sprechen Sie mit ihm, auch wenn Sie glauben, dass er sie nicht hören kann! Tun Sie so, als wäre er bei vollem Bewusstsein! Ich glaube, dass Ihr Mann sehr wohl etwas hört! Noch kann er nicht reagieren. Sein Gehirn gibt keine Befehle an die Muskeln weiter. Aber ich bin sicher, dass sich das während der nächsten Tage ändern wird. Sprechen Sie mit ihm, berühren Sie ihn, lesen Sie ihm aus einem Buch vor, singen Sie ein Lied, das eine besondere Bedeutung für Sie hat! Sie werden sehen, das nützt etwas! Auch wenn es im Augenblick den Anschein hat, als würden Sie mit einem … als würden Sie mit einer Puppe sprechen! Erschrecken Sie nicht, Mrs. Watson! Es kann lange dauern, bis er die Augen öffnet, und selbst dann ist er noch nicht über den Berg! Im Ersten Weltkrieg gab es Patienten, die einen Monat mit offenen Augen im Bett lagen, ohne zu sprechen und sich zu bewegen! Sie brauchen viel Geduld! Denken Sie immer daran: Ihr Mann lebt! Er braucht Ihre Nähe, auch wenn er nicht reagieren kann! Halten Sie zu ihm!« Er nahm seine Brille ab, rieb sie an seinem Kittel sauber und setzte sie wieder auf. »Wie sieht es mit Ihrer Zeit aus, Mrs.

Watson? Es wäre am besten für Ihren Mann, wenn Sie jeden Tag kommen könnten! Oder jeden zweiten! Geht das?«

»Natürlich«, antwortete Clarissa, ohne nachzudenken, »ich bleibe Tag und Nacht, wenn es sein muss! Wir haben etwas Geld gespart, das reicht für die Behandlung, und unsere Speisekammer ist gefüllt. Notfalls nehme ich einen kleinen Kredit auf!«

»Ich versuche, die Krankenhauskosten so niedrig wie möglich zu halten«, meinte Dr. Morgan. »Einen Teil der Kosten kann ich über die Forschung abschreiben. Ich weiß natürlich nicht, wie lange wir Ihren Mann hierbehalten können, aber solange es zu keiner Epidemie kommt, bin ich zuversichtlich, dass die Krankenhausleitung nichts dagegen hat, wenn wir dieses Zimmer benutzen.« Er bemerkte Clarissas fragenden Blick und erklärte: »Verstehen Sie, Mrs. Watson, die Krankheit Ihres Mannes ist wenig erforscht, und ich müsste ihn normalerweise nach Hause schicken, wenn die Wunden der Operation verheilt sind. Aber keine Angst, das kriege ich schon hin.«

Clarissa trat neben das Bett und griff nach der Hand ihres Mannes. Sie fühlte sich erschreckend kalt an. »Hast du das gehört, Frank?«, fragte sie, nachdem Dr. Morgan sich verabschiedet hatte und gegangen war. »Sie würden dich nach Hause schicken! Weil sie nicht wissen, was du für eine Krankheit hast! Sie würden dich wie einen Idioten wegschicken und mir wahrscheinlich empfehlen, dich in ein Heim zu stecken! ›Wir können nichts mehr für ihn tun, Mrs. Watson!‹« Ihr Blick wurde entschlossen. »Nicht mit uns, Frank! Und sag mir jetzt nicht, dass du zu schwach bist, um aufzuwachen! Du willst doch nicht, dass diese Dummköpfe Recht behalten? Du wirst es

schaffen! In zwei oder drei Wochen stehst du auf, und spätestens bis Weihnachten sitzt du wieder in einem Cockpit! Du wirst gesund, Frank, und wenn ich Tag und Nacht auf dich einreden muss!«
Die Augen ihres Mannes blieben geschlossen. Nur sein schwacher Atem verriet, dass er am Leben war. Es war fast so wie vor zehn Jahren, als sie ihn bewusstlos aus dem Schnee gezogen hatte. Doch damals war sein Lebenswille spürbar gewesen, und er war schon nach wenigen Stunden wieder aufgewacht. Jetzt war zweifelhaft, ob er überhaupt wieder aufwachen würde.
Erst um Mitternacht fuhr Clarissa nach Hause zurück. Sie fütterte die Hunde, trank einen Becher heißen Tee und aß ein Sandwich mit Büchsenfleisch. Während des Essens fielen ihr fast die Augen zu. Sie legte sich in das ungemachte Bett und schlief so unruhig, dass sie am nächsten Morgen wie gerädert aufwachte. Nachdem sie sich mit kaltem Wasser gewaschen hatte, zwang sie sich zu einem ausgiebigen Frühstück. Danach mussten die Hunde bewegt werden. Endlich stieg sie in den Chevy und fuhr zum Krankenhaus. Bis spätabends blieb sie bei ihrem bewusstlosen Mann. Ein Tagesablauf, der ihr nach einigen Tagen in Fleisch und Blut überging. Nur die Hoffnung auf das baldige Erwachen ihres Mannes gab ihr die Kraft, die langen Stunden in dem kleinen Krankenzimmer durchzustehen. Wenn es stimmte, was Dr. Morgan sagte, und allein der Klang ihrer Stimme ein Ende der Leidenszeit herbeiführen konnte, würde sie reden, bis sie zusammenbrach. Sie würde ihren Mann nicht aufgeben, dazu liebte sie ihn viel zu sehr.
»Ich soll dir schöne Grüße von deinen Freunden bestellen«, sagte sie zu Frank. »Noel will eine Ehrenrunde in seiner *Bellanca* für dich fliegen, direkt über dem

Krankenhaus, und Richard hat eine Flasche seines besten Weins für dich abgegeben. Du weißt doch, er sammelt das Zeug. Und Willie hat vor lauter Wut den Saloon zertrümmert, weil er jetzt keinen Partner zum Pokern mehr hat, den er betrügen kann! Sie drücken dir die Daumen, Frank! Sie können es gar nicht erwarten, bis du endlich wieder die Augen öffnest, und passen mich alle paar Tage vor dem Krankenhaus ab, damit ich ihnen erzähle, wie es dir geht. Ich bin die Einzige, die zu dir darf, außer den Ärzten und den Schwestern natürlich.« Sie stützte sich auf das Bettgestell und atmete die frische Luft, die durch einen Spalt des geöffneten Fensters drang.
Die Flieger von Fairbanks waren eine verschworene Gemeinschaft. Jeder hielt sich für den besten Piloten, und bei der jährlichen Flugschau übertrafen sie sich gegenseitig mit gewagten Loopings. Der wilde Noel war nach einem Sturzflug beinahe mal auf einer Wiese zerschellt! Jeder dieser Draufgänger wollte besser als der andere sein, und auch Frank bildete keine Ausnahme, obwohl er eigentlich ein sehr besonnener Flieger war. Er hatte einen Looping über dem Flughafen gedreht und war unter der Telefonleitung hergeflogen, wie einer dieser tollkühnen *Barnstormer* aus Kalifornien! Doch wenn es darauf ankam, hielten alle Buschflieger zusammen. Starb ein Flieger, kamen sie zur Beerdigung und sammelten Geld für die Witwe, und wenn einer in den Bergen vermisst wurde, suchten sie so lange nach ihm, bis es keine Hoffnung mehr gab. »Drückt ihm die Daumen!«, sagte sie, als sie nach ihrem Mann fragten. »Mehr könnt ihr nicht für ihn tun! Und macht euch keine Sorgen, ich komme schon zurecht!«
Clarissa war bei den Fliegern beliebt und hätte sicher

gute Chancen gehabt, wenn sie nicht mit Frank verheiratet gewesen wäre. Die rauen Burschen verehrten sie. Sie glich keinem dieser Heimchen am Herd, wie es sie in Anchorage und in den Staaten gab. Sie war eine erfahrene Musherin, die allein in die Wildnis fuhr und sich gegen Elche und Wölfe behauptete. Sie hatte das Dog Derby gewonnen und ließ sich von keinem Kerl etwas vormachen! In der Zeitung stand, dass sie vor zehn Jahren die Yukon Trophy gewonnen hatte, das härteste Schlittenhundrennen der Welt! Sie war tapferer als die meisten Männer, und das Schöne war, dass sie kein Mannweib war wie diese Alice, eine Indianerin, die als Fallenstellerin in der Brooks Range wohnte und angeblich von rohem Fleisch lebte. Clarissa war eine charmante Frau, die in einem Kleid genauso gut aussah wie in der gefütterten Winterkleidung, die sie auf ihrem Hundeschlitten trug.

Auf dem Weg zur Versicherung, die genaue Angaben über den Absturz ihres Mannes haben wollte, begegnete sie Harry Cheek. Der Airport Manager trug seine schwarze Augenklappe und freute sich, sie zu sehen. »Hi, Clarissa! Hab schon gehört, dass wir nicht zu deinem Mann dürfen! Wie geht's dem Haudegen?«

»Er ist immer noch bewusstlos!«, wiederholte Clarissa die Antwort, die sie schon seit einigen Tagen gab. Sie zwang sich zu einem Lächeln. »Ich sag dir Bescheid, wenn sich was ändert!«

»Er wird wieder gesund, ganz bestimmt!«, versicherte Harry. Seine Miene verfinsterte sich. »Was ich noch sagen wollte, Clarissa: Du kennst doch Sid Baxter, diesen Angeber, der manchmal aus Anchorage hochkommt! Der mit dem weißen Schal!«

»Und ob ich den kenne! Bei der letzten Flugschau lief

er wie ein Filmstar rum und gab Autogramme! So einen Angeber hab ich noch nie gesehen!« Sie dachte daran, wie er in seiner neuen Lederjacke und mit wehendem Seidenschal zu ihr gekommen war und gesagt hatte: »Schade, dass Sie verheiratet sind, Lady! Wir beide wären ein tolles Paar!« Sie hatte Frank nichts davon gesagt, weil es sonst sicher zu einer Schlägerei gekommen wäre.
»Ich sag's ungern, Clarissa«, fuhr Harry fort, »aber er hat sich alle Aufträge von Frank unter den Nagel gerissen! Sogar die Postflüge hat er übernommen!«
Clarissa schien sich darüber zu amüsieren. »Das kann ihm keiner verbieten, oder? Wenn Frank wieder gesund ist, holt er sich die Aufträge zurück! Von einem wie Baxter lässt er sich nicht einschüchtern! Frank war bei der RCMP, hast du das gewusst?«
»Er war der beste Mountie, den es jemals gab, Clarissa! Sag dem verdammten Kerl, dass er sich beeilen soll! Wir brauchen ihn, hörst du?« Er ging rasch weiter, bevor sie seine Tränen sehen konnte, und versteckte sich hinter einer dichten Tabakwolke.
»Behandeln sie dich gut, Frank?«, fragte Clarissa ihren Mann. »Schwester Ruth ist ein bisschen mürrisch, was? Ich glaube, sie meint es nicht so. Einer der jungen Ärzte hat mir verraten, dass ihre Mutter schwer krank ist! Sie lebt in Anchorage in einem Pflegeheim.« Sie seufzte.
»Ich weiß, ich weiß, kaum bin ich ein paar Tage hier, und schon kenne ich den ganzen Klatsch! Dr. Morgan, der ist in Ordnung! Ohne ihn hätten wir eine Menge Kummer am Hals! Stell dir vor, er bezahlt einen Teil der Kosten aus seinem Forschungsetat! Er studiert deine Krankheit schon seit einigen Jahren und telefoniert sogar mit einem Professor in Chicago! Wenn du schnell gesund wirst, gewinnt er bestimmt den Nobelpreis! Er glaubt, dass du

mich hören kannst, deshalb rede ich so viel! Hörst du mich, Frank? Wann wachst du endlich auf? Ich brauche dich, das weißt du doch! Ich hab schon einen Mann verloren, das reicht mir!«

Ihr Mann antwortete nicht. Seine Augen blieben geschlossen, und er verriet mit keiner Regung, dass er sie verstanden hatte. Wie ein Toter lag er in seinem Bett.

»Sie machen sich noch kaputt, wenn Sie den ganzen Tag im Krankenhaus verbringen«, sagte Schwester Ruth, als sie den Puls des bewusstlosen Piloten untersuchte. »Dr. Morgan ist der einzige Arzt auf dieser Station, der daran glaubt, dass Mr. Watson Sie verstehen kann. Die anderen sagen, dass es keinen Zweck hat, auf ihn einzureden. Ich will Sie nicht entmutigen, Mrs. Watson, aber wenn Sie mich fragen, machen diese Selbstgespräche keinen Sinn! Wenn Sie so weitermachen, landen Sie selbst in einem Krankenbett!«

»Wenn es einen Strohhalm gibt, klammere ich mich daran!«, erwiderte Clarissa entschlossen. »Ich liebe meinen Mann! Was würden Sie denn tun? Ihn in ein Heim bringen und in ein Zimmer sperren? Wollen Sie ihn mit Tabletten voll pumpen, bis er stirbt?«

»So war es nicht gemeint«, erwiderte die Schwester. Sie blickte auf und versuchte freundlich zu sein. »Aber ich arbeite schon sehr lange in diesem Krankenhaus und sehe die Dinge nüchterner als Sie. Das Leben läuft nicht immer so, wie wir wollen!«

»Und ich denke nicht daran, mich kampflos zu ergeben! Waren Sie mal mit einem Hundegespann in der Wildnis, Schwester Ruth? In den Bergen darf man niemals aufgeben, sonst erwischen Sie die wilden Tiere, oder Sie kommen in einem Blizzard um! Was ist mit den Buschfliegern, die in der Wildnis notlanden müssen?

Die wären verloren, wenn sie nicht an sich glauben würden! Wie lange leben Sie schon in Alaska, Schwester Ruth?«
»Fünf Jahre«, antwortete sie, »aber ich hab mich hier nie besonders heimisch gefühlt! Ich komme aus Kalifornien, wissen Sie, da ist es wärmer. Ich bin meinem Mann zuliebe nach Fairbanks gezogen. *Er* ist längst über alle Berge. Meine Mutter wohnt in Anchorage. Sie lebt in einem Pflegeheim. Im Moment habe ich keine andere Wahl!«
Clarissa ließ die Worte im Raum stehen. Sie wollte keine Wunden aufreißen. »Wollen Sie irgendwann wieder nach Kalifornien zurück?«
»Keine Ahnung«, meinte Schwester Ruth. Ohne ein weiteres Wort verließ sie das Zimmer und erschien erst am Abend wieder, als Clarissa gerade im Begriff zu gehen war. »Bis morgen, Clarissa«, verabschiedete sie sich nach einigem Zögern, »und entschuldigen Sie, wenn ich etwas unhöflich war! Das war nicht so gemeint! Ich habe eine schwere Zeit hinter mir und bin manchmal etwas …« Sie blickte auf Frank Watson, der reglos im schwachen Schein der Lampe lag. »Ich kümmere mich um ihn, okay?«
»Okay«, bedankte Clarissa sich erleichtert. Sie zog ihren Anorak an, blieb an der Tür stehen und fügte hinzu: »Bis morgen, Ruth.«

6

Clarissa fütterte gerade die Hunde, als ein Krankenwagen von der Schotterstraße abbog und vor ihrem Haus hielt. Ein Sanitäter stieg aus und rief: »Hallo, Mrs. Watson! Dr. Morgan schickt mich! Sie sollen sofort ins Krankenhaus kommen! Irgendwas mit Ihrem Mann! Wollen Sie bei mir mitfahren?«
Augenblicklich ließ sie den Futtersack fallen und rannte zu ihrem Wagen. »Nein, danke! Ich nehme den Chevy!« Sie stieg ein und startete hastig den Motor. Mit durchgetretenem Gaspedal schleuderte sie wenige Meter hinter dem Krankenwagen auf die Schotterstraße. »Frank!«, rief sie während der Fahrt immer wieder. Die Angst um ihren kranken Mann raubte ihr beinahe den Verstand, und sie konnte von Glück reden, dass der Sanitäter das Blaulicht eingeschaltet hatte und mit dem Krankenwagen dicht vor ihr blieb. Allein hätte sie bestimmt einen Unfall gebaut. Sie raste auf den Parkplatz, stieg aus dem Wagen und rannte zum Haupteingang.
Dr. Morgan erwartete sie am Empfang. »Ich wollte Sie nicht beunruhigen, Mrs. Watson! Ihrem Mann geht es gut!« Er hielt die aufgeregte Frau an den Unterarmen fest und fügte hinzu: »Ihr Mann hat die Augen geöffnet! Vor ungefähr einer halben Stunde! Das ist ein echter Durchbruch, Mrs. Watson! Und Ihr Verdienst!«
Sie begann zu weinen. »Frank!«, flüsterte sie überglücklich. »Ich hab es ja gewusst! Ich hab gewusst, dass er wieder aufwacht!«
»Noch ist Ihr Mann nicht über den Berg«, dämpfte Dr. Morgan ihre Euphorie. »Er hat die Augen geöffnet, und das ist mehr, als wir in dieser kurzen Zeit erhoffen konn-

ten! Aber er liegt immer noch im Koma! Er kann sich nicht bewegen und ist unfähig, seine Umwelt wahrzunehmen! Er kann nicht sprechen! Wir müssen Geduld haben, Mrs. Watson! Heute haben wir den ersten Schritt gemacht! Kommen Sie, ich bringe Sie zu ihm!«
Sie ging mit ihm den Flur hinab und blieb vor dem Zimmer ihres Mannes stehen. Die neugierigen Blicke einiger Patienten und Schwestern nahm sie gar nicht wahr. Nicht einmal die Worte des Doktors waren vollständig in ihr Bewusstsein gedrungen. »Er hat die Augen geöffnet!« Das war alles, was sie verstanden hatte. Mehr wollte sie nicht hören. Sie öffnete die Tür und betrat zögernd das Zimmer. »Frank!«, flüsterte sie. »Ich bin's, Clarissa!«
Vor seinem Bett verharrte sie. Sie blickte in das Gesicht ihres Mannes und fuhr erschrocken zurück. Die Augen eines Toten blickten ihr entgegen. Groß und leer und ohne die geringste Reaktion, als sie in sein Blickfeld trat. Sie hielt sich am Bettgestell fest und blickte ihn verzweifelt an. Das hereinfallende fahle Tageslicht spiegelte sich in seinen leblosen Augen. »Ist er ... Ist er tot?«, fragte sie nervös. »Er ist doch nicht tot, Dr. Morgan, oder?«
»Nein«, beruhigte er sie mit seiner nüchternen Stimme. »Wir haben ihn gerade untersucht, seine körperlichen Werte sind alle normal!« Er betrachtete den bewusstlosen Piloten wie einen Patienten, den er erfolgreich operiert hatte. »Dies ist ein bedeutender Schritt nach vorn, Mrs. Watson!«, sagte er, ohne sie anzusehen. »Ich weiß, Sie sind ein wenig enttäuscht, weil Sie sich mehr erhofft hatten! Aber mehr ist in so kurzer Zeit nicht möglich! Freuen Sie sich über diesen Erfolg, Mrs. Watson, und arbeiten Sie weiter mit Ihrem Mann! Sie werden sehen, bald wird er auf Sie reagieren! Nichts Großartiges, ein leises Stöhnen oder Kopfnicken vielleicht! Haben Sie

Geduld, Mrs. Watson! Wenn Sie weiter so angestrengt mit ihm arbeiten, wird er wieder gesund!«

Sie blickte den Arzt dankbar an. »Ich weiß, Doktor. Und ich werde alles tun, um ihn aus seiner Bewusstlosigkeit zu holen. Ich bin Ihnen sehr dankbar, dass Sie sich so ausgiebig um meinen Mann kümmern! Ohne Sie wären wir nie so weit gekommen!«

Dr. Morgan verabschiedete sich, und sie blieb allein bei Frank zurück. Sie zog ihren Anorak aus und beugte sich über ihn. Es kostete sie große Überwindung, ihm direkt in die Augen zu sehen. Das Gefühl, einen Toten anzublicken, ließ sie nicht los.

»Du hast es geschafft, Frank!«, sagte sie. »Hätte mich auch sehr gewundert, wenn du klein beigegeben hättest! Wenn der liebe Gott gewollt hätte, dass deine Augen für immer geschlossen bleiben, hätte er dich nicht am Leben gelassen, oder?« Verzweifelt suchte sie nach einer Spur des Erkennens in seinen Augen, einem leichten Blinzeln oder einer Bewegung. »Kannst du mich sehen, Frank? Ich weiß, ich sehe furchtbar aus! Ich habe gerade die Hunde gefüttert, als der Sanitäter kam! Ich bin gleich in den Chevy gesprungen und zum Krankenhaus gerast! Bestimmt habe ich sämtliche Rekorde gebrochen, so schnell bin ich gefahren!«

Die Augen ihres Mannes veränderten sich nicht, und auch sein Gesicht blieb regungslos. Sein Atem ging gleichmäßig. Sie legte ihren Kopf auf seine Brust und lauschte seinem Herzschlag, der beinahe so schnell wie bei einem gesunden Mann war. »Du lebst«, flüsterte sie. »Solange dein Herz schlägt, lebst du, und ich werde an deiner Seite sein!« Sie richtete sich auf und legte ihre flache Hand auf seine Stirn. Seine Haut war immer noch kalt. »Bis Weihnachten bist du wieder gesund«, sagte sie,

und es klang wie eine Beschwörung ,»und nächstes Jahr bist du wieder in der Luft! Wir bekommen sicher das Geld von der Versicherung, und wenn das nicht reicht, nehmen wir einen Kredit auf. Damit zahlen wir eine neue Maschine an!«
Es war so schön, sich eine gemeinsame Zukunft auszumalen. Ihre anfängliche Enttäuschung hatte sich gelegt, und sie redete sich ein, schon bald wieder mit ihrem Mann sprechen zu können. Schließlich hatte er die Augen geöffnet, dann konnte es nicht mehr lange dauern, bis er sich bewegte und ihren Namen rief. Die Ermahnung des Arztes, geduldig zu sein, war längst vergessen. Für sie war es ein großer Schritt, mochte er auch noch so klein sein, und sie konnte den Tag, an dem Frank wieder gesund wurde, kaum erwarten. In ihren Träumen malte sie sich aus, wie sie ihn in die Arme nahm und zärtlich küsste, und wenn sie die Augen schloss, hörte sie bereits, wie er ihren Namen flüsterte und sagte:»Ich bin okay, Clarissa, alles ist gut, ich bin gesund!«
Doch sein Mund blieb stumm, und nicht die kleinste Regung zeigte sich in seinem Gesicht. Sie behielt ihren Tagesablauf bei und verbrachte jeden Nachmittag und die halbe Nacht in seinem Zimmer. Sie sprach mit ihm und sang das irische Lied, das er von einem seiner Kollegen gelernt hatte. Alle paar Minuten hielt sie die Nachttischlampe vor sein Gesicht und hoffte vergeblich auf eine Veränderung in seinen Pupillen. Wenn Dr. Morgan oder Schwester Ruth im Zimmer waren und ihn untersuchten, blieb sie angespannt am Fenster stehen und verfolgte jede Bewegung. Frank rührte sich nicht. Er lag wie eine leblose Puppe im Bett, und nur wenn sie die Decke zurückschlug und seinem Herzschlag lauschte, spürte sie, dass noch Leben in ihm war.

Ihre Hoffnung auf eine baldige Genesung sank mit der schwindenden Helligkeit, die das Land nur noch um die Mittagszeit mit leuchtenden Streifen überzog. Die Dunkelheit des Winters kündigte sich an. Im Dezember würde es kaum noch Licht geben, und die Menschen würden sich in ihre Häuser zurückziehen und das Frühjahr abwarten. Sie lebte seit vielen Jahren im Hohen Norden und war daran gewöhnt, und doch erschien ihr das Dunkel in diesem Jahr bedrohlicher, wie die Ankündigung einer unheimlichen Macht, die ihren Mann und sie zwingen würde, für den Rest seines Lebens in dieser Dunkelheit zu leben. Ohne Frank würde auch sie in ewiger Nacht verharren.

»Frank!«, sprach sie leise und eindringlich auf ihren Mann ein. Sie hatte sich über ihn gebeugt und berührte ihn fast mit den Lippen. »Hörst du mich, Frank? Siehst du mich? Du musst doch irgendwas sehen! Etwas Helles! Da drüben ist das Fenster, Frank! Siehst du das Fenster? Kannst du mein Gesicht erkennen? Siehst du irgendwas? Hörst du was? Hörst du mich sprechen, Frank? Sag was! Schau mich an! Drück meine Hand! Tu irgendwas, damit ich weiß, dass du mich verstehst!« Er reagierte nicht, und sie richtete sich enttäuscht auf und schlug mit der Faust auf einen Pfosten des Bettgestells. »Verdammt! Sag was, Frank! Du willst mir doch nicht weismachen, dass du mich nicht siehst? Du hast die Augen offen, Frank! Du musst mich sehen!«

Ihr Mann blieb stumm, und sie spürte zum ersten Mal, seitdem sie ihn besuchte, wie sie die Kraft verließ. Sie ging zu Dr. Morgan und ließ sich niedergeschlagen auf einen Stuhl fallen, als er sie in sein Büro bat. Er saß über einigen Büchern, die Lampe dicht über dem Schreibtisch, und machte sich Notizen. »Entschuldigen Sie«, sag-

te er und legte den Bleistift hin. »Möchten Sie einen Kaffee? Ein Glas Wasser?« Sie schüttelte den Kopf und erwiderte: »Er wird nicht mehr gesund! Ich kann machen, was ich will! Er bewegt sich nicht! Er zwinkert nicht mal mit den Augen! Was soll ich nur tun, Dr. Morgan? Ich halte das nicht durch! Gibt es denn nichts, was ihm helfen könnte?« Sie deutete auf seine Notizen. »Was sagt Ihr Professor in Chicago? Weiß der keinen Rat?«
Dr. Morgan hatte eine solche Reaktion schon früher erwartet und lächelte nachsichtig. »Ich kann verstehen, dass Sie die Nerven verlieren, Mrs. Watson. Das würde jedem anderen Menschen genauso gehen. Sie sind müde! Aber Sie dürfen nicht aufgeben! Die Wahrscheinlichkeit, dass er Sie hören und sehen kann, ist sehr hoch, auch wenn er nicht reagiert! Mein Kollege in Chicago ist derselben Meinung, und ein Professor in London geht sogar noch weiter und behauptet, dass ein Patient wie Ihr Mann empfinden kann! Ihre Arbeit ist nicht vergeblich, Mrs. Watson! Wir werden Erfolg haben! Frank wird aufwachen, ganz bestimmt! Meine ganze Arbeit wäre nichts wert, wenn es nicht so wäre!«
»Sie haben gut reden!«, reagierte sie unwirsch. »Für Sie ist mein Mann ein Versuchskaninchen, das Ihren Forschungen dient! Sie wollen den Nobelpreis gewinnen, und es kümmert Sie einen Dreck, was Frank dabei empfindet!« Sie war aufgesprungen und blitzte ihn wütend an. Als sie erkannte, wie ihre Worte auf den Arzt wirkten, sank sie weinend auf den Stuhl zurück. »Es tut mir Leid, Dr. Morgan! Das wollte ich nicht sagen! Ich weiß, wie sehr Sie sich um Frank kümmern! Ich weiß, dass ihn ein anderer Arzt längst abgeschoben hätte! Aber wie kann ich ihm noch helfen?«
Seine Züge entspannten sich, und er beugte sich zu ihr.

»Sie tun das Richtige, Mrs. Watson! Machen Sie so weiter wie bisher, und Sie werden sehen, dass Frank wieder gesund wird!«

»Und wie lange wird das dauern? Einen Monat? Ein Jahr?«

»Ich weiß es nicht, Mrs. Watson!« Ein Lächeln umspielte seinen Mund. »Wenn ich es wüsste, hätte ich den Nobelpreis längst bekommen! Wollen Sie wirklich keinen Kaffee? Vielleicht einen Tee?«

»Nein, danke«, sagte sie, »ich muss zurück zu meinem Mann!«

An diesem Abend hielt sie sich nicht an ihre Routine und ging mit den Hunden auf eine nächtliche Tour. Im Schein des Nordlichts, das in zarten Mustern über den Himmel flackerte, fuhr sie über die leere Schotterstraße. Die Räder des Schlittens ratterten über den Schotter. Die ersten Schneeflocken wirbelten durch die Luft, und es würde nicht mehr lange dauern, bis sie die Räder abschrauben konnte. Sie sehnte sich danach, durch den Schnee zu gleiten und die eisige Kälte des Winters auf ihren Wangen zu spüren.

Nach Mitternacht kehrte sie nach Hause zurück. Sie versorgte die Hunde und schürte den Ofen im Blockhaus an. Ihr Gesicht war von der Kälte gerötet. Der Winter rückte näher, und sie würde bald ihre Winterkleidung und den Gesichtsschutz anziehen müssen. In Fairbanks wurde es bitterkalt. Im letzten Dezember hatte man fünfzig Grad unter Null gemessen, ein absoluter Minusrekord, selbst im Hohen Norden. Sie zog ihre Kleider aus, wusch sich mit dem heißen Wasser, das sie über dem Ofen erwärmt hatte, und schlüpfte in ihr Nachthemd. Mit einem Becher heißen Tee und der Post, die sie auf dem Weg zum Krankenhaus abgeholt und auf den Küchentisch geworfen hatte, zog sie sich ins Bett zurück.

Der nächtliche Ausflug hatte ihre Lebensgeister geweckt und ihr Kraft für die nächsten Tage geschenkt.
Im schwachen Schein ihrer Nachttischlampe ging sie die Briefe durch. Die Rechnung einer Firma, die Ersatzteile für die *Fairchild* geliefert hatte, der kurze Brief eines Buschfliegers aus Anchorage, der ihrem Mann gute Besserung wünschte, und ein Schreiben der Versicherung, das sie mit wachsender Unruhe studierte. »… müssen wir Ihnen leider mitteilen, dass eine genaue Untersuchung des Unfallhergangs … ob dem Flugzeughalter eine Mitschuld nachzuweisen ist …« Clarissa ließ die Hand mit dem Brief sinken und schimpfte leise. »Sie wollen nicht zahlen!« Sie stieg aus dem Bett, holte ihr Sparbuch aus dem Schrank und stellte fest, dass ungefähr tausend Dollar auf ihrem Konto waren. Ein stattlicher Betrag, der sie über die nächsten Monate bringen, aber niemals für ein Flugzeug reichen würde. Nicht mal für eine Anzahlung. Was geschah, wenn ihr Mann länger krank blieb? Hatte Dr. Morgan nicht von einem Mann gesprochen, der mehrere Jahre im Koma gelegen hatte? Sie legte das Sparbuch zurück und setzte sich auf den Bettrand. Geistesabwesend trank sie von ihrem Tee. »Noch brauche ich mir keine Sorgen zu machen«, beruhigte sie sich, »und wenn Frank aufwacht, gehe ich zur Bank! Mr. Cassano gibt uns bestimmt einen Kredit! Helen hat gesagt, dass sie uns helfen würde!« Sie brachte den leeren Becher in die Küche und tätschelte ihren Leithund, der es sich auf seiner Decke bequem gemacht hatte. »Du hast es gut, Dusty!«, sagte sie. »Du hast keine Sorgen! Du brauchst dir nicht den Kopf darüber zu zerbrechen, woher das Geld kommt! Mach mir keinen Kummer, okay?«
In dieser Nacht schlief sie kaum. Unruhig wälzte sie sich

von einer Seite auf die andere, drehte ihre Nachttischlampe an und las im letzten *News-Miner* über die Deutschen, die halb Europa den Krieg erklärt hatten. Die Abbildung des deutschen Diktators, der mit erhobener Hand auf einer Bühne stand, verwirrte sie. Zum Glück lebt dieser Wahnsinnige auf der anderen Seite des Ozeans, dachte sie. Sie verabscheute Gewalt und konnte auch mit dem Machthunger dieses Deutschen wenig anfangen. Ihr war es egal, wie groß ein Land war. Sie kümmerte sich nicht einmal darum, ob Alaska selbstständiges Territorium oder ein Bundesstaat der USA war. Es kam immer auf die Menschen an, die in einem Land wohnten. »Hier würde es diesem Hitler sowieso nicht gefallen«, amüsierte sie sich, »hier wäre es ihm viel zu kalt!« Am nächsten Morgen verzichtete sie auf den Ausflug mit den Hunden und fuhr direkt zum Büro der Versicherung. Mit dem Brief in der Hand verlangte sie den Direktor zu sprechen. Sie kannte den Mann vom letztjährigen Wohltätigkeitsball und wurde sofort vorgelassen. »Ich weiß, Mrs. Watson, ich weiß«, beruhigte er sie, noch bevor sie etwas gesagt hatte. »Sie haben Angst, dass Sie kein Geld bekommen! Sie müssen das verstehen, Mrs. Watson! Wenn es nach mir ginge, würde ich Ihnen das Geld sofort geben, aber ich muss mich an die Richtlinien unseres Hauses halten! Wir müssen den Untersuchungsbericht unseres Gutachters abwarten! Nach den bisherigen Untersuchungen und den Angaben, die Sie uns gemacht haben, sieht es leider so aus, dass wir Ihnen nur einen Teilbetrag ausbezahlen können. Das wird einige Monate dauern. Falls Sie in ernsthaften Geldschwierigkeiten sind, würde ich Ihnen empfehlen, bei Ihrer Bank vorzusprechen! Wie gesagt, es ist wirklich nicht persönlich gemeint…«

»Ich verstehe«, sagte Clarissa knapp. Sie verließ das Gebäude, ohne auf die umständlichen Erklärungen des Mannes einzugehen, und stieg in ihren Chevy. Sie zerknüllte den Brief und schlug wütend mit beiden Händen auf das Lenkrad ein. »Frank kann doch nichts dafür, dass er abgestürzt ist!«, schimpfte sie. »Er hat sich nichts zuschulden kommen lassen! Es war höhere Gewalt!« Sie starrte nach draußen in den Schnee, der jetzt in dicke Flocken vom Himmel fiel, und merkte erst nach einiger Zeit, dass jemand gegen das Seitenfenster klopfte. »Harry!«, erkannte sie den Airport Manager. Sie kurbelte das Fenster herunter und lehnte sich hinaus. »Harry! Was machst du denn um diese Zeit in der Stadt?«
»Geld holen«, meinte er fröhlich, »heute ist mein freier Tag! Der alte Thomasson vertritt mich. Der Norweger muss auch leben!« Er deutete über die Straße. »Ich wollte in den Nugget und Chuck zum Mittagessen einladen. Wird Zeit, dass der alte Chuck mal wieder auf andere Gedanken kommt!« Sein Blick wurde ernst. »Wie geht es Frank? Ich hab gehört, es geht langsam aufwärts!«
»Er macht Fortschritte«, antwortete sie ausweichend. »Ich bin jeden Nachmittag bei ihm. Dr. Morgan sagt, dass er mich versteht. Wenn wir Glück haben, ist er bis Weihnachten wieder auf dem Damm!« Sie verriet ihm nicht, dass es auch zwei oder drei Jahre dauern konnte, und wechselte das Thema. »Was ist mit der *Fairchild* passiert? War jemand von der Versicherung da?«
»Vor zwei Tagen«, erinnerte sich der ehemalige Flieger. Er deutete hinter sich. »Sie wollen nicht bezahlen, was? Wäre nicht das erste Mal, dass sie Ärger machen! Du solltest dir einen Anwalt nehmen!« Er berührte das Autodach. »So, jetzt muss ich aber gehen! Chuck wartet! Komm doch mal vorbei, wenn du Zeit hast!«

»Mach ich, Harry!« Sie wartete, bis er die Straße überquert hatte, und legte den Gang ein. Während sie zum Krankenhaus fuhr, brauste eine *Fairchild* über den nahen Wald und hielt auf den Flughafen zu. Sie erkannte die Maschine von Sid Baxter, glaubte sogar, seinen weißen Schal zu erkennen. Der Pilot, der ihrem Mann die Aufträge weggeschnappt hatte. »Mistkerl!«, fluchte sie.

7

An einem Freitag im Oktober beschloss Clarissa, ihr Schicksal selbst in die Hand zu nehmen. Seit ihr Mann die Augen geöffnet hatte, waren mehrere Wochen vergangen, und sein Zustand war immer noch unverändert. »Wir müssen Geduld haben«, beschwor Dr. Morgan sie immer wieder. »Sie dürfen auf keinen Fall aufgeben!« Schwester Ruth war anderer Meinung, ließ sich aber nichts anmerken und versorgte den bewusstlosen Piloten wie einen normalen Patienten. Nur einmal, als sie mit einer jüngeren Schwester sprach und sich unbeobachtet glaubte, hörte Clarissa sie sagen: »Also, ich glaube nicht mehr daran, dass der arme Kerl gesund wird! Haben Sie gesehen, wie leer seine Augen sind? Ich hatte mal einen Patienten, der war nicht so schlimm dran und wurde in ein Heim abgeschoben! Aber lassen Sie sich nichts anmerken, ja?«
Clarissa sprach tagelang kein Wort mit der Krankenschwester, ohne ihr zu verraten, dass sie gelauscht hatte. Schwester Ruth schob das seltsame Benehmen auf ihren angespannten Gemütszustand und behandelte sie wie immer. Sie hatte oft genug erlebt, dass Angehörige eines Schwerkranken unter dem Druck, sich täglich um ihn kümmern und ihr ganzes Leben ändern zu müssen, trotzig schwiegen. Einige Tage später schien Clarissa den Vorfall vergessen zu haben. Sie erzählte der Schwester von ihren Hunden, wie begeistert sie an diesem Morgen durch den Schnee gefegt waren. Besonders Dusty liebte die weiße Pracht. Sogar die viel befahrene Cushman Street war mit einer dichten Schneedecke überzogen. Wehmütig erinnerte Clarissa sich daran, wie sie im letz-

ten Jahr den Tag, an dem sie die Räder vom Schlitten geschraubt hatte, gefeiert hatten. Mit gebratenen Elchsteaks und einer Flasche des guten Weins von Richard hatten sie sich ein Festmahl bereitet. Richard Harmon nannte sich den »Gentleman unter den Buschflliegern«. Frank war immer noch ohne Bewusstsein, und sie machte sich auf eine lange Genesungszeit gefasst. Sie glaubte fest daran, dass er wieder aufwachte, sie musste daran glauben, wenn ihre Anstrengungen einen Sinn haben sollten, aber ihr Wunsch, ihn vor Weihnachten in einer *Fairchild* zu sehen, war illusorisch. Für diese Erkenntnis brauchte sie weder das Urteil einer Krankenschwester noch die Meinung von Dr. Morgan, der immer wieder den Kopf schüttelte und sagte: »Es kann länger dauern, Mrs. Watson, damit müssen Sie sich abfinden. Aber Sie dürfen nicht aufgeben!« Manchmal hatte sie den Eindruck, dass der Arzt mehr geneigt war, an eine vollständige Genesung ihres Mannes zu glauben als sie. »Wenn er wenigstens mal den Kopf bewegen würde«, klagte sie. Zwei Briefe, die am selben Tag in ihrem Postfach lagen, gaben ihr den letzten Anstoß, etwas für ihren Lebensunterhalt zu tun. Einer kam von der Versicherung. Der Direktor teilte ihr in nüchternen Worten mit, dass man sich leider außerstande sehe, die Entschädigung zu zahlen, sie aber eine treue Kundin sei, und man den Fall noch einmal überprüfen und an die Zentrale in Anchorage weiterleiten würde. Was im Klartext hieß, dass sie wahrscheinlich überhaupt kein Geld bekommen würde. In dem anderen Umschlag steckte eine Rechnung des Krankenhauses für den ersten Monat. Beim Anblick der hohen Summe konnte sie sich ausrechnen, wie lange ihre Ersparnisse reichen würden, wenn Frank noch zwei oder drei weitere Monate im Koma blieb. »Ich weiß,

das ist viel Geld«, sagte Dr. Morgan. »Aber ich kann nur einen Teil der Kosten über mein Budget abrechnen ...«
Clarissa verbrachte die halbe Nacht damit, einen Finanzplan für das nächste Jahr aufzustellen, immer davon ausgehend, dass Frank noch länger ohne Bewusstsein blieb. Sie musste mit dem Schlimmsten rechnen, wenn sie keine böse Überraschung erleben wollte. Ein Kredit würde ihr nicht weiterhelfen. Wenn Frank gesund wurde, brauchte er eine neue Maschine, und sie würden das viele Geld niemals zurückzahlen können. Sie musste einen Job annehmen. Aber welchen? Sie konnte mit Hunden umgehen und einen Schlitten steuern. Und sonst? In einem Laden aushelfen? Im Krankenhaus als Pflegerin anheuern, damit sie in der Nähe ihres Mannes blieb? Sie zog den Anorak an und trat vor ihre Hütte. Frank hätte sich in einem solchen Augenblick eine Zigarre angesteckt. Er hätte zu den Sternen emporgeblickt und gesagt: »Es gibt immer eine Lösung, Clarissa!«
Der Himmel war in dieser Nacht ungewöhnlich klar. Ein Meer von Sternen erhellte die Dunkelheit, wie ein silberner Teppich aus lauter winzigen Edelsteinen, die im fernen Weltall brannten. Die grünen Nebel des Nordlichts verwoben sich mit dem glitzernden Teppich zu einem einzigartigen Muster und berührten den Schnee der nahen Berggipfel. Auch nach fünfzehn Jahren im Hohen Norden faszinierte sie dieses Schauspiel noch. Wenn sie allein unter dem nächtlichen Himmel stand und das Flackern sah, spürte sie die Überlegenheit der Wildnis, und sie glaubte den Indianern, die sich als winzigen Teil dieser Natur empfanden. »Der weiße Gott will, dass wir uns diese Natur untertänig machen«, sagten die traditionellen Indianer immer noch. »Doch sind wir wichtiger als Tiere, Bäume, Blumen, Sand und Steine?«

Der Lärm eines Motors störte die nächtliche Ruhe. Eine *Bellanca* folgte dem Chena River nach Weeks Field. Ihr silberner Rumpf und die Skier glänzten im Sternenlicht. Im schwachen Licht des Cockpits bewegte sich ein Schatten. »Noel Tuska!«, erkannte sie den jungen Draufgänger, der öfter bei ihnen zu Besuch gewesen war und sich wertvolle Tipps von Frank geholt hatte. Er flog einige Meter zu tief, und sie hatte schon Angst, dass er die Telefonmasten neben der Brücke streifen könnte, aber er wich geschickt dem Hindernis aus und steuerte die Maschine sicher nach Westen. Das Motorengeräusch veränderte sich, ein sicheres Zeichen dafür, dass er gelandet war, und sie lächelte zufrieden.

Wenn sie es richtig überlegte, war sie selbst eine Buschfliegerin. Sie lebte so lange mit einem Piloten zusammen und hatte so oft in einem Cockpit gesessen, dass sie genau zu wissen glaubte, wie eine *Bellanca* oder eine *Fairchild* zu fliegen war. Sie war mit der Psyche jener Männer vertraut, die sich nichts Schöneres vorstellen konnten, als in einer fliegenden Kiste die Berge zu überqueren und über den Wolken nach einem neuen Horizont zu suchen. Auch sie kannte das berauschende Gefühl, die Erde unter sich zu lassen und den Wind unter den Tragflächen zu spüren. Ähnlich empfand sie nur, wenn sie mit ihrem Schlitten in die Wildnis fuhr und irgendwo in der Einsamkeit kampierte.

Dusty kam auf die Veranda und rieb seine Schnauze an ihren Beinen. Sie nahm die Hände aus den Anoraktaschen und kraulte ihn hinter den Ohren. Die Kälte machte ihr nichts aus. Sie war ganz andere Temperaturen gewöhnt. »Hallo, Dusty?«, begrüßte sie den Leithund. »Was meinst du? Tauge ich zur Buschpilotin? Wenn ich mich geschickt anstelle, könnte ich den Flugschein in sechs Wochen machen! Ich hole mir einige der alten Aufträge zurück – und würde damit fast so viel Geld wie Frank verdienen!«

Sie hörte sein leises Jaulen und lachte. »Ich weiß, ich weiß, ich bin verrückt! Schlimm genug, dass ich jeden Morgen mit euch durch den Schnee sause und an diesem Rennen teilnehme! Eine vierzigjährige Frau!« Sie rieb ihre Hände und steckte sie in die Anoraktaschen. »Aber es gibt Männer wie Scott Hendricks oder Sourdough Jim, die sind fünfzig oder sechzig Jahre alt und landen immer noch auf den vorderen Plätzen!« Sie glaubte, eine weitere *Bellanca* zu hören, und suchte vergeblich den Himmel ab. »Aber du hast Recht, es ist eine verrückte Idee!«

Sie kehrte ins Haus zurück und trank einen heißen Tee, bevor sie ins Bett ging. Der Gedanke, den Flugschein zu machen und selbst zu fliegen, begeisterte sie immer mehr. Sie würde sich das Geld für die Anzahlung der Maschine von der Bank leihen, und wenn das nicht reichte, bei einer Firma anheuern. Zum ersten Mal seit vielen Wochen schlief sie mit einem Lächeln auf den Lippen ein. Im Traum sah sie sich im Cockpit einer *Fairchild*, das Gesicht mit der Schutzbrille im Wind und bei der Landung den Daumen der rechten Hand nach oben gereckt, als sie von Männern wie Noel Tuska und Richard Harmon begrüßt wird.

Am nächsten Morgen trieb sie ihren Hundeschlitten durch die verschneite Stadt. Eisiger Nebel hing zwischen den Häusern. Schwache Lichter warfen gespenstische Schatten. Sie fuhr nach Weeks Field, ein Weg, den die Hunde genau kannten, und parkte den Schlitten neben der Holzhütte des Airport Managers. Harry Cheek hatte sie am Hundegebell erkannt und bereits Wasser aufgesetzt, als sie den Raum betrat. »Mit Milch und Zucker, nicht wahr?«, begrüßte er Clarissa fröhlich. »Freut mich, dass du den Weg zum alten Harry gefunden hast! Wie geht es Frank? Ich hab gehört, der Bursche lässt sich etwas Zeit?«

»Ab morgen könnt ihr zu ihm«, erwiderte sie. »Dr. Morgan wollte ganz sicher sein, dass er ihm nicht zu viel zumutet!« Sie zog die Handschuhe aus und wärmte ihre Hände über dem Ofen. »Aber passt auf! Er versteht jedes Wort, das ihr sagt!« Sie griff nach dem Becher und nahm einen vorsichtigen Schluck. Der Kaffee brannte auf ihrer Zunge. Ihre Miene wurde ernst. »Es wird wohl noch eine Weile dauern, Harry! Drei, vier Monate, ein halbes Jahr, so genau können das die Ärzte nicht sagen. Ein teures Vergnügen! Gestern hab ich die erste Rechnung vom Krankenhaus bekommen! Und die Versicherung will auch nicht zahlen! Es wird höchste Zeit, dass ich mich nach einem Job umsehe!«

Harry Cheek setzte sich und zog seine Pfeife aus der Jackentasche. Er stopfte sie bedächtig. »Hm«, meinte er, »zurzeit sieht es schlecht aus. Ich hab keine Jobs zu vergeben, und der Drugstore hat gerade eine neue Bedienung eingestellt. Ein hübsches Mädel aus Seward, der reinste Balsam für mein gesundes Auge! Schade, dass ich nicht mehr zwanzig bin!« Er setzte den Tabak in Brand und paffte dreimal kräftig. »Du könntest bei der Armee fragen! Die suchen manchmal Zivilistinnen fürs Büro! Wenn du willst, kannst du von hier aus anrufen, ich hab die Nummer hier!«

»Ich will Buschfliegerin werden«, sagte sie. »Ich will mir eine *Fairchild* kaufen und den Job von meinem Mann übernehmen.«

Sie versteckte sich hinter ihrem Kaffeebecher und war-

tete darauf, dass Harry einen Lachanfall bekam. Stattdessen spuckte er einige Tabakkrümel auf den Boden. Ein leichtes Grinsen zog über sein zerfurchtes Gesicht.
»Hab ich mir fast gedacht, dass du nicht hinter einer Ladentheke stehen oder im Büro versauern willst!« Er paffte an seiner Pfeife. »Und wenn ich dir sage, dass du den Verstand verloren hast? Dann erzählst du mir von dieser Frau in Anchorage, die ihren Pilotenschein gleich nach dem College gemacht hat und Männer wie Richard Harmon ausbildet!«
»Mit dem war sie nur die ersten drei Stunden oben«, erwiderte Clarissa. »Sie hat ihm den Laufpass gegeben, als er ihr seinen Weinkeller zeigen wollte. So erzählt es Noel Tuska, und der war angeblich in der Nähe! Ich nehme an, sie mag keinen Wein …«
Harry Cheeks schmunzelte um den Pfeifenstiel herum.
»Sie ist mit allen Wassern gewaschen, das hab ich auch schon gehört!«
»Oder Amelia Earhart! Was die alles konnte, brauch ich dir ja nicht zu erzählen! Wär Lindbergh nicht ein paar Jahre älter, wäre sie noch vor ihm über dem Atlantik gewesen! Und an die Geschwindigkeitsrekorde, die sie mit ihrer Lockheed Vega aufgestellt hat, ist noch keiner rangekommen. Noel hat es versucht …«
»… und ist gescheitert, ich weiß. Aber wenn ich mich recht erinnere, ist Amelia Earhart irgendwo über dem Pazifik abgestürzt!«
»Sie konnte fliegen!«, widersprach Clarissa bestimmt. »Und es gibt Dutzende von anderen Frauen, die auch fliegen können! Ich kann es schaffen, Harry! Wenn ich mich anstrenge, kann ich es schaffen! Zur Not lasse ich das Dog Derby dieses Jahr sausen!«
»Und auf wen soll ich dann meine Ersparnisse setzen?«,

fragte Harry lachend. »Nein, meine Liebe! Du wirst den Pilotenschein machen und das Dog Derby gewinnen, und so wahr ich nur noch ein Auge habe: Du wirst die beste Pilotin in ganz Alaska!«
»Danke, Harry.«
Er zog nachdenklich an seiner Pfeife. »Du weißt, dass Flugstunden teuer sind! Ich hab keine Ahnung, was du auf dem Konto hast, und es geht mich auch nichts an, aber mit ein paar hundert Dollar musst du rechnen. Selbst wenn du bei einem Kumpel wie Willie in die Lehre gehst! Willie Jones! Die großen Schulen sind zu teuer, und in Anchorage würde ich es gar nicht erst versuchen! Es sei denn, ihr seid auf eine Goldader gestoßen!«
»Mein Schmuck würde gerade mal für eine Flugstunde reichen«, erwiderte sie. »Und die Pokale, die ich bei der Yukon Trophy und beim Dog Derby gewonnen habe, sind aus Messing.«
»Willie Jones«, wiederholte er. »‹Willie's Flight Service› heißt seine neue Firma. Passagiere, Fracht, Flugschule, alles in einem. Wahrscheinlich bist du die erste Kundin! Er hatte in letzter Zeit wenig Aufträge und könnte das Geld gut gebrauchen! Beim Pokern ist er bestimmt nicht reich geworden!« Er blickte in ihr zweifelndes Gesicht und fügte hinzu: »Okay, er hat nicht den besten Ruf! Du weißt ja selber, was die Leute über ihn erzählen. Von wegen, er schaut zu tief in die Flasche und lässt öfter mal fünfe gerade sein. Aber er hat den besten Mechaniker der Welt! Mike Sheldon. Ein Junge aus Montana. Er könnte eine *Bellanca* im Dunkeln auseinander nehmen und wieder zusammensetzen! Er fliegt wie der Teufel! Wenn Willie ihn öfter an den Steuerknüppel lassen würde, ginge es seiner Firma längst besser!«
»Mike Sheldon?«, überlegte sie. »Den Namen hab ich

schon mal gehört. Ich glaube, Frank hat von ihm erzählt. ›Noch grün hinter den Ohren, aber er versteht was von Flugzeugen!‹, hat er gesagt. Er kam vor ein paar Monaten nach Fairbanks, nicht wahr?«
Harry nickte. »Mit seiner Mutter. Sein Vater ist vor einigen Jahren bei einem Unfall ums Leben gekommen. Keine Ahnung, was passiert ist, so gut kenne ich den Burschen nicht. Ist lange her.«
»Hat Willie ein Büro?«
»Den Nugget Saloon.«
»Hab ich mir gedacht«, schmunzelte Clarissa. Sie stellte den leeren Kaffeebecher auf den Tisch und zog ihre Handschuhe an. »Vielen Dank für den Kaffee, Harry! Lass dich nicht unterkriegen!«
»Das sollte ich eigentlich zu dir sagen!« Er hüllte sich in eine Rauchwolke und wartete, bis sie zur Tür gegangen war. »Du meinst es wirklich ernst, was? Du willst fliegen lernen!« Er ließ die Hand mit der Pfeife sinken und grinste. »Wenn ich es einer Frau zutraue, dann bist du das! Hals- und Beinbruch, Clarissa!«
»Bis bald, Harry!« Sie ging nach draußen und blinzelte in das Zwielicht, das über den Bergen aufgestiegen war. Es war kurz vor Mittag. Der Nebel war noch stärker geworden, beinahe so dicht wie an dem Tag, an dem ihr Mann abgestürzt war, und die Lichter der Stadt vermischten sich mit dem schmutzigen Grau. Bei so einem Wetter war kein Buschpilot in der Luft. Sie begrüßte ihre Hunde, zog den Anker aus dem Schnee und wendete den Schlitten. Mit einem Fuß auf der Bremse und angezogenen Leinen fuhr sie in die Stadt. Vor dem Nugget Saloon hielt sie an.
Zögernd blieb sie eine Weile vor dem Eingang stehen, bevor sie entschlosssen die Tür öffnete. Es schickte sich

nicht für eine Frau, eine Bar zu betreten, und sie verabscheute dunkle Räume, in denen getrunken und geraucht wurde. »Ich bin gleich zurück!«, rief sie den Hunden zu.

Sie trat ein und ließ die Tür hinter sich ins Schloss fallen. Sofort verstummte jede Unterhaltung. Sie kam sich wie in einem dieser Cowboyfilme vor, die seit einigen Jahren gezeigt wurden. Ein Mann betrat einen Saloon und suchte den Mann, der seine Schwester umgebracht hatte. Clarissa hatte einmal so einen Film gesehen und sich nur gewundert, warum die Cowboys dauernd sangen. Ein gewisser Gene Autry war sogar in der Hitparade.

Der Nugget Saloon unterschied sich nur wenig von der Kneipe in einem Cowboyfilm. Ein langer Tresen, ein paar Tische und Stühle, sogar einen Spucknapf gab es. Unter den Lampen sammelte sich der Rauch. An der rückwärtigen Wand stand ein Billardtisch. Über der Bar hing das überdimensionale Gemälde eines bekannten Buschfliegers, der vor zehn Jahren in den Bergen verunglückt war, und neben dem Eingang stand eine Jukebox.

Willie Jones saß mit Noel Tuska und zwei anderen Buschfliegern an einem Tisch. Neugierig blickten die Männer sie an. Sie ging auf Willie zu und sagte: »Ich muss mit dir sprechen, Willie!«

Die Spannung löste sich. »Hi, Clarissa!«, erwiderte der Pilot. Er war ungefähr sechzig, hatte weißes, gelocktes Haar und buschige Augenbrauen, die an den Enden leicht nach oben standen. Sein Gesicht war leicht gerötet. Wie die meisten Männer im Saloon trug er eine Fliegerjacke. »Tut mir Leid, was mit deinem Mann passiert ist! Es tut uns allen Leid, aber das weißt du ja!«

Sie setzte sich mit ihm an einen freien Tisch abseits des

Trubels und schüttelte den Kopf, als er etwas für sie bestellen wollte. »Harry Cheeks schickt mich! Ich möchte fliegen lernen!«
»Wie bitte?«
»Ich möchte Buschpilotin werden!«
Es dauerte eine Weile, bis sie den Piloten überzeugt und einen fairen Preis mit ihm ausgehandelt hatte. Er verlangte etwas mehr als die Unkosten und den Lohn für seinen Mechaniker. Nachdem sie die Abmachung mit einem Handschlag besiegelt hatten, grinste er. »Frank hatte Recht! Wenn du dir was in den Kopf setzt, bist du nicht mehr davon abzubringen!« Er riss ein Streichholz an und wollte die kalte Zigarre zwischen seinen Lippen entzünden. Als er sah, wie sie den Mund verzog, warf er das Streichholz in den Aschenbecher. »Wann willst du anfangen?«
»Sobald wie möglich.«
»Morgen Mittag? Um zwölf?«
»Einverstanden. Ich warte bei Harry.«
Sie verabschiedete sich von dem Flieger und verließ den Saloon. Die Hunde begrüßten sie bellend. »Weißt du was, Dusty?«, sagte sie zu ihrem Leithund. »Ich hab den Verstand verloren!«

8

Willie Jones wartete vor seiner *Fairchild*, als Clarissa ihren Hundeschlitten über den Flugplatz lenkte. Die hellen Streifen, die jetzt nur noch mittags am Himmel leuchteten, verbreiteten ein trübes Zwielicht. Durch den Schnee zogen sich die Spuren einiger Buschflugzeuge. Die Abdrücke ihrer Skier führten quer über den Platz. Bis auf die Rollbahn, die man für größere Maschinen freigeschaufelt hatte, lag Weeks Field unter einer festen Schneedecke.

Clarissa parkte ihren Schlitten hinter dem Holzhaus des Airport Managers und versorgte die Hunde, die nichts dagegen hatten, ihre Mittagspause im Schnee zu verbringen. Sie kraulte Dusty zärtlich zwischen den Ohren und begrüßte Harry Cheek, der mit qualmender Pfeife aus seinem Büro trat. Die Kälte schien ihm nichts auszumachen »Du meinst es wohl wirklich ernst, was?«, meinte der ehemalige Flieger. Sein gesundes Auge leuchtete. »Ich an deiner Stelle würde es genauso machen!« Er paffte an seiner Pfeife und blies den Rauch in die kalte Luft. »Weißt du, dass ich dich beneide? Wenn du zum ersten Mal solo fliegst, wirst du mich verstehen! Hals- und Beinbruch!«

Sie bedankte sich und ging zu Willie Jones. Hinter ihm war ein junger Mann damit beschäftigt, den Motor der *Fairchild* mit einem *Coleman*-Kocher aufzuheizen. »Erste Lektion«, begann der Pilot, nachdem er ihr die Hand geschüttelt und eine abfällige Bemerkung über die dunklen Winter gemacht hatte, »mach deiner Maschine bei einem solchen Wetter ordentlich Feuer unter der Nase, sonst kriegst du sie nicht vom Boden hoch! Und

kratz das Eis von den Tragflächen, wenn du nicht wie eine abgeschossene Schneegans vom Himmel fallen willst!« Er berührte das eisige Metall und schlug die behandschuhten Hände gegeneinander. »Aber das weißt du ja alles! Bist du schon mal selber geflogen?«
Sie schüttelte den Kopf. »Fliegen kann man das wohl kaum nennen! Bei meinem ersten Mann durfte ich mal das Steuer halten, unten in Kalifornien, aber da schien den ganzen Tag die Sonne, und ich brauchte nur geradeaus zu fliegen!« Sie dachte amüsiert daran, wie Jack in zweitausend Fuß Höhe den Steuerknüppel losgelassen und gesagt hatte: »Jetzt bist du dran, Schatz! Und flieg mir bloß nicht nach Hawaii, so weit reicht unser Sprit nicht!« Sie war nicht mal eine Meile geflogen, hatte die Maschine »unter ihrem Hintern gespürt«, wie die Buschflieger sagten, und zumindest geahnt, welche Begeisterung ein solches Gefühl auslösen konnte. Manche Piloten waren süchtig nach dem Fliegen und fühlten sich in der Luft wohler als auf der Erde.
»Ich will richtig fliegen lernen, Willie«, fuhr sie fort, »und ich möchte, dass du mir alles beibringst, was ich wissen muss, um in die Fußstapfen meines Mannes zu treten. Auch das, was ich angeblich schon weiß, weil ich tausend Mal mitgeflogen bin.«
Willie grinste. »Du bist die einzige Frau, der ich das zutraue.« Ich glaube, du schaffst es sogar über den Pazifik, wenn du erstmal deinen Schein in der Tasche hast.« Seine Augen funkelten spitzbübisch. »Außerdem bist du hübscher als Amelia Earhart. Ein alter Mann wie ich darf das sagen, oder?« Anscheinend erwartete er keine Antwort von Clarissa, denn er drehte sich zu der Gestalt am Ofen um und rief: »He, Mike! Komm mal her! Ich möchte dir unsere neue Schülerin vorstellen! Clarissa Watson!«

»Mike Sheldon«, antwortete eine freundliche Stimme. Ein junger Mann löste sich aus der Dunkelheit, wischte sich die Hände am Anorak ab und schüttelte Clarissa die Hand. Sein Lächeln war entwaffnend. »Hallo, Mrs. Watson! Ich hab schon viel von Ihnen gehört! Sie haben das letzte Dog Derby gewonnen, stimmt's?«

»Meine Hunde haben gewonnen!«, erwiderte sie bescheiden. »Ohne seine Hunde ist der beste Musher nichts wert. Sehen Sie den kräftigen Burschen da hinten? Den mit den stämmigen Beinen? Das ist Dusty. Der beste Leithund, den man sich denken kann! Ohne ihn hätte ich das Derby niemals gewonnen!« Sie ging auf die Maschine zu und berührte eine Tragfläche. Wie oft hatte sie ihrem Mann dabei zugesehen, wie er sein Flugzeug vor dem Abflug überprüft hatte. »Als Buschpilot musst du deine Maschine wie eine gute Freundin behandeln«, hatte er gesagt. Damals hatte sie darüber gelacht. Jetzt wurde ihr klar, wie abhängig sie von dieser Maschine war. »Eine *Fairchild 71*, nicht wahr?«

»He, Sie kennen sich aus!«, staunte Mike. Er war Mitte Zwanzig, ein eher schlaksiger Mann, dessen Anorak mindestens eine Nummer zu groß war und der wie ein großer Lausbub auf Clarissa wirkte. Seine Gesichtszüge waren weich, unter der leicht gebogenen Nase zeigte sich die Andeutung eines dunkelblonden Schnurrbarts, und das Strahlen in seinen blauen Augen schien tief aus seinem Inneren zu kommen. Er schien einer dieser seltenen Menschen zu sein, die niemals schlechte Laune hatten und selbst in einer ausweglosen Situation ihren Optimismus bewahrten. »Ich dachte, Frauen verstehen nichts von Technik!«

»Sei lieber vorsichtig, Mike!«, warnte Willie Jones den Jungen. »Clarissa kennt sich besser mit Flugzeugen aus als die meisten anderen Frauen in Alaska! Ihr Mann ist Pilot, vergiss das nicht!«

»Sorry, Mrs. Watson«, entschuldigte sich der junge Mann.

»Clarissa«, verbesserte sie, »ich heiße Clarissa! Und dein Chef übertreibt mal wieder maßlos! Ich bin ein Greenhorn! Ich bin schon froh, wenn ich eine *Bellanca* von einer *Fairchild* unterscheiden kann! Und wenn du mich mit verbundenen Augen ins Cockpit setzt, verwechsele ich die meisten Schalter und Hebel!«

»So weit sind wir noch nicht«, winkte Willie ab, »den Blindflug und den doppelten Looping heben wir uns für die letzte Stunde auf!« Er leckte sich über die trockenen Lippen, ein sicheres Zeichen dafür, dass er heute noch keinen Schluck getrunken hatte, und deutete auf die Maschine. »Du wolltest von vorn anfangen. Also, das ist eine *Fairchild 71*. Ein älteres Modell, nicht so schön bemalt wie die Maschinen der Wien Brothers, aber genauso robust und widerstandsfähig!« Er sprach über den Motor und erklärte routiniert die Instrumente, und Clarissa konnte von Glück sagen, dass sie so oft mit ihrem Mann geflogen war, sonst hätte sie die vielen Informationen niemals behalten. Der junge Mike Sheldon stand neben ihr und strahlte sie unentwegt an, wobei er vor lauter Freude vergaß, sich um die Maschine zu kümmern.

»Wenn du den Kocher noch lange brennen lässt, fliegt die Kiste in die Luft!«, ermahnte Willie den Jungen, und Mike beeilte sich, die Maschine klarzumachen.

»Von wegen Freundin! Wie ein Baby musst du deine Maschine behandeln, wenn es so kalt wie heute ist! Du weißt, dass wir den Motor und die Tragflächen über Nacht ordentlich einpacken, und dass wir nochmal das Eis von den Tragflächen schlagen, mit einem Seil oder einem Besen, aber wenn der Eisnebel kommt, bleibst du

besser am Boden. Ich war mal auf einem Postflug nach Barrow, ist schon ein paar Jahre her, und ich hatte gerade die Brooks Range überflogen, als mir dieser Nebel in die Quere kam. In der Brooks Range sieht alles gleich aus, musst du wissen, da gibt es kaum markante Punkte, nach denen du dich richten kannst. Natürlich hätte ich umkehren sollen, aber bei der Post befanden sich wichtige Medikamente, und ich hatte es eilig. Der Nebel war so feucht, dass mir die Scheibe zufror! Ich musste mich seitlich aus dem Fenster lehnen, um wenigstens ein bisschen was sehen zu können! Du kannst dir sicher vorstellen, wie ich nach der Landung aussah! Wie eine der Eisfiguren, die sie während des Winter Carnivals auf den Fairgrounds aufstellen! Ein Wunder, dass ich heil runterkam! Mann, war das eine Landung!«
Wie alle Buschpiloten erzählte auch Willie Jones gerne Geschichten. Jeder Pilot hatte einen Nebelflug, einen Fast-Absturz und eine Notlandung in der Wildnis in seinem Repertoire, und auch sie konnte sich an etliche Abenteuer erinnern, die ihr Mann besonders gern erzählte, wenn irgendwelche Wichtigtuer aus den Staaten an ihrem Kamin saßen. Erfolgreiche Großwildjäger, die schon in Afrika gejagt hatten und so taten, als wäre eine Bärenjagd in der Arktis ein harmloser Ausflug. Am erstaunlichsten war, dass die meisten der Geschichten, die Frank erzählte, der Wahrheit entsprachen. Auch Willie Jones flunkerte nicht. Er war ein erstklassiger Flieger, wenn er nüchtern war. »Okay«, forderte er Clarissa auf, »ich glaube, du brauchst ein bisschen Höhenluft!«
Mike kam unter dem Flugzeug hervor. Sein fröhliches Lächeln war leichter Besorgnis gewichen. »Wir sollten die Aufhängung der Skier auswechseln«, schlug er vor. »Wenn Sie wollen, laufe ich schnell zum Shop und be-

sorge neue!« Er arbeitete jeden Vormittag im Pacific Air Motive Shop, einem Reparaturbetrieb für Buschflugzeuge in der Barnett Street. Nachmittags kümmerte er sich um die beiden Maschinen von »Willie's Flight Service«. Leider wurden die Aufträge immer seltener, und er hatte kaum noch etwas zu tun. Es hatte sich herumgesprochen, dass Willie gelegentlich zu tief in die Flasche sah. »Ich fliege nur mit dir, wenn du absolut nüchtern bist!«, hatte sie ihn im Nugget Saloon gewarnt.
Willie warf einen schnellen Blick unter die Maschine. »Die hält noch ein paar Wochen«, beruhigte er den jungen Mechaniker. »Kümmere dich um die *Bellanca*, solange wir unterwegs sind! Ich glaube, die Ölleitung ist undicht. Ach ja ...« Er wandte sich an Clarissa und senkte seine Stimme. »... wäre es vielleicht möglich, dass du mir eine Anzahlung gibst? Fünfzig Dollar würden schon genügen! Ich hab da noch einige ... äh ... Verbindlichkeiten ... Es macht dir doch nichts aus, oder? Die Firmen in Anchorage verlangen sogar einen Hunderter als Vorschuss, und ich dachte ...«
»Ist doch selbstverständlich«, unterbrach sie ihn freundlich, »ich war vorhin bei der Bank und habe mein Konto leer geräumt.« Sie reichte ihm einen Fünfzig-Dollar-Schein. »Die Quittung kannst du mir später geben. Sag Bescheid, wenn du wieder was brauchst! Wenn du willst, überweise ich dir den ganzen Betrag im Voraus!«
»Nein, nein«, winkte er ab, »lass dir ruhig Zeit! So dringend brauche ich das Geld nun auch wieder nicht!« Er gab den Geldschein an Mike weiter. »Bring das Geld bei Noel vorbei! Ich glaube, ich schulde ihm noch einen Zwanziger! Den Rest bring auf die Bank! Sag ihnen, dass in den nächsten Tagen mehr kommt!«
Clarissa konnte sich denken, was das bedeutete, ließ sich

aber nichts anmerken. Ganz Fairbanks wusste, dass Willie Jones zu viel trank und sein weniges Geld am Pokertisch verspielte. Wahrscheinlich hatte er Schulden bei der Bank. Sie musste an den strengen Mr. Cassano denken, wie er hinter seinem Schreibtisch saß und Willie Jones ermahnte, seine Schulden zurückzuzahlen. »Wenn Sie das Geld nicht zurückzahlen, müssen wir leider Ihre Flugzeuge verkaufen!«, würde er sagen. Der Italiener war ein freundlicher, aber unnachgiebiger Mann, wenn es um Geschäfte ging. Was er wohl zu ihr sagen würde?
Sie setzte die Schutzbrille auf, die Mike ihr reichte, und kletterte hinter Willie Jones in das Flugzeug. »Guten Flug!«, wünschte ihr der Mechaniker. Er winkte fröhlich, als der Buschpilot den Motor aufheulen ließ und die *Fairchild* über den Schnee trieb. In einem dichten Flockenwirbel hoben sie ab. Willie drehte eine Linkskurve und lenkte die Maschine geradewegs in den strahlenden Himmel hinein. Das orangefarbene Zwielicht brach sich zwischen den vereinzelten Wolken und spiegelte sich auf dem Eis des zugefrorenen Chena Rivers. Wie flüssiges Gold tropfte es aus dem Himmel und zauberte helle Flecken in die Dunkelheit. Der Mond und unzählige Sterne strahlten hell und klar vom östlichen Himmel.
Der Motor der *Fairchild* wurde leiser und regelmäßiger. Sie flogen der schwachen Sonne entgegen und hielten auf den leuchtenden Horizont zu, der schon in einer Stunde wieder dunkel sein würde. Hinter ihnen war dunkle Nacht. Clarissa beobachtete jeden Handgriff des Piloten, sie bewunderte seine routinierte und beinahe bedächtige Art, die Hebel und Knöpfe zu bedienen. Er war ein erfahrener Pilot, das musste ihm der Neid lassen. Ein Profi, von dem auch Männer wie Noel

Tuska und Richard Harmon noch etwas lernen konnten. Oder Frank J. Watson. Ihr Mann war kein geborener Pilot wie diese wilden Burschen, er war ein harter Mann, der jede Herausforderung annahm. Er hatte zu den besten Polizisten der Royal Canadian Mounted Police gehört und wäre vielleicht Superintendent geworden, wenn er bei der Truppe geblieben wäre. Ihn trieb das Abenteuer und nicht die Sehnsucht nach der grenzenlosen Freiheit über den Wolken, der Wunsch, von ihr anerkannt zu werden.

Unter ihnen flog das Land dahin, schimmerten die schneebedeckten Berge im schwachen Licht der untergehenden Sonne. Der Schatten der Maschine huschte über die Felsen. Die Sonne versank am Horizont, und der halbe Mond und die Sterne lösten sie ab und brachen mit ihrem silbernen Leuchten durch die frühe Nacht. Ihr weißes Licht überzog die Berge mit einem blassen Schein. Clarissa hatte auf ihren Fahrten mit dem Hundeschlitten und neben ihrem Mann in der *Fairchild* den Zauber dieser Einsamkeit viele Male genossen, und doch war sie immer wieder aufs Neue von der magischen Schönheit der Wildnis gefesselt.

»Weißt du, was der Mechaniker der Wien Brothers mal zu mir gesagt hat?«, rief Willie Jones in den Motorenlärm. »Die Buschfliegerei, das sind harte und eintönige Stunden – bis auf die wenigen Sekunden, in denen du um dein Leben kämpfen musst!«

»Ich finde das Fliegen überhaupt nicht langweilig«, meinte Clarissa. Sie blickte durch das geschlossene Fenster in die klare Nacht hinaus. »Sieh dir den Himmel an! Hat dich dieser Anblick jemals gelangweilt? Also, mich nicht! Ist er nicht wundervoll?«

»Jedenfalls besser als der langweilige Himmel über Port-

land, Oregon! Da unten hat es in einem Monat mehr geregnet als hier in einem Jahr!« Er schüttelte sich. »Ich hab die Hälfte meines Lebens in der Gegend verbracht.« Er wich einigen Wolken aus und legte die *Fairchild* in eine Linkskurve. Jetzt waren sie hoch genug, um mit dem Unterricht zu beginnen. »Also, diese runde Anzeige, das ist der Höhenmesser! Wir sind ungefähr dreitausend Fuß hoch. Aber das hast du natürlich längst erkannt! Wie wär's mit einem schlauen Spruch, den ich bei den *Barnstormers* aufgeschnappt habe?« *Barnstormers*, zu denen ihr erster Mann gehört hatte, zeigten waghalsige Kunststücke auf Flugshows. »Ausreichende Höhe ist wie Geld auf der Bank«, zitierte der Pilot. »Soll heißen, dir kann gar nichts passieren, wenn du weit genug oben bist! Die meisten Unglücke geschehen während des Starts und der Landung. Aus dem Himmel stürzt ein Flugzeug nur, wenn irgendwas mit der Technik nicht stimmt oder wenn du die Kontrolle verlierst! Wenn die Höhe stimmt, hast du noch genug Zeit, die Maschine in deine Gewalt zu bekommen. Grundregel Nr. 1!«
Über dem Yukon River, der sich wie ein breites Band durch die Wildnis wälzte und weiß im Mondlicht glänzte, flog Willie Jones nach Westen weiter. »Ein Buschpilot braucht keine Landkarten«, rief er, »die Brooks Range hat sowieso niemand vermessen. Jedenfalls nicht, dass ich wüsste. Dein bester Wegweiser sind die Flüsse. Der Yukon, der Koyukuk, und wie sie alle heißen. Wenn du einen Fluss unter den Tragflächen hast, kann dir kaum was passieren. Du weißt immer, wo du bist. Und wenn irgendwas schiefläuft, falls dir der Sprit ausgeht oder der Motor abstirbt, kannst du auf dem Wasser oder dem Eis landen. Irgendeine Siedlung liegt immer am Ufer, und wenn's ein winziges Indianerdorf ist.« Er deutete auf

einen klobigen Felsen, der wie der Panzer einer riesigen Schildkröte aus den Bäumen ragte. »Du brauchst einen Bezugspunkt! Wenn du in einen White-Out gerätst, bist du verloren!«

Ein White-Out gehörte zum Schlimmsten, was einem Piloten passieren konnte – oder einer Musherin. Wenn man in dem grenzenlosen Weiß des Hohen Nordens die Orientierung verlor, war man meist rettungslos verloren. »Wird Zeit, dass wir umkehren«, meinte Willie Jones, als sie den klobigen Felsen überflogen. Er flog eine Kurve und bestimmte den Kurs nach Fairbanks. »Weißt du, welches Körperteil beim Fliegen am wichtigsten ist? Dein Hintern! Sorry, aber es stimmt! Wenn du im Hintern kein Gefühl hast, bist du kein Buschpilot!« Er rutschte auf seinem Sitz hin und her. »Du musst die Maschine spüren! Jede einzelne Schraube! Und bevor irgendwas Schlimmes passiert, muss dir dein Hintern sagen, dass etwas faul ist!«

Diese kühne Theorie hatte Clarissa bereits von mehreren Piloten gehört. Auch Frank war dieser Meinung. »Als Pilot musst du das gewisse Etwas im Hintern haben«, sagte er. Sie musste unwillkürlich lachen. Ob aus ihr jemals eine echte Pilotin wurde? Eine Buschfliegerin mit Leib und Seele? Eine, die mit dem Hintern flog? Sie würde es darauf ankommen lassen und sich notfalls auch damit zufrieden geben, nur mittelmäßig zu sein. Sie brauchte den Job, um ohne ihren Mann überleben zu können, und als mittelmäßige Pilotin die Freiheit der Wildnis zu spüren war immer noch besser, als in einem Büro zu sitzen.

Willie Jones rieb sich die Augen und setzte zur Landung an. Er erklärte seiner Schülerin jeden Handgriff und zeigte ihr, wie wichtig es war, im richtigen Winkel zur Erde hinabzusteigen. Über das altersschwache Funkgerät teilte er Harry Cheek mit, dass er im Anflug war. »Du darfst nicht zu langsam werden, sonst fällst du runter! Und pass auf Fallwinde auf! Die sind zwar nicht die Regel, aber du musst immer damit rechnen!« Er korrigierte seinen Kurs und steuerte die Schneedecke von Weeks Field an.

Im Schein der Lampen, die Weeks Field wie eine erleuchtete Insel neben der Stadt erscheinen ließen, setzte er die Fairchild auf. Die Skier berührten den Boden und glitten durch den frischen Pulverschnee. Ein zufriedenes Lächeln glitt über sein Gesicht. »Jetzt brauche ich ein Bierchen«, sagte er mehr zu sich selbst. Er drosselte den Motor und fluchte laut, als einer der Skier wegbrach und die Maschine nach rechts ausscherte. Die *Fairchild* neigte sich zur Seite und rutschte in eine der Schneewehen, die beim Räumen der Landebahn entstanden waren.

9

Clarissa kletterte aus der Maschine und sprang in den Schnee. Ihr war nichts passiert. Sie lief ein paar Schritte und blickte sich nach dem Piloten um, der ebenfalls aus der *Fairchild* gestiegen und sich die verstauchte rechte Hand hielt. Er blutete aus einer Wunde an der Stirn und fluchte unterdrückt. Sein Ärger über die verunglückte Landung schien größer als sein Schmerz zu sein.

»Nichts Ernstes«, versicherte er, »nur eine Schramme!« Er blickte auf die verunglückte Maschine und fluchte erneut. Der linke Ski war abgebrochen und eine der Streben des Fahrgestells verbogen. »Etwas mehr Wind, und wir hätten uns überschlagen!« In seiner Stimme klang Schuldbewusstsein mit. »So eine Bruchlandung ist mir in zehn Jahren nicht passiert!« Er lächelte gequält. »Wirft kein besonders gutes Licht auf deinen Fluglehrer, was?«

»Du kannst doch nichts dafür«, erwiderte Clarissa besänftigend. »Es war ein Unfall! So was kann jedem passieren!« Sie wusste es natürlich besser. Immerhin war sie dabei gewesen, als Mike Sheldon vorgeschlagen hatte, eine neue Aufhängung für die Skier zu besorgen. Sie blickte den Piloten besorgt an. »Du blutest, Willie! Ich hole ein Pflaster aus dem Verbandskasten!«

Er winkte mürrisch ab. »Ist doch nur ein Kratzer!« Er rieb etwas Schnee darauf und unterdrückte ein Schimpfwort, als er Mike Sheldon und den Airport Manager kommen sah. »Ich weiß, ich weiß, ich hätte eine neue Aufhängung kaufen sollen!«, rief er ihnen zu. »Aber es ist nichts passiert! Wir sind einigermaßen heil!«

Mike Sheldon schien den Piloten gar nicht zu hören. »Wie geht es Ihnen, Clarissa?«, rief er schon von weitem. »Sind Sie okay?«
»Mir geht es gut«, antwortete sie lächelnd. Die übertriebene Besorgnis des jungen Mannes amüsierte sie. »Es war nicht so schlimm, wie es vielleicht aussah! Aber dein Chef ist verletzt!«
»Unsinn!«, tat Willie Jones das Mitgefühl seiner Flugschülerin mit einer unwirschen Handbewegung ab. »Ich bin in Ordnung! Kümmere dich lieber um die Maschine! Besorg einen Traktor und zieh sie vom Flugfeld! Nimm dir ein paar Leute! Wenn die Kiste noch länger hier rumsteht, saust eine DC-3 rein, und es gibt eine Menge Kleinholz!« Er deutete auf das Fahrgestell der Maschine. »Was wird die Sache kosten, Mike? Du kriegst die Strebe doch wieder hin? Die Teile müssen irgendwo da hinten liegen!« Er deutete in die Richtung, aus der sie gekommen waren.
»Ich weiß nicht, Chef«, meinte der junge Mann, »wir brauchen zwei neue Aufhängungen, die kosten eine ganze Menge, selbst wenn Pacific Air sie mir billiger gibt!« Er bückte sich und untersuchte noch einmal die Verankerungen der Skier. »Nein, damit ist nichts mehr anzufangen. Wir brauchen zwei neue.« Er stand auf und sah den Buschflieger prüfend an. Er kannte die finanziellen Probleme seines Chefs. »Kredit geben sie uns keinen mehr. ›Keinen Penny‹, hat Mr. Shedd gesagt.« Was der Besitzer der Firma sonst noch bemerkt hatte, wollte Mike seinem Chef ersparen. »Auf Ratenzahlung will er sich auch nicht einlassen!«
»Wie wär's, wenn ich dir noch eine Anzahlung gebe?«, schlug Clarissa vor. Sie zog einen Handschuh aus und suchte in ihrer Anoraktasche nach einem Geldschein.

Sie fand einen Fünfziger und gab ihn dem Buschflieger.
»Reicht das für die Reparatur?«
»Der wird Mr. Shedd gefallen!«, strahlte Willie Jones. Ihm war die Erleichterung anzumerken, als er nach der Dollarnote griff. Beinahe widerwillig drückte er sie dem Mechaniker in die Hand. »Beeil dich mit der Reparatur!«, ermahnte er den jungen Mann.
Clarissa bekam ihre Quittung und war zufrieden. Sie bereute nicht, ihren Flugunterricht bei Willie Jones gebucht zu haben. Er war ein erstklassiger Pilot und ein geduldiger Lehrer, der während der nächsten Tage sogar auf sein geliebtes Pokerspiel verzichtete. Er trank zwei, drei Flaschen Bier und zog sich in sein Zimmer über dem Drugstore zurück. Noel Tuska machte sich lustig über ihn und nannte ihn einen »alten Sack, der seinen Arsch auch für eine Lady wie Clarissa Watson nicht hochbekommen würde«, und der Wirt im Nugget Saloon lächelte mitleidig, als er das Lokal verließ, aber Willie hielt durch und räumte sogar sein Zimmer auf, weil er sein Büro schon vor ein paar Monaten aufgegeben hatte und den theoretischen Unterricht in seinen eigenen vier Wänden abhalten musste. Während Mike Sheldon die Fairchild reparierte, wollte er die Zeit nützen, um seiner Schülerin das nötige technische Grundwissen zu vermitteln. Der Motor, das Wetter, die Flugzeugtypen, der Funkverkehr – es gab viel zu lernen, denn zur Flugprüfung gehörte auch ein schriftlicher Test.
Willie Jones wirkte ungepflegt, auch wenn er sich gewaschen hatte, und in seinem Zimmer roch es so muffig, dass sie am liebsten nach dem Scheuerlappen gegriffen hätte, aber er war ein guter Lehrer, der es auch im theoretischen Unterricht verstand, sie gründlich auf die Prüfung vorzubereiten. Die technischen Einzelteile einer

Fairchild 71 und die Arbeitsweise eines Motors musste er ein paarmal erklären, bis sie endlich verstand. »Mit einem Hundeschlitten tue ich mich leichter«, meinte sie scherzhaft.

Ihr Bemühen, den Flugschein möglichst schnell zu erlangen, ließ sich nicht verheimlichen. Am dritten Unterrichtstag wartete ein Reporter des *News-Miner* auf dem Gehsteig, als sie die Tür neben dem Drugstore öffnete. Er hieß Ross Clayton und hatte schon über ihren Sieg beim Dog Derby berichtet. Auch über den Unfall ihres Mannes hatte er geschrieben. »Entschuldigen Sie, wenn ich Sie auf der Straße überfalle, Mrs. Watson«, begann er übertrieben freundlich. »Ich habe gehört, dass Sie den Flugschein machen! Ich möchte im *News-Miner* darüber schreiben!«

»Gibt es denn nichts Wichtigeres?«, fragte sie amüsiert.

»Was ist mit diesem Hitler? Ich denke, in Europa ist Krieg!« Ihr Lächeln wurde bitter. »Die halbe Welt geht mit Panzern und Kanonen aufeinander los, und Sie wollen darüber berichten, dass ich fliegen lerne? Warum sagen Sie diesem Diktator nicht die Meinung?«

»Ich bin nur für den Lokalteil verantwortlich«, erwiderte der Reporter unbeeindruckt, »um die große Politik kümmert sich unser Chefredakteur persönlich.« Er war zu lange im Geschäft, um sich auf diese Weise abwimmeln zu lassen. Vor dem Drugstore blieb er stehen. »Darf ich Sie auf einen Kaffee einladen, Ma'am?«

Clarissa zuckte mit den Schultern. »Meinetwegen, aber viel Zeit habe ich nicht. Meine Hunde warten. Wenn ich sie zu lange allein lasse, werden sie ungeduldig!« Sie betraten das Lokal und setzten sich an einen der Tische. Die neue Bedienung aus Seward, von der Harry Cheek gesprochen hatte, schenkte Kaffee ein. Sie war sehr

hübsch und schien dieses gewisse Etwas zu besitzen, das Männer so beeindruckte. Ihr Gesicht war stark geschminkt.
Ross Clayton ließ sich nicht ablenken. Er hatte bereits seinen Block auf den Tisch gelegt und kritzelte Clarissas Namen hinein. »Warum lernen Sie fliegen?«, wollte er wissen. »Ich weiß, Ihr Mann ist krank, und die Versicherung will nicht zahlen, aber warum ausgerechnet Fliegen? Sie hätten doch einen leichteren Job annehmen können? Bei der Armee suchen sie Schreibkräfte …«
»In einem Büro hätte ich es nicht lange ausgehalten«, antwortete Clarissa. »Ich bin es gewöhnt, in der Natur zu sein. Ich mag die Wildnis, und vor dem Alleinsein habe ich mich nie gefürchtet. Aber das wissen Sie doch alles! Mein erster Mann war Flieger, mein zweiter auch, da bekommt man einiges über die Fliegerei mit! Manchmal hatte ich das Gefühl, selbst eine Pilotin zu sein!«
»Und jetzt wollen Sie diesen Traum wahrmachen?« Der Reporter blickte von seinem Block auf. »Verstehen Sie mich nicht falsch, Ma'am. Es ist doch recht ungewöhnlich für eine Frau … Ich meine, ich habe von Amelia Earhart gehört. Und von der jungen Fluglehrerin in Anchorage. Aber dieser Job ist sehr gefährlich …«
»Etwas Ähnliches haben Sie schon vor einem Jahr gesagt, nach meinem Sieg beim Dog Derby«, erwiderte sie. »Wir Frauen sind zäher, als Sie denken, Mr. Clayton! Es wird nicht mehr lange dauern, bis eine Musherin das Iditarod gewinnt, und ich halte jede Wette, dass bald eine Pilotin den Erdball umrundet! Unten in den Staaten soll es eine Frau geben, die eine DC 3 steuert! Nein, ich halte mich nicht für etwas Besonderes! Ich weiß noch, als die erste Frau ein Automobil steuerte! Da schlugen viele Männer

die Hände über dem Kopf zusammen. Ich brauche Arbeit, wenn ich ohne meinen Mann überleben will! Und ich werde den Teufel tun und irgendeinen Job annehmen, der mir keinen Spaß macht!«

Das waren genau die Worte, die Ross Clayton hören wollte. Er schrieb sie in sein Notizbuch und lächelte zufrieden. Noch ein paar Fragen zum Gesundheitsheitszustand ihres Mannes und ihren Zukunftsplänen, und sein Job war getan. »Vielen Dank, dass Sie mit mir gesprochen haben, Mrs. Watson«, verabschiedete er sich scheinheilig. »Ich weiß, dass Sie es schaffen werden.« Er schüttelte ihre Hand. »Rufen Sie mich an, wenn Sie Hilfe brauchen! Der *News-Miner* ist auf Ihrer Seite, aber das wissen Sie ja!«

»Aber nur, solange ich das Dog Derby gewinne und für Schlagzeilen sorge«, murrte sie, als er gegangen war und sie nicht mehr hören konnte. Sie trank ihren Kaffee und ging zur Tür. Die Stimme der Bedienung hielt sie zurück. »Mrs. Watson?« Sie kam näher und lächelte verlegen. »Ich habe gehört, was mit Ihrem Mann passiert ist. Ich wollte Ihnen nur sagen, dass es mir Leid tut. Mein Vater war Fischer. Er ist letztes Jahr ertrunken. Ich weiß, wie man sich fühlt, wenn man einen Menschen … ich meine …«

»Mein Mann lebt!«, erwiderte Clarissa kühl. »Und er wird wieder gesund! Ich weiß, dass er gesund wird! Die Sache mit Ihrem Vater tut mir Leid, aber mein Mann atmet noch, und ich denke nicht daran, mir jetzt schon Beileidsbezeugungen anzuhören!«

»So war es nicht gemeint, Mrs. Watson! Ich dachte nur …« Clarissa merkte, dass sie sich im Ton vergriffen hatte, und verdrängte ihren Ärger. »Entschuldigen Sie bitte«, sagte sie, »ich bin in letzter Zeit etwas nervös.« Sie öffnete die Tür und zwang sich zu einem nachsichtigen Lächeln.

Mit einem Blick auf das Namensschild der Bedienung meinte sie: »Vergessen Sie, was ich gesagt habe, Belinda! Übrigens, der Kaffee war ausgezeichnet!«
Sie ging nach draußen und ließ sich den eisigen Wind um die Nase wehen. Er brachte das Heulen der Wölfe mit, die in den nahen Bergen nach Nahrung suchten. Sie erschauderte. Die Tiere schienen immer näher zu kommen. Seit ihr Mann im Krankenhaus lag, schienen sie sich unaufhaltsam auf die Stadt zuzubewegen. Sie knöpfte ihren Anorak zu. »Unsinn!«, sagte sie. »Ich sehe schon Gespenster! Höchste Zeit, dass ich mal ausschlafe!« Sie kehrte zu ihrem Schlitten zurück und begrüßte ihre Hunde, die aufgesprungen waren und ungeduldig an den Leinen zerrten. »He, Snowball! Nicht so stürmisch! Pete! Friss nicht die Leine auf! Hallo, Dusty! Ich hab euch warten lassen, was?«
Sie zog die Kapuze über und trieb das Gespann an. So schnell, dass sich einige Leute nach ihr umdrehten oder neugierig durch die Schaufenster starrten, fuhr sie durch die Stadt. Unter den Kufen ihres Schlittens spritzte der Schnee. Sie raste die verlassene Cushman Street hinab und fuhr auf den zugefrorenen Chena River hinaus. Mit lauten Schreien feuerte sie die Hunde an. Die Huskys freuten sich, wie bei einem Rennen laufen zu können, und stoben hechelnd durch den körnigen Neuschnee. Nach fünf Meilen kehrte Clarissa erschöpft um. Der eisige Wind hatte ihre Gedanken gereinigt und die bösen Geister aus ihrem Kopf getrieben. So hätte die Medizinfrau der Inuit gesagt, die sie vor einigen Monaten während eines Postfluges nach Nome und Barrow getroffen hatte. In gemächlichem Tempo kehrte sie in die Stadt zurück und stellte den Schlitten vor dem Krankenhaus ab. Sie trug keinen Gesichtsschutz, und ihre Wangen

waren von der Kälte gerötet. Der Hausmeister, der Schnee vor dem Eingang schaufelte, nickte ihr abwesend zu. Er trug einen gefütterten Anorak und hatte seine Wollmütze weit über die Ohren gezogen. Vor seinem Mund gefror der Atem. Einige Krankenschwestern kamen aus einem Seiteneingang und flüchteten in den Schulbus, der mit laufendem Motor auf dem Parkplatz hielt.

Clarissa verankerte den Schlitten und betrat das Krankenhaus. Vor der Rezeption zog sie ihre Handschuhe aus. Sie öffnete den Anorak und ließ die Kapuze herunter. Es war viel zu warm in der Eingangshalle, und sie fragte sich, wie die Schwestern am Empfang diese Hitze aushielten. Verwundert beobachtete sie, wie der Hausmeister zurückkehrte und zwei Holzscheite in den bullernden Ofen warf. »Jetzt wird es Winter«, brummte er. »Wenn ich Geld hätte, würde ich mit den Gänsen nach Süden fliegen!«

Kaum jemand beachtete Clarissa. Ihre täglichen Besuche gehörten zur Routine. Wie der Milchmann, der morgens seine Flaschen abstellte und eine Bemerkung über das Wetter machte, und das Geplapper von Dr. Eugene Mannix, einem weißhaarigen Chirurgen, der seit vielen Jahren im St. Joseph Hospital arbeitete und den ganzen Tag über seine missratenen Kinder schimpfte. Die Schwestern grüßten mit einem Kopfnicken oder einem beiläufigen »Hi, Clarissa!«, und sie nickte ihnen ebenso mechanisch zu. Sobald sie das Krankenhaus betrat, waren ihre Gedanken in dem kleinen Zimmer am Ende des Ganges, in dem ihr Mann schlief, und sie merkte kaum noch, was um sie herum geschah.

Die Hoffnung, eine Veränderung bei ihm festzustellen, wurde mit jedem Tag geringer. Seitdem er die Augen geöffnet hatte, waren einige Wochen vergangen, und es hatte sich keine Besserung eingestellt. Wie ein Toter lag er in seinem Bett. Schwester Ruth tat ihre Fragen mit einem Schulterzucken oder einer Floskel wie »Wir tun, was wir können!« ab, und selbst Dr. Morgan schien kaum noch Zeit zu haben, sich um ihren Mann zu kümmern. Er war kaum noch in der Nähe, wenn sie nach ihm fragte, und die ganze letzte Woche auf einer Tagung in Anchorage gewesen. »Am liebsten würdet ihr Frank in ein Pflegeheim abschieben, nicht wahr?«, fuhr sie eine Schwester an, die ihren kranken Mann noch nie gesehen hatte und verstört das Weite suchte.

Vor dem Zimmer blieb Clarissa einen Augenblick stehen. Die Angst, ihren Mann in einem noch schlechteren Zustand als am Tag zuvor anzutreffen, schnürte ihr jedes Mal die Kehle zu. Spätestens vor der Tür des kleinen Zimmers starb die Hoffnung auf Besserung. Sie ging zögernd hinein und reagierte wie immer, wenn sie in die leblosen Augen ihres Mannes blickte. Ihre Schultern sanken nach unten, ihr Körper erschlaffte, und sie stützte sich seufzend auf das eiserne Bettgestell. Es kostete viel Kraft, sich die Enttäuschung nicht anmerken zu lassen und so zu tun, als läge Frank mit einer leichten Magenverstimmung im Bett. So hatte Dr. Morgan ihr geraten: »Lassen Sie ihn nicht merken, dass Sie sich Sorgen um ihn machen! Denken Sie immer daran, dass er Sie hören kann. Er kann Sie bestimmt hören! Professor Henley in Chicago und ich gehen fest davon aus, dass er Sie hören und sogar fühlen kann! Unterhalten Sie sich mit ihm, als wäre nichts geschehen! Geben Sie niemals auf, Clarissa! Sie werden sehen, eines Tages werden Sie für Ihre Geduld belohnt.«

Sie beugte sich zu ihrem Mann hinab und küsste ihn auf

die Stirn. »Hallo, Frank! Mein Gesicht ist eisig, was? Ich war auf dem Chena River und hab die Hunde ordentlich gejagt. Sie sind gut in Form, sogar Pete, der alte Vielfraß! Wenn ich weiter so hart trainiere, gewinnen wir das Dog Derby zum zweiten Mal! Das Geld könnten wir gut gebrauchen!« Sie blickte in seine starren Augen und versuchte sie mit einem Lächeln zum Leben zu erwecken. Außer ihrem Spiegelbild war nichts Lebendiges in ihnen. Sie strich über seine Wangen und sagte, was sie immer in einem solchen Augenblick sagte: »Du schaffst es, Frank! Du schaffst es ganz bestimmt! Du wirst sehen, bald sitzt du wieder in einer Maschine!« Sie zog einen Stuhl heran und setzte sich neben ihn.
»Ich hab dir doch erzählt, dass ich den Flugschein mache«, fuhr sie fort. »Willie Jones gibt sich große Mühe! Er hat kaum was getrunken, seit ich bei ihm angefangen habe! Und fliegen kann er! Wenn er nicht so lange an der Flasche gehangen hätte, wäre er bestimmt bei den Wien-Brüdern gelandet! Er hätte das Zeug gehabt, eine DC-3 zu fliegen, da bin ich ganz sicher! Leider besitzt er keinen Penny.« Sie berichtete von der Bruchlandung und versicherte ihm, dass ihr nichts passiert war. »Mit dem theoretischen Unterricht komme ich einigermaßen klar. Ich hab deine Lehrbücher im Schrank gefunden und lerne jeden Abend. Wie hast du bloß dieses ganze Zeug in deinen Kopf reingekriegt? Ich hab noch vier Wochen bis zur ersten Prüfung, dann muss ich alles wissen! Willie sagt, dass ein ehemaliger Major aus Anchorage meine Prüfung abnimmt. Ein harter Bursche, der schon im Ersten Weltkrieg geflogen ist! Der lässt mir bestimmt nichts durchgehen ...«
Sie blickte ihn an und glaubte eine Veränderung in seinen Augen festzustellen. Aufgeregt beugte sie sich nach vorn.

Seine Pupillen hatten sich bewegt, da war sie ganz sicher, und unter seinen Augen waren kleine Fältchen, auf jeder Seite drei, die zeigten ganz deutlich, dass er schmunzelte. »Frank!«, rief sie begeistert. »Frank! Kannst du mich hören? Du kennst diesen Major, was? Bob Reeve! Du bist schon mal mit ihm geflogen! Natürlich, jetzt erinnere ich mich! Vor einem Jahr waren wir in Anchorage auf einer Flugschau, und du hast ihn auf einen Jagdausflug in die Brooks Range mitgenommen. Er konnte dich gut leiden, was?«
Das Lächeln verstärkte sich, und sie sprang von ihrem Stuhl und rannte in den Flur. »Dr. Morgan! Dr. Morgan!«, rief sie aufgewühlt. »Kommen Sie schnell! Frank ist aufgewacht! Er hat gelacht!« Sie lief zum Schwesternzimmer. »Dr. Morgan! Schnell!«
Schwester Ruth kam ihr entgegen und hielt sie an den Schultern fest. »Beruhigen Sie sich, Clarissa! Dr. Morgan hat heute dienstfrei, und Dr. Cox operiert gerade! Was ist denn passiert?«
»Frank ist aufgewacht! Er hat reagiert!«
Die Schwester folgte ihr ins Zimmer und beugte sich zu dem kranken Piloten hinunter. Sie schlug leicht gegen seine Wangen. »Können Sie mich hören, Mr. Watson? Ich bin's, Schwester Ruth. Sehen Sie mir in die Augen, wenn Sie mich verstehen!« Sie wartete, ohne dass er reagierte, fragte noch einmal und schüttelte enttäuscht den Kopf. »Tut mir Leid, Clarissa! Er rührt sich nicht!«
»Aber er hat gelacht! Ganz bestimmt!«
»Ich kann nichts feststellen«, erwiderte die Schwester. »Ich nehme an, dass sich seine Muskeln verzogen haben. Oder die Nerven haben Ihnen einen Streich gespielt.« Sie richtete sich auf und blickte Clarissa an. »Aber ich verspreche Ihnen, dass wir Ihren Mann genau beob-

achten werden. Sobald Dr. Morgan kommt, sage ich ihm Bescheid. Er wird sich um Ihren Mann kümmern.«
Clarissa bedankte sich und war froh, als Schwester Ruth das Zimmer verlassen hatte. Sie wollte allein mit ihrer Enttäuschung bleiben. Sie setzte sich auf den Stuhl und weinte hemmungslos.
Zehn Minuten später verließ sie wortlos das Krankenhaus.

10

Der tägliche Unterricht lenkte Clarissa von ihren Sorgen ab. Jeden Morgen um zehn Uhr besuchte sie Willie Jones in seiner Wohnung und hörte geduldig zu, wenn er ihr die Arbeitsweise eines Motors oder die heimtückischen Fallwinde erklärte. Obwohl der Pilot nach seiner Bruchlandung wieder mehr trank und jedes Mal einen heißen Kaffee brauchte, um in Gang zu kommen, war er mit Freude bei der Sache. Es machte ihm Spaß, Clarissa das Einmaleins des Fliegens beizubringen, und er genoss es, wieder in seinem Beruf gefordert zu sein. Zu lange hatte er im Saloon gesessen und mit dem alten Chuck um die Wette getrunken. »Du bestehst die Prüfung im ersten Anlauf!«, versprach er.

Der Rückfall ereignete sich vier Tage nach der unglücklichen Landung. Als Clarissa pünktlich um zehn Uhr an seine Tür klopfte, machte niemand auf, und die einzige Antwort war ein lautes Schnarchen. Sie klopfte ein zweites Mal, diesmal lauter, und vernahm einen Fluch, der ihr die Schamröte ins Gesicht trieb. Als sie feststellte, dass die Tür unverschlossen war, betrat sie vorsichtig das Zimmer. Willie Jones lag angezogen auf seinem Bett, eine leere Schnapsflasche zwischen den Beinen, und fluchte röchelnd vor sich hin. Neben dem Bett lag eine halb volle Whiskeyflasche. Auf einem Sessel war ein Berg von Schmutzwäsche und vor dem Bad lag Erbrochenes auf dem Holzboden. Der Gestank von Alkohol und Rauch war Ekel erregend.

Angewidert wandte Clarissa sich ab. Sie rannte die Treppe hinunter und trat in die einige Kälte hinaus. Im flackernden Licht des Drugstores atmete sie tief die arktische Luft ein. Der Himmel war klar, und am westlichen

Himmel schimmerten Nordlichter. Doch auch die arktische Kälte konnte das Bild des betrunkenen Piloten und den Gestank nicht aus ihren Gedanken vertreiben.

Sie betrat den Drugstore. »Hi, Belinda!«, grüßte sie. Die hübsche Bedienung lehnte gelangweilt am Tresen. »Ich brauche einen besonders starken Kaffee! Willie liegt betrunken in seinem Bett!«

»Das hätte ich dir gleich sagen können«, erwiderte die Bedienung, »er war gestern Nachmittag schon weggetreten. Ich hab ihn gesehen, als er aus dem Nugget torkelte. Die Leute sagen, dass sie ihm die Lizenz wegnehmen wollen! Ein betrunkener Pilot, so was gab's nicht mal in Seward!«

Sie stellte Clarissa einen Becher mit heißem Kaffee hin. »Willst du was essen?«

Clarissa schüttelte den Kopf. Allein der Gedanke an das Erbrochene vor dem Badezimmer verdarb ihr jeglichen Appetit. Sie setzte sich auf einen Hocker, rührte Milch und Zucker in den Kaffee und nahm einen kräftigen Schluck. Sie ging jeden Tag nach dem Unterricht in den Drugstore und hatte sich mit der Bedienung angefreundet. Es machte Spaß, sich mit ihr zu unterhalten.

»Was willst du jetzt tun?«, fragte Belinda. »Das kann Tage dauern, bis er wieder auf die Beine kommt! Gestern Abend war eine Bedienung aus dem Nugget hier, die sagt, dass Willies geschiedene Frau in der Stadt war. Ich kenn mich nicht so aus, aber er hat wohl Probleme mit seiner Ex! Die will ihm ein Flugzeug pfänden lassen, weil er seinen Unterhalt nicht bezahlt hat!«

Clarissa musste lachen. »Was du alles weißt! Jetzt bist du gerade mal ein paar Wochen hier und kennst dich besser aus als der Klatschreporter vom *News-Miner*! Wenn

ich das mit seiner Ex gewusst hätte, wäre ich heute Morgen gar nicht aufgestanden!«
»Ich hab dich gestern Abend angerufen«, erwiderte Belinda. Sie schenkte Kaffee nach und wischte sich die Hände an der Schürze ab. »Warum gehst du nicht dran? Ich hätte dir alles erzählt!«
»Ich bin früh ins Bett und hab den Hörer ausgehängt«, entschuldigte sich Clarissa. »Ich war vollkommen erschöpft und wollte niemand hören. Ich glaube, ich hab zwölf Stunden geschlafen!«
Belinda räumte schmutziges Geschirr in die Küche und wechselte einige Worte mit ihrem Chef. Er war Koch und Apotheker in einer Person und machte mit seinen Hamburgern und Hot Dogs das meiste Geld. Auf dem Rückweg blieb sie an der Tür stehen. »Da kommt Mike Sheldon! Der will bestimmt zu Willie!«
Clarissa blickte nach draußen und sah den jungen Mechaniker über die Straße laufen. Im schwachen Licht der Straßenlampen und in seinem pelzgefütterten Anorak war er kaum zu erkennen. »Du kennst wohl jeden in der Stadt, was?«, fragte sie amüsiert.
»Mike kommt öfter auf eine Coke rein«, antwortete Belinda. Ihr Mund verzog sich zu einem leichten Schmunzeln. »Ich glaube, er schwärmt für dich! Er redet in den höchsten Tönen von dir! Neulich wollte er mir weismachen, dass du als erste Frau der Welt den Erdball umrunden wirst! So wie diese … wie heißt sie noch?«
Clarissa lachte. »Amelia Earhart. Weißt du auch, dass die arme Frau über dem Pazifik abgestürzt ist? Man hat sie nie gefunden!«
Mike Sheldon verschwand aus ihrem Blickfeld, und sie hörten, wie er die Stufen in den ersten Stock hinaufstieg. Zehn Minuten später kam er zurück. Er betrat den Drug-

store und zuckte kurz zusammen, als er Clarissa am Tresen sitzen sah. »Hi, Belinda! Hi, Clarissa! Willie hat es wieder krachen lassen, was? Ich dachte mir gleich so was, als er nicht ans Telefon ging!« Seine Fröhlichkeit wirkte ein bisschen zu aufgesetzt, und er konnte seine Nervosität nicht verbergen. Er kletterte auf einen Barhocker. »Einen Kaffee, bitte!«

»Ich war oben bei ihm«, sagte Clarissa, nachdem der junge Mann seinen Kaffee bekommen hatte. »Er braucht dringend Hilfe! Es soll Ärzte geben, die sich um solche Krankheiten kümmern!«

Mike winkte ab. »Willie wird schon wieder! Der bläst nur Trübsal, weil seine Ex in der Stadt ist und einen Rechtsanwalt auf ihn angesetzt hat! Sie wollen eines der Flugzeuge pfänden! Er hat seine Alimente nicht bezahlt! Wenn er weiter so säuft, kann ihm das sowieso egal sein! Dann nehmen sie ihm die Lizenz weg!«

»Und was wird aus meinem Flugschein?«, fragte Clarissa. Sie hatte plötzlich Angst, dass alle ihre Anstrengungen umsonst waren. Immerhin hatte sie ihre ganzen Ersparnisse in die Ausbildung investiert. »Ich hab keine Zeit, auf deinen Chef zu warten!«

»Das brauchen Sie auch nicht«, meinte der junge Mann zuversichtlich. Er beugte sich zu ihr hinüber. »Ich kenne meinen Chef, der ist in zwei, drei Tagen wieder auf dem Damm! Wie wär's, wenn ich Ihnen so lange Unterricht gebe? Den Motor einer *Fairchild* kenne ich besser als Willie, und meinen Flugschein hab ich seit zwei Jahren! Ich bin ein guter Flieger, das hat sogar Noel Tuska zugegeben! ›Aus dir wird mal einer‹, hat er gesagt.« Seine Augen leuchteten, und er fügte eifrig hinzu: »Wie wär's, wenn ich Ihnen meinen Lieblingsplatz zeige? Oben am Yukon!«

»Du willst mit mir fliegen?«, fragte sie verwundert.
»Warum nicht? Ich hab die neuen Aufhängungen an die Maschine geschraubt, es kann gar nichts passieren! Ich zeige Ihnen, wie man auf einem Fluss landet! Wenn Sie wollen, fliegen wir gleich los! Es ist Vollmond! Besser kann die Sicht nicht sein!«
Clarissa wechselte einen raschen Blick mit Belinda und entdeckte ein amüsiertes Blitzen in ihren Augen. »Also gut. Aber spätestens am frühen Nachmittag muss ich wieder hier sein.«
»Geht klar«, versprach der Mechaniker und sprang vom Hocker. Vor lauter Aufregung vergaß er zu bezahlen.
»Ihr seid eingeladen«, sagte Belinda. Sie verabschiedete Clarissa mit einem spöttischen Blick und freute sich diebisch, als sie beobachtete, wie ihre neue Freundin dem jungen Mann auf den Schlitten half.
Clarissa feuerte die Hunde an und fuhr über die Cushman Street nach Weeks Field. Das Thermometer vor der Bank zeigte dreißig Grad unter Null. Mike hockte zwischen einigen Fellen auf dem Schlitten und hielt sich mit beiden Händen fest. Sie parkten neben dem Holzhaus des Airport Managers und winkten Harry Cheek zu, der am Fenster saß und Pfeife rauchte. »Warten Sie bei Harry, bis ich den Motor aufgeheizt habe«, schlug Mike vor.
Harry Cheek bot ihr einen Kaffee an, doch sie lehnte dankend ab. Sie schilderte ihm, was geschehen war.
»Willie ist vollkommen fertig! Er liegt auf seinem Bett und rührt sich nicht! Mike schwört, dass er in ein paar Tagen wieder auf dem Damm ist.«
»Bestimmt«, erwiderte Harry, »der ist ein zäher Bursche! Nur wenn er von seiner Ex-Frau oder ihrem Anwalt hört, dreht er durch! Die wollen ihm das letzte Hemd aus-

ziehen!« Er zog die Augenbrauen hoch. »Du hast wohl Angst um deinen Flugschein?«, fragte er mit einem verschwörerischen Unterton in der Stimme.
Clarissa machte kein Hehl aus ihrer Sorge. »Ich brauche die Lizenz! Wenn ich nicht bald fliege, gehen mir die Ersparnisse aus! Ich brauche die Aufträge, um das Krankenhaus zu bezahlen!«
»Ich weiß«, sagte der Airport Manager. Er paffte an seiner Pfeife. »Und was ich bisher gesehen habe, sah doch gar nicht schlecht aus! Du hast das Zeug zu einer guten Fliegerin, und wenn ich nicht wüsste, dass Amelia Earhart irgendwo über dem Pazifik ...«
»Jetzt fang du nicht auch noch an!«, unterbrach sie ihn lachend. Sie deutete aus dem Fenster. »Mike will mich auf einen kleinen Ausflug mitnehmen! Ich hab gehört, er soll ein guter Pilot sein.«
Harry nickte. »Besser als sein Chef! Wenn der alte Willie nicht so verbohrt wäre, hätte er seinen Laden längst auf den Jungen überschrieben. Die beiden könnten sich den Gewinn teilen. Ich hab's ihm neulich mal vorgeschlagen, aber er will nicht. Hat wohl Angst, auf dem Altenteil zu landen. Immer noch besser, als abzustürzen oder sich von der Ex-Frau ausnehmen zu lassen ...«
»Gute Idee«, meinte Clarissa. Sie sah den Mechaniker winken und verabschiedete sich von dem Airport Manager. »Wir sind spätestens um ein Uhr zurück. Passt du auf meine Hunde auf?«
»Mach ich, Clarissa. Hals- und Beinbruch!«
Mike Sheldon wartete bereits ungeduldig, als sie in die Maschine kletterte. Sie zog die Schutzbrille an und zeigte ihm den erhobenen Daumen. Er kontrollierte ein letztes Mal die Instrumente. »Es geht los, Clarissa!« Er stellte das Gemisch ein und gab Gas. Der Motor heulte auf

und erstickte alle anderen Geräusche. In einer weißen Gischtwolke stiegen sie in den Himmel.
Der Junge flog besser als sein Chef, das merkte Clarissa schon nach wenigen Meilen. Er zeigte ein Gespür für die Maschine und schien jede einzelne Schraube der *Fairchild* zu kennen. Das erzählte man sich von vielen Mechanikern. Sie waren so stark mit ihren Flugzeugen verwachsen, dass sie besser als manche Piloten damit zurechtkamen. Das war schon bei den *Barnstormers* so gewesen. Sie erinnerte sich an einen Mechaniker, der seinen kranken Piloten beim Kunstfliegen vertreten und einen großen Pokal für die besten Loopings bekommen hatte.

»Na, wie stelle ich mich an?«, fischte Mike nach Komplimenten. Und als Clarissa ihm versichert hatte, dass er ein ausgezeichneter Pilot war: »Wenn Willie nicht so ein Dickkopf wäre, würde ich eine Goldgrube aus seinem Laden machen! Leider hab ich nicht genug Geld, um selber eine Maschine zu kaufen.«

Clarissa wollte nicht zugeben, dass sie wahrscheinlich ärmer als der junge Mann war, und war froh, als er das Thema wechselte. »Ist das nicht herrlich hier oben? Als ob man schwerelos ist!« Er glich die Trimmung aus und strahlte sie an. »Hier ist es schöner als in Montana! Ich komme aus Montana, wissen Sie?«

»Und ich aus South Dakota. Aber wir sind schon über zehn Jahre hier oben. Zuerst in Dawson City und danach in Fairbanks.«

»Ich weiß«, bestätigte er zu ihrer Überraschung, »ich hab den Artikel im *News-Miner* gelesen. Vor zwei Tagen. Warum Sie den Flugschein machen und so. In der Einleitung stand, dass Sie die Yukon Trophy gewonnen haben. Sie sind eine berühmte Frau!«

»Reporter übertreiben«, winkte Clarissa ab. Sie hatte den Artikel noch gar nicht gelesen. »Und der vom *News-Miner* besonders!«

»Was ist es für ein Gefühl, mit dem Hundeschlitten in die Wildnis zu fahren?«, wollte er wissen. »Ist es schöner als Fliegen?«

»Es ist einmalig«, antwortete sie. »Ich kenne kaum ein Gefühl, das sich damit vergleichen lässt! Nicht mal das Fliegen! Auf einem Hundeschlitten bist du wirklich frei! Du spürst, mit welcher Kraft die Hunde an den Leinen ziehen. Du fühlst den Schnee und die Kälte im Gesicht. Du erlebst die Einsamkeit! ›Du wirst eins mit der Natur und den guten Geistern‹, hat mal ein alter indianischer Musher zu mir gesagt.« Sie deutete auf den zugefrorenen Kantishna River, der als weißes Band unter ihrer Maschine leuchtete. »Stell dir vor, du bist ganz allein da unten, nur du und die Natur!«

»Ich lande oft in der Wildnis, wenn Willie mich fliegen lässt. Einfach so, um die Stille zu spüren. Einmal bin ich einem Grizzly begegnet, aber der hatte mehr Angst als ich und rannte gleich davon. Ich komme aus Helena. Da gibt es ein Kapitol und große Häuser, und wenn ich mal in die Wälder wollte, versohlte mir mein Vater den Hintern! Er war Holzfäller und hatte kein Gespür für die Natur. ›Bäume sind dazu da, um gefällt zu werden‹, sagte er. Er ist vor drei Jahren vom Blitz erschlagen worden.«

»Vom Blitz? Das tut mir Leid.«

Mike schien den Tod seines Vaters nicht zu bedauern. »Meine Mutter hat kaum geweint. Ich schätze, die beiden hatten sich längst auseinander gelebt. Zwei Monate nach seiner Beerdigung sind wir weggezogen, zuerst nach Seattle und dann nach Fairbanks. Wir lernten einen Kunstflieger kennen, der hatte es auf meine Mutter abgesehen und spendierte mir den Flugschein. Um sich lieb Kind zu machen, nehme ich an. Aber meine Mutter wollte ihn nicht und sagte: ›Als Pilot musst du nach Alaska gehen!‹«

»Und dann hast du einen Job als Mechaniker angenommen.«

»Bis ich genug Geld für eine *Bellanca* zusammen habe.«
Mike lenkte die Maschine in eine Rechtskurve und folgte seinem Instinkt nach Nordosten. Vor den Fenstern der Maschine tanzte das Nordlicht. Helle Flecken glühten am Horizont. Die Wildnis lag wie ein geheimnisvolles Zauberreich unter ihnen, die dunklen Wälder, durchschnitten von den weißen Linien der Flüsse. Auf einem der Flüsse waren Elche zu erkennen. Der Motor der *Fairchild* brummte gleichmäßig und ließ die Seitenwände der kleinen Maschine vibrieren. Clarissa blickte verstohlen auf den Piloten. Im trüben Licht der Instrumente wirkte sein Gesicht noch jünger und beinahe unschuldig. Sein Lächeln schien angeboren, gehörte zu seinem Gesicht wie die kleine Narbe, die sie neben seinem rechten Ohr entdeckt hatte. »Ich hab mal Baseball gespielt«, kommentierte er ihren Blick, »aber nur zwei Wochen!«

Sie erreichten den Yukon River, und Mike ließ die Maschine langsam an Höhe verlieren. »Wer sich in Alaska verirrt, braucht nur einem Fluss zu folgen«, erklärte er, »entweder man erreicht den Koyukuk oder den Yukon River.« Er drosselte den Motor. »Wissen Sie, was Noel Tuska zu mir gesagt hat? ›Flüsse sind wie Menschen. Jeder hat seinen eigenen Charakter. Wenn du lange genug in Alaska lebst, erkennst du sie an der Strömung.‹«

»Da unten ist mein Lieblingsplatz!«, rief Mike in den Motorenlärm. Er brachte die Maschine nach unten, flog

einmal dicht über den Fluss, um ihn nach gestürzten Baumstämmen und anderen Hindernissen abzusuchen, und setzte zur Landung an. Selbst Clarissas erster Mann hätte nicht sanfter aufsetzen können. Mike rollte über das feste Eis und schaltete den Motor aus. »Na, was sagen Sie jetzt?« Er kletterte aus der Maschine und half ihr nach draußen. »Ist das nicht der schönste Platz der ganzen Erde?«
Clarissa ging ein paar Schritte und ließ die nächtliche Stille auf sich wirken. Ein magischer Himmel spannte sich über der weiten Biegung des Flusses. Auf dem Eis spiegelten sich die bunten Muster des Nordlichts. Die Stille war beinahe vollkommen, als hätten sie den Mittelpunkt des Universums und einen Platz ewigen Friedens gefunden. Ein Gefühl, das sie auch in der Wildnis der Ogilvie Mountains und in den Bergen am Anaktuvuk Pass empfunden hatte, und doch verstand sie den jungen Mann, der wie verzaubert auf dem Yukon River stand und mit leuchtenden Augen zu den Felsen am nördlichen Ufer hinüberblickte. Sie ragten wie ein weißes Märchenschloss vor den Bäumen empor.
»Manchmal stelle ich mir vor, die Felsen dort drüben wären ein Schloss, und ich begegne der schönen Schneekönigin aus dem Märchenbuch, das ich als Kind gelesen habe.« Er blickte sie an, und sie konnte sich denken, welche Gedanken ihn bewegten.
»Eines Tages wirst du dieser Schneekönigin begegnen«, erwiderte sie rasch, »ein romantischer junger Mann wie du dürfte keine Schwierigkeit haben, eine Freundin zu finden.« Sie ging zum Flugzeug zurück und blieb stehen. »Wir müssen los, Mike!«
Er löste sich aus seiner Verzauberung und gewann sein lausbubenhaftes Lächeln wieder. »Diesmal fliegen Sie!«,

sagte er zu der verdutzten Clarissa.»Wir müssen die Landungen üben‹, hat Willie gesagt, die Landungen sind das Allerwichtigste!«
Clarissa war viel zu überrascht, um etwas dagegen einzuwenden. Sie hatte bereits etliche Male am Steuerknüppel gesessen, war aber noch nie eine so lange Strecke geflogen. Sie schnallte sich fest und ließ den Motor an. Das Eis auf dem Yukon River war glatt und fest, und es bereitete ihr keine Schwierigkeit, die *Fairchild* in die Luft zu bringen. In einem steilen Winkel gewannen sie an Höhe. Sie veränderte das Gemisch und trimmte die Maschine gerade. Selbstbewusst folgte sie einem Flusslauf nach Süden. Ein Blick auf Mike zeigte ihr, dass sie alles richtig gemacht hatte.
Der Junge ließ sie fliegen, redete nicht so viel wie Willie, der ständig in seinem Gedächtnis kramte und von längst vergangenen Abenteuern erzählte. Mike gab ihr das Gefühl, allein in der Luft zu sein und die Einsamkeit eines arktischen Fluges zu erleben. Sie spürte den kalten Wind, der durch sämtliche Fugen des Flugzeugs blies, und spürte die Maschine unter ihrem Sitz. Sie genoss jede Sekunde des Fluges, hatte das Gefühl, die Fairchild vollkommen in der Gewalt zu haben, und wurde nicht mal nervös, als sie den Landeanflug auf Fairbanks begann:»Fairbanks Radio! Fairbanks Radio! Hier ist Fairchild Three-Zero-Five-Six-Six! Hören Sie mich? Hier ist Fairchild Three-Zero…«
»Ich höre dich, Clarissa!«, kam es aus dem Funkgerät. »Und ich will einen Besen fressen, wenn das nicht die beste Landung des Winters wird! He, jetzt kann ich dich sehen! Sieht gut aus!«
Clarissa blieb konzentriert, folgte den leisen Anweisungen des Mechanikers, der nur eingriff, wenn sie etwas

falsch machen wollte. Wie eine Schneegans glitt die *Fairchild* der Erde entgegen. Fast automatisch erledigte sie die Handgriffe, die sie von Willie Jones gelernt und bei ihrem Mann beobachtet hatte. Sie war viel zu beschäftigt, um Angst zu haben. Weeks Field kam immer näher, und Mike griff nur einmal ein, als ihre Trimmung nicht stimmte. »Ein bisschen höher, ja, so ist es besser! Weiter so!«

Bevor Clarissa weiter nachdenken konnte, setzte die *Fairchild* auf. Die Maschine glitt über den harschen Schnee, schlingerte kaum, als sie die Bremse betätigte. Vor dem Haus des Airport Managers kam sie zum Stehen. Sie erkannte Harry Cheek, der am Fenster stand und ihr den ausgestreckten Daumen entgegenreckte. Erschöpft lehnte sie sich zurück. So allein war sie noch nie bei einer Landung gewesen. »Ich war ziemlich gut, was?«, sagte sie zu dem Jungen. Mike lachte. »Beinahe perfekt!«

11

Frank war verschwunden. Das Zimmer, in dem er gelegen hatte, war leer. Clarissa musste sich am Türrahmen festhalten, um nicht das Gleichgewicht zu verlieren. Sie war wie erschlagen, starrte angsterfüllt auf den leeren Platz, an dem sein Bett gestanden hatte, und flüsterte leise seinen Namen. In aufkommender Panik rannte sie nach draußen. »Wo ist mein Mann?«, schrie sie verzweifelt. Wohin habt ihr ihn gebracht?« Sie rannte durch den notdürftig erleuchteten Flur und blieb vor dem leeren Schwesternzimmer stehen. »Dr. Morgan! Schwester Ruth!« Es war niemand zu sehen. Das Krankenhaus war wie ausgestorben, und der lange Flur lag einsam und verlassen wie in einem Albtraum vor ihr.

Aus einem der Krankenzimmer kam eine Schwester. Sie hielt eine leere Spritze in der Hand und schien in Gedanken versunken. Clarissa rannte auf sie zu und packte sie an den Armen. »Ich suche meinen Mann! Wo ist mein Mann?«, rief sie aufgebracht. »Wo ist Dr. Morgan? Schwester Ruth! Verdammt, weiß denn hier niemand Bescheid?« Sie schüttelte die junge Schwester, bis sie vor Schmerz aufschrie und sich gewaltsam befreite.

»Lassen Sie mich los!«, protestierte die Schwester wütend. Sie stieß ihre Widersacherin zurück und massierte ihre schmerzenden Oberarme. »Was fällt Ihnen ein? Wer sind Sie überhaupt?«

Clarissa erkannte, dass sie wieder einmal die Nerven verloren hatte, und trat zwei Schritte zurück. Sie war immer noch benommen und stammelte eine Entschuldigung. In ihren Augen standen Tränen. »Mein Mann!«, flehte

sie. Sie deutete auf das leere Zimmer. »Frank Watson. Sein Bett ist weg! Wo ist mein Mann?«
Die Schwester folgte ihrem Blick und wusste nicht, was sie sagen sollte. »Ich weiß nicht«, antwortete sie hilflos, »sie haben ihn vor einer halben Stunde abgeholt! Ich nehme an, zu irgendwelchen Untersuchungen. Ich arbeite nur zur Aushilfe hier. Schwester Ruth hat sich heute krank gemeldet. Ich komme aus der Röntgenabteilung. Wenn Sie wollen, rufe ich einen Arzt.«
»Wo ist Dr. Morgan?«, fragte Clarissa. »Warum sagt mir niemand Bescheid, wenn sie meinen Mann abholen?« Ihre Nervosität legte sich nur allmählich. »Ich möchte wissen, was Sie mit ihm anstellen! Sein Zustand hat sich doch nicht verschlechtert?«
»Nun beruhigen Sie sich erstmal!«, redete die Schwester auf sie ein. Sie führte Clarissa zu einem Stuhl und drückte sie sanft darauf. »Dr. Morgan hat sich einen Tag Urlaub genommen, aber Schwester Helen muss bald zurück sein. Sie wurde in die Notaufnahme gerufen. Personalmangel. Ah, da kommt sie schon!«
Schwester Helen war strohblond und litt unter Übergewicht. Obwohl die Notaufnahme gleich neben dem Eingang lag, keuchte sie vor Anstrengung. Die Knöpfe ihrer Schwesterntracht waren zum Zerreißen gespannt. »Sie müssen Mrs. Watson sein!«
Sie sagte hastig ihren Namen. »Wo ist mein Mann?«
»Vor ein paar Minuten war er noch ein Stockwerk höher«, antwortete die Schwester fröhlich. Ihre Augen strahlten blau. »Die üblichen Routineuntersuchungen. Kein Grund, sich Sorgen zu machen, Mrs. Watson! In spätestens einer Viertelstunde ist er wieder hier, dann können Sie mit Dr. Cox sprechen! Er vertritt Dr. Morgan.« Sie ging ins Schwesternzimmer und rief: »Möch-

ten Sie einen Kaffee? Wir haben gerade frischen aufgesetzt! Oder ein paar Schokoladenkekse? Ich hab sie gestern erst gebacken!«
Clarissa lehnte dankend ab und wartete ungeduldig auf Dr. Cox. Er kam mit wehendem Mantel den Gang hinab und wechselte ein paar Worte mit Schwester Helen, bevor er Clarissa begrüßte. Sein hageres Gesicht wirkte blass, und in seinen grauen Augen stand Ungeduld. »Mrs. Watson?«, meinte er hektisch. »Ich habe leider wenig Zeit. Sie machen sich Sorgen um Ihren Mann, nicht wahr? Wir führen gerade einige Untersuchungen durch, um endgültige Klarheit zu bekommen. Dr. Morgan weiß Bescheid. Die Ergebnisse werden in einigen Tagen vorliegen.« Er spielte mit einem Schlüssel in seiner Kitteltasche. »Soweit ich informiert bin, haben Sie keine Veränderungen an Ihrem Mann bemerkt …«
»Er hat die Augen geöffnet«, widersprach sie, »schon vor einigen Wochen! Und vor ein paar Tagen hat er gelächelt! Er hat auf etwas reagiert, was ich gesagt habe! Das weiß ich ganz genau!«
Dr. Cox blickte auf den Krankenbericht in seiner Hand. »Aber es hat keine dauerhafte Verbesserung gegeben, oder? Ich meine, diese Reaktion war eine einmalige Sache. Er hat nur dieses eine Mal gelächelt. Er hat sich nicht bewegt und nichts gesagt.«
Sie stand auf und blickte ihn vorwurfsvoll an. »Was wollen Sie damit sagen, Doktor? Dass Sie nichts mehr für ihn tun können, und er das Krankenhaus verlassen muss? Dr. Morgan hat mir ausdrücklich versprochen, ihn im Krankenhaus zu behalten und sich sogar bereit erklärt, einen Teil der Kosten zu übernehmen!«
»Dr. Morgan ist nicht das Krankenhaus«, meinte Dr. Cox kühl. »Natürlich tun wir für Ihren Mann, was wir kön-

nen, aber sein Zustand kann sich Monate, vielleicht sogar Jahre hinziehen, und wir haben einfach nicht die Kapazität, ihn so lange hier zu behalten.«
»Und wie lange gedenken Sie, sich noch um ihn zu kümmern?«, fragte sie ebenso kühl. Sie wusste nicht, woher sie die Kraft nehmen sollte, ihren kranken Mann zu pflegen und gleichzeitig als Buschpilotin zu arbeiten. »Einen Tag? Eine Woche? Einen Monat? Oder haben Sie ihn bereits auf die Straße gerollt?«
Dr. Cox zeigte keinerlei Mitgefühl. »Wir warten die Untersuchungen ab und besprechen uns noch einmal mit Dr. Morgan. Sie können versichert sein, dass alles Menschenmögliche für Ihren Mann getan wird! Rufen Sie mich morgen an, dann weiß ich etwas mehr! Und jetzt müssen Sie mich leider entschuldigen …«
Clarissa blickte dem Arzt nach, bis er in einem Krankenzimmer verschwunden war, und verbarg ihr Gesicht in den Händen. In der Dunkelheit schöpfte sie neue Kraft. Sie würde Dr. Cox nicht anrufen. Sie würde wie jeden Tag im Krankenhaus erscheinen und mit Dr. Morgan reden. Er würde eine Lösung finden, selbst wenn die Krankenhausleitung nicht mehr bereit war, ihren Mann zu versorgen. Zu Hause wäre sie unmöglich in der Lage, ihn zu pflegen, und um eine private Schwester zu verplichten, hatte sie nicht genug Geld. Gegen den Gedanken, ihren Mann in ein staatliches Pflegeheim geben zu müssen, sträubte sie sich mit aller Kraft. Sie ahnte, wie es in solchen Heimen zuging. Im Radio hatten sie über einen alten Mann berichtet, der in einem Pflegeheim regelrecht ausgetrocknet war.
Sie blieb im Gang sitzen und wartete geduldig. Keine der Schwestern wagte es, sie anzusprechen. Nach einer Stunde erschienen zwei Pfleger mit ihrem Mann und

rollten ihn in sein Zimmer zurück. Sobald sie das Krankenzimmer verlassen hatten, trat sie an das Bett ihres Mannes. Sie streichelte und küsste ihn und vermied es, die Auseinandersetzung mit Dr. Cox zu erwähnen. Statt dessen sagte sie: »Morgen spreche ich mit Dr. Morgan! Er macht sich Gedanken, wie er dir noch besser helfen kann!« Sie war dicht über ihm und spürte seinen leichten Atem.
Sie sagte die Worte, die sie jeden Tag benutzte, um ihm Kraft und neuen Mut zu geben, und fragte: »Kannst du mich hören, Frank? Du hast neulich so schön gelacht! Mach es nochmal, ja?«
Aber seine Augen blieben stumm, und seine Gedanken waren in einer anderen Welt. Ob sich das jemals ändern wird, dachte sie betrübt. Sie küsste ihren Mann zärtlich auf den Mund und verabschiedete sich von ihm. »Wir sehen uns morgen! Dann erzähle ich dir, wie ich allein über die White Mountains geflogen bin!« Sie lächelte schwach. »Na ja, fast allein! Der junge Mechaniker war bei mir. Mike Sheldon. Er gibt mir Flugstunden, seit Willie einen Rückfall bekommen hat. Seine Ex-Frau will ihm die Flugzeuge wegnehmen, hast du das gewusst? Bis morgen, Frank! Komm möglichst bald wieder auf die Beine! Oder willst du, dass ich den Rest meines Lebens allein in den Bergen rumfliege?«
Es war bereits früher Abend, als Clarissa das Krankenhaus verließ. Der Mond war aufgegangen und schmolz in dem glitzernden Schnee. Ihre Hunde bellten aufgeregt, als sie den Anker aus dem Boden zog und einen nach dem anderen begrüßte. Sie kraulte Dusty hinter den Ohren und küsste sein gesprenkeltes Fell. »Ich hab einen lausigen Tag hinter mir«, sagte sie zu dem Leithund. »Stell dir vor, sie wollen Frank loswerden! Ein Arzt

hat mir gesagt, dass sie noch mal mit der Krankenhausleitung sprechen müssen! Ich hoffe, sie hören auf Dr. Morgan!« Sie gab Dusty einen freundschaftlichen Klaps und stieg auf den Schlitten. »Aber ihr habt bestimmt keine Lust, euch den ganzen Abend mein Gejammer anzuhören, was? Wie wär's mit einer kleinen Tour?« Sie lenkte den Schlitten vom Krankenhaus weg und fuhr über eine Nebenstraße zum Stadtrand. Unter lauten Anfeuerungsrufen trieb sie die Hunde durch die Schneewehen jenseits der Häuser. Der Schnee spritzte nach allen Seiten und hüllte sie in eine feuchte Gischtwolke. Im hellen Mondlicht folgte sie einem ihrer Trails, bis sie Fairbanks weder sehen noch hören konnte.

An einer Weggabelung bremste sie den Schlitten. Sie war sicher, eine Bewegung zwischen den Bäumen gesehen zu haben. Sie griff nach ihrem Revolver. Wie die meisten Schlittenführer hatte auch sie eine geladene Schusswaffe in einer Felltasche auf dem Schlitten liegen. Nicht wegen der Bären. Die Schwarzbären und selbst die Grizzlys waren froh, wenn sie keinem Menschen begegneten. Als Musher musste man sich hauptsächlich gegen Elche verteidigen. Wenn man den mächtigen Tieren in die Quere kam, keilten sie aus und griffen die Hunde an. Beim letzten Dog Derby war ein Musher schwer verletzt worden, und bei der Yukon Trophy hatte ein Elch sechs Hunde mit seinen Hufen erschlagen. Gegen einen Elch half meistens nur eine Kugel.

Sie beruhigte die Hunde und spähte in die Dunkelheit. Einige Fichten verdeckten den Mond und warfen geheimnisvolle Schatten. Der Wind war schwach und trieb einen leichten Schleier über den Schnee. In der Ferne schimmerte Nordlicht. Es war eine schöne und friedliche Nacht, und doch musste man in der Wildnis

immer damit rechnen, eine unliebsame Überraschung zu erleben. Auch wenige Meilen vor der Stadt konnte man einem Elch oder hungrigen Wölfen begegnen. Sie beobachtete ihre Hunde und konnte nichts Auffälliges feststellen. Die Tiere ließen nicht erkennen, dass sie eine Gefahr witterten. Lediglich Dusty hatte die Ohren gespitzt. Nach wenigen Augenblicken ließ seine Aufmerksamkeit nach, und er blickte erwartungsvoll nach hinten.
Clarissa seufzte erleichtert: »Ich glaube, ich sehe schon Gespenster!«, sagte sie zu ihrem Leithund. »Lass uns nach Hause fahren!« Sie wendete den Schlitten und lenkte ihn im gemächlichen Tempo zu ihrer Blockhütte zurück. Nachdem sie die Hunde versorgt hatte, ging sie ins Haus und schenkte sich ein Glas kühle Milch ein. Sie ließ sich in einen Sessel fallen und stellte das Radio an. Ein Kommentator ließ sich über den Krieg in Europa aus und äußerte den Verdacht, deutsche Unterseeboote könnten vor der amerikanischen Ostküste auftauchen. Eine kühne Prognose, meinte eine andere Stimme, genausogut könne man behaupten, feindliche Flugzeuge würden das Festland angreifen. Sie fand einen Sender mit Musik und hörte Judy Garland zu, die »Over the Rainbow« sang. Ein Lied, das ihr besonders gefiel, obwohl sie den Film nie gesehen hatte. Aber sie kannte das Buch vom »Wizard of Oz« und konnte sich gut vorstellen, wie die kleine Judy zum Regenbogen lief. Als der Sender immer schwächer wurde, schaltete sie enttäuscht aus. Sie griff nach ihrem Lehrbuch und blätterte lustlos darin. Dann ging sie zu Bett.
In dieser Nacht lag sie lange wach. Sie starrte auf den hellen Streifen, den das Mondlicht in ihr Schlafzimmer warf, und dachte an Frank, der allein in seinem Kran-

kenzimmer war und verzweifelt gegen seine Bewusstlosigkeit kämpfte. Wie sehnte sie sich danach, wieder neben ihm zu liegen. Aber sie verstand nichts von dieser geheimnisvollen Krankheit und wäre hilflos, wenn etwas Unerwartetes geschah. Er musste im Krankenhaus bleiben, und sie würde Dr. Morgan notfalls auf Knien darum bitten! Es musste einen Weg geben, ihren Mann weiter zu behandeln!
Sie hörte die Hunde bellen und lief zu einem der rückwärtigen Fenster. Der temperamentvolle Snowball hatte sich mit dem jungen Grumpy in die Wolle gekriegt und bellte ihn wütend an. Die Ketten waren so ausgerichtet, dass kein Husky einen anderen verletzen konnte. Lächelnd drückte Clarissa ihre Nase gegen die kalte Fensterscheibe. Sie kratzte einige Eisblumen von der Scheibe und musste lachen, als sie sah, wie Grumpy so heftig an seiner Kette zog, dass er sich beinahe überschlug und kopfüber im Schnee landete. Jaulend zog er sich auf seinen Platz zurück. Sie ging zum Kühlschrank und trank aus der Milchflasche. Die Hunde gaben ihr die Kraft, diese schwere Zeit zu überstehen. Sie zeigten ihr, wie stark und entschlossen man sein musste, um im Norden überleben zu können. Und sie erinnerten sie daran, dass man auch in schlechten Zeiten lachen durfte.
Sie stellte die Milch in den Kühlschrank und ging wieder ins Schlafzimmer. Die Gedanken senkten sich wie dunkle Schatten auf sie herab. Mit dem festen Entschluss, ein klares Wort mit Dr. Morgan zu sprechen, schlief sie ein. Sie träumte von einem weißen Ritter, der durch den hohen Pulverschnee ritt und sie in ein Märchenschloss aus leuchtendem Eis entführte. Im Schloss war es dunkel, und sie wurde von fauchenden Bestien angefallen.

Sie schreckte aus dem Schlaf und hörte das Telefon klingeln.
Erschrocken stellte sie fest, dass es bereits acht Uhr morgens war. Sie nahm den Hörer ab und nannte verschlafen ihren Namen. »Ich habe Sie hoffentlich nicht geweckt«, erklang eine vertraute Stimme. »Hier ist Mike Sheldon, Ihr Fluglehrer! Ich wollte Ihnen nur sagen, dass mein Chef wieder gesund ist! Er hat hoch und heilig geschworen, nie mehr nach einer Flasche zu greifen. ›Ab jetzt trinke ich Coca-Cola und Root Beer‹, hat er gesagt. Ich hab ihm vorgeschlagen, Sie auf die Prüfung vorzubereiten, aber er besteht darauf, selbst mit ihnen zu fliegen! Ich hoffe natürlich, dass wir trotzdem mal zusammen fliegen können! Wenn Sie fertig sind, brauchen Sie sicher einen Ko-Piloten!«
»Aber erst, wenn ich bei der Pan American anfange«, erwiderte sie lachend. Die Stimme des jungen Mannes munterte sie auf. »New York – Lissabon, der Flug dauert vierundzwanzig Stunden!«
»Mir würden schon zwei Stunden reichen«, sagte Mike. »So wie letztes Mal. Wie wär's heute Nachmittag, nach Ihrer Flugstunde?«
»Ich dachte, du wolltest warten, bis ich den Flugschein habe?« Sie streichelte Dusty, der seinen Kopf gegen ihre Beine drückte, und wechselte den Hörer in die andere Hand. Sie wurde ernst. »Ich weiß nicht, ob ich es heute Morgen schaffe, Mike. Ich hab noch was Wichtiges im Krankenhaus zu erledigen. Ich versuche es, okay? Ich rufe bei Harry Cheek an, falls es zu lange dauert.«
Sie verabschiedete sich und hängte ein. Innerhalb weniger Minuten war sie gewaschen und angezogen. An einem Tag wie diesem schminkte sie sich kaum und trug nur etwas Fett gegen die Kälte auf ihre Wangen auf. In

ihrer Winterkleidung versorgte sie die Hunde, bevor sie sich ein Frühstück bereitete: Eier mit Speck und etwas Toast. Sie stellte ein Gespann zusammen und fuhr zum Krankenhaus. Im trüben Licht der Straßenlaternen warfen der Schlitten und die Hunde lange Schatten. Die arktische Nacht war kalt und klar. Entgegen ihrer sonstigen Gewohnheit sprach sie kaum mit ihren Hunden, sie war vollkommen auf das Gespräch mit Dr. Morgan fixiert, den sie im Krankenhaus anzutreffen hoffte.
Tatsächlich begenete sie ihm gleich in der Eingangshalle. Er trug seinen weißen Kittel und wirkte erschöpft.
»Mrs. Watson! Ich hab schon versucht, Sie anzurufen! Ich habe bereits eine schwere Operation hinter mir! Haben Sie einen Augenblick Zeit?« Sie nickte reserviert, und er führte sie in ein kleines Besprechungszimmer.
»Kaffee? Tee?«
»Nein, danke«, kam Clarissa gleich zur Sache. Sie musste Klarheit haben. »Ich habe gestern mit einem Dr. Cox gesprochen. Er war nicht besonders freundlich, wenn ich ehrlich bin! Er deutete an, dass mein Mann das Krankenhaus verlassen muss ...«
Dr. Morgan rückte seine Brille zurecht. »Ich weiß, Mrs. Watson, und ich bitte seine etwas raue Art zu entschuldigen! Er hat sehr viel zu tun. Aber ich kann Sie beruhigen! Ich habe bereits mit einigen Vertretern der Krankenhausleitung gesprochen und durchgesetzt, dass Ihr Mann zumindest drei Monate bleiben darf. Und es entstehen kaum noch Kosten für Sie! Ein Krankenhaus in Chicago will sich an den Ausgaben beteiligen!« Er deutete ein Lächeln an. »Vorausgesetzt, Sie erklären sich einverstanden, dass wir die Untersuchungsergebnisse nach Chicago weiterleiten!«
Ihr Herz machte einen Luftsprung, doch etwas Miss-

trauen blieb. »Heißt das, dass Sie meinen Mann als Versuchskaninchen missbrauchen wollen?«, fragte sie mit hochgezogenen Brauen.
»Wir versuchen alles, um ihn aus seinem Koma herauszuholen«, wich Dr. Morgan aus. »Aber es geht hier weniger um Medikamente. Es geht um neue Methoden, sich mit einem solchen Kranken zu beschäftigen. So wie Sie es jeden Tag tun! Irgendwann einmal wird man die Angehörigen in eine solche Therapie mit einbeziehen, da bin ich ganz sicher! Die Medizin besteht nicht nur aus Operationen und Medikamenten! Schauen Sie die Naturvölker an! Ich glaube, wir können einiges von ihnen lernen!«
»Das ist wahr«, bestätigte Clarissa. Sie hatte oft genug miterlebt, wie ein Schamane oder eine Medizinfrau einen Kranken geheilt hatte. Die meisten Weißen hielten ihren Zauber für Hokuspokus, aber sie lebte lange genug in der Natur, um es besser zu wissen. Sie kannte die Heilkräuter und Wurzelsäfte, die manche Inuit und Indianer benutzten. Und sie wusste, dass die Heiler versuchten, auch geistig mit einem Kranken in Verbindung zu treten. So wie sie versuchte, mit der Seele ihres Mannes in Verbindung zu treten. »Haben Sie vielen Dank, Dr. Morgan!«
Sie verabschiedete sich und lief zu ihren Hunden hinaus. »Na, was hab ich gesagt?«, rief sie schon von weitem. »Heute haben wir mehr Glück! Frank darf bleiben! Stellt euch vor, und ich brauche kaum noch was zu bezahlen!« Sie zog den Anker aus dem Schnee, stieg auf den Schlitten und rief: »Lauf, Dusty! Go, Go!«

13

»Heute kann ich mir ein Bierchen gönnen«, sagte Willie Jones, »heute gehst du allein in die Luft!« Clarissa blieb beinahe das Herz stehen, als sie die bedeutungsschweren Worte ihres Fluglehrers vernahm. Sie hatte den Schlitten neben dem Holzhaus des Airport Managers abgestellt und die Hunde versorgt und blickte ungläubig auf die *Fairchild*. »Irgendwann musst du damit anfangen, oder meinst du, ich habe Lust, ständig den Babysitter spielen?«
Sie tauschte ihre Fäustlinge gegen die Lederhandschuhe, die sie beim Fliegen trug, und schüttelte ungläubig den Kopf. »Aber ich bin viel zu unerfahren, Willie! Ich war doch kaum in der Luft! Was ist, wenn ich die Kontrolle über die Maschine verliere?«
»Unsinn!«, erwiderte der Buschflieger. »Du bist die geborene Fliegerin! Sieht ganz so aus, als hättest du deinen Männern öfter mal über die Schultern gesehen! Nein, meine Liebe! Es wird höchste Zeit, dass du solo durch die Wolken segelst! Ich hab dir alles beigebracht, was du wissen musst! Also schwing deinen hübschen Hintern in die Maschine und zeig uns, was du kannst!«
Seit seinem Rückfall hatte Willie Jones keinen Schluck Alkohol mehr getrunken. Und es sah ganz so aus, als meinte er es diesmal ernst. Von Belinda hatte Clarissa gehört, dass er auf Coca-Cola umgestiegen war. »Stell dir vor, er kippt Erdnüsse in die Limonade«, hatte die Bedienung erzählt, »wie ein Teenager!«
Mike Sheldon kroch unter der Maschine hervor und verstaute den Gaskocher, mit dem er den Motor aufgeheizt hatte, im Passagierraum. »Sie schaffen das, Claris-

sa! Sie sind besser als die meisten Männer! Zeigen Sie den Burschen, was Sie alles können!«
»Bleib in der Nähe!«, ermahnte Willie Jones seine Schülerin. »Flieg ein paar Meilen nach Süden und komm wieder zurück! Und ich will eine weiche Landung sehen! Nicht so holprig wie gestern und vorgestern! Ich bin überzeugt, dass du es besser kannst! Weeks Field ist ein schlimmer Acker, das weiß ich auch, aber das interessiert die CAA nicht! Wenn du den Schein haben willst, musst du weich wie eine Schneegans landen! Und nun steig endlich ein! Ich will schließlich nicht den halben Tag vertrödeln!«
Unsicher stieg Clarissa in die *Fairchild*. Das Cockpit kam ihr wie ein Käfig vor. Sie blinzelte durch das beschlagene Fenster und startete den Motor. Beinahe mechanisch bediente sie die Kontrollen. Während der Ausbildung waren ihr die Handgriffe in Fleisch und Blut übergegangen. Sie brauchte nicht mehr zu überlegen, welchen Knopf sie drücken und welchen Hebel sie ziehen musste. Sie überprüfte die Ruder, meldete über Funk, dass sie nach Süden starten würde, und bat um die Starterlaubnis. »Guten Flug!«, wünschte ihr Harry Cheek. Sie drehte die Maschine in den Wind und warf einen letzten Blick auf Willie Jones und Mike Sheldon. Der junge Mechaniker strahlte sie an. Seine bewundernden Blicke schmeichelten ihr. Sie erhöhte die Drehzahl und trieb die schwankende *Fairchild* über das verschneite Flugfeld. In einer Wolke aus feuchtem Schnee brauste sie den Lichtern über der Anzeigetafel entgegen. Sie kamen rasch näher. Sie hob genau zum richtigen Zeitpunkt ab und legte die Maschine in eine steile Linkskurve. Für einen Augenblick sah sie die Hütte des Airport Managers unter sich. In dem Lichtschein, der aus

dem Fenster fiel, war ihr Hundeschlitten zu erkennen. »Da haben wir den Salat, Dusty!«, rief sie ihrem Leithund zu. »Jetzt muss ich auch noch fliegen! Als ob es nicht genug wäre, wenn ich jeden Winter beim Dog Derby mitmache!«
Über den Lichtern der Stadt flog sie nach Süden. Sie stieg auf viertausend Fuß und folgte den Eisenbahnschienen durch die Täler außerhalb von Fairbanks. Die Lichter eines Zuges bewegten sich durch die Dunkelheit. Am fernen Horizont über den Bergen war ein heller Streifen zu erkennen. Wie Scherenschnitte hoben sich die Gipfel der Coast Mountains dagegen ab. Sie entspannte sich. Der Wind war böig, aber nicht zu stürmisch, und es fiel ihr leicht, die *Fairchild* auf dem richtigen Kurs zu halten. Sie genoss das erhebende Gefühl, allein in der Luft zu sein. Der Himmel schien sich grenzenlos nach allen Seiten auszudehnen, und das klagende Tuten des Zuges, der stetig nach Süden fuhr, klang wie die Lockrufe einer Sirene durch die arktische Nacht. Jetzt verstand sie die Oldtimer, die ihr Leben am liebsten in der Luft verbracht hätten. »Wenn der verdammte Sprit nicht so teuer wäre«, hatte einer gesagt, »würde ich für immer oben bleiben!«
Clarissa blieb lieber auf dem Boden. Nicht einmal das Fliegen konnte das berauschende Gefühl von Freiheit ersetzen, das sie empfand, wenn sie allein mit den Hunden unterwegs war. In der verschneiten Wildnis war die Einsamkeit vollkommen. Es gab keinen Motorenlärm, und man war nicht in einem kleinen Käfig aus Holz, Metall und Glas gefangen. Die Elemente waren ihr vertrauter. Sie genoss das Fliegen und die schillernden Nordlichter, die sie mit ihren grünen und rosafarbenen Schleiern einhüllten, aber sie würde sich in ihrer *Fair-*

child niemals so zu Hause fühlen wie auf ihrem Hundeschlitten. Die Buschfliegerei war ein Job, der ihr Geld bringen würde. Eine bittere Notwendigkeit, die sie so lange über Wasser hielt, wie Frank ohne Bewusstsein war. Sobald er wieder fliegen konnte, würde sie auf der Erde bleiben. Dort gab es genug zu tun. Nur alle paar Wochen, so räumte sie ein, würde sie ihren Mann begleiten und sich mit ihm abwechseln.

Plötzlich tauchte eine Nebelwand auf. Unvermittelt und ohne jegliche Vorwarnung verschluckte sie der feuchte Dunst und hielt die Maschine mit unsichtbaren Klauen umfangen. Der Klang des Motors schien sich zu verändern. Sie verlor das Gespür für oben und unten, blickte auf die beleuchteten Instrumente und zwang sich zur Ruhe. Das drohende Gefühl einer Panik ließ nach. Sie ging in eine Linkskurve und flog zurück. Sie war keine hundert Meter in den Nebel geflogen, und doch dauerte es beinahe fünf Minuten, bis der Dunst aufriss, und sie die vertrauten Schienen unter sich erkannte. Sie ging etwas tiefer, um ein Vereisen der Tragflächen zu verhindern, und folgte den Gleisen nach Norden.

Auf ihrer Stirn gefror der Schweiß. Ein Augenblick der Unachtsamkeit hatte sie in große Schwierigkeiten gebracht. Sie musste lernen, ihre Gedanken unter Kontrolle zu bringen. Selbst an einem klaren Tag wie diesem war es möglich, in eine Nebelwand zu fliegen. Das Wetter in Alaska war unberechenbar. Selbst erfahrene Piloten waren im Hohen Norden abgestürzt, weil sie die Sichtweite überschätzt oder einer optischen Täuschung erlegen waren. »Dieses Land kann verdammt grausam sein«, hatte Noel Tuska einmal behauptet. »Es ist wie diese Göttin, die dich verführerisch ansieht und im nächsten Augenblick in eine tödliche Falle lockt!

Wenn du nicht aufpasst, gehst du ihr auf den Leim!«
Clarissa brachte die Maschine sicher nach Hause. Nachdem sie einmal über Weeks Field gekreist war, ging sie tiefer und steuerte die Landebahn an. Der Wind hatte nachgelassen, und sie landete so weich, dass Willie Jones begeistert den rechten Daumen nach oben reckte. Sie glitt bis vor die Hütte, die das heimische Baseball-Team zum Umkleiden benutzte, und kletterte aus der Maschine. Es dauerte eine Weile, bis Willie Jones und Mike Sheldon sie erreicht hatten. »Na, wie war ich?«, fragte sie.
»Großartig!«, rief Willie Jones begeistert. »Ich wusste doch, dass aus dir eine anständige Buschfliegerin wird! Noch ein paar Solo-Runden, und du kannst dich auf die erste Prüfung vorbereiten!«
»Die beste Landung, die ich je gesehen habe!«, übertrieb Mike Sheldon. Der junge Mechaniker strahlte über das ganze Gesicht. »Das müssen wir feiern! Wie wär's mit einer Runde im Nugget? Die haben einen neuen Cocktail, der wird Ihnen schmecken!«
»Also, ich muss leider passen«, winkte der Pilot ab. »Wenn ich einmal mit dem Teufelszeug anfange, lässt es mich nicht mehr los! Ich hab keine Lust, die *Fairchild* meiner Ex zu überlassen! Ich muss ordentlich was verdienen, wenn ich ihr hungriges Maul stopfen will, und das kann ich nur, wenn ich nüchtern bin. Außerdem wird es höchste Zeit, dass ich meine Bude aufräume!«
»Ich kann leider auch nicht«, sagte Clarissa schnell, bevor der junge Mechaniker sie allein einlud. »Ich muss zu meinem Mann!«
Mike Sheldon ließ sich nicht beirren. Ohne sein strahlendes Lächeln zu verlieren, fuhr er fort: »Wie wär's dann mit dem Eishockeyspiel am Samstag? Die Polar

Bears spielen gegen die Aces aus Anchorage! Gegen die haben sie noch eine Rechnung offen! Einige meiner Freunde kommen auch mit! Ich lade Sie ein, okay? Wir treffen uns an dem Trainingsplatz, am Samstag um zwölf!«
Willie Jones grinste schadenfroh. »Tu ihm den Gefallen, Clarissa! Wird höchste Zeit, dass du mal auf andere Gedanken kommst! Da kommt so ein Eishockeyspiel gerade richtig. Die Polar Bears haben seit ein paar Jahren nicht mehr gegen Anchorage gewonnen. Schau dir das Spiel an, das lenkt dich ab!«
»Und warum kommst du nicht mit?«, fragte sie.
Er zuckte mit den Achseln. »Ich muss mich um den Papierkram kümmern. Hab mich seit letzten Winter nicht um die Buchhaltung gekümmert! Nicht, dass ich viel zu rechnen hätte, aber wenn ich den Kram nicht in Ordnung bringe, rückt mir meine Ex auf den Pelz!«
»Du hättest gar nicht heiraten sollen«, sagte sie.
»Clarissa?«, meldete sich Mike Sheldon.
Sie willigte lachend ein. »Meinetwegen. Um zwölf am Trainingsplatz. Aber ich habe keine Ahnung von Eishockey, damit du es gleich weißt! Deine Freunde werden mich tüchtig auslachen!«
»Dann bekommen sie es mit mir zu tun!«, erwiderte der junge Mann freudestrahlend. Er schüttelte Clarissa viel zu fest die Hand. »Also abgemacht! Ich sehe Sie am Samstag!« Er ließ ihre Hand nur zögernd los. »Morgen müssen Sie leider ohne mich auskommen. Da muss ich den ganzen Tag bei Pacific Air ran, die neuen Maschinenteile auspacken! Bis Samstag!« Er blickte den Piloten an. »Machen Sie's gut, Willie!«
Willie Jones wartete, bis sein Mechaniker außer Hörweite war. »So aufgedreht hab ich Mike noch nie erlebt«,

meinte er amüsiert. »Sieht fast so aus, als hätte er einen Narren an dir gefressen!«
»Jugendliche Schwärmerei«, erwiderte sie leichthin.
Sie verabschiedete sich von dem Piloten und fuhr mit dem Hundeschlitten zum Krankenhaus. Das fröhliche Lächeln von Mike Sheldon ging ihr während der ganzen Fahrt nicht aus dem Sinn. Wie heiter und unbeschwert dieser junge Mann doch sein konnte! Er kannte keine Probleme. Eine gute Ausbildung, ein einigermaßen sicherer Job, eine rosige Zukunft als Buschpilot, denn fliegen konnte er besser als die meisten Veteranen – mein Gott, das ganze Leben lag noch vor ihm! Manchmal sehnte sie sich nach ihrer Jugend zurück, nach den unbeschwerten Tagen, als sie mit Jack von einer Flugshow zur nächsten gezogen war. Damals hatte ihnen niemand etwas anhaben können. Sie hatten das Leben so genommen, wie es kam, und es war ihnen vollkommen egal gewesen, dass ihr Verdienst gerade mal zum Überleben gereicht hatte. Obwohl sie damals schon verheiratet gewesen waren, hatten sie sich vollkommen frei gefühlt!
Der Geruch nach Äther, der wie eine drohende Wolke durch die langen Flure des Krankenhauses zog, holte sie in die Wirklichkeit zurück. Ihr erster Mann war schon lange tot, und ihre Jugend war unwiderruflich dahin. Sie war eine vierzigjährige Frau, die durch den Absturz ihres Mannes an den Rand des Ruins getrieben wurde und das Wagnis einging, in eine Männerdomäne einzubrechen, um ihren Lebensunterhalt zu verdienen. In nüchternen Worten ausgedrückt, schien ihr Unternehmen absolut hoffnungslos zu sein. Nur der Ehrgeiz und die Ausdauer, die einer erfahrenen Musherin wie ihr im Blut lagen, trieben sie voran. So wie sie die Hindernisse der Yukon Trophy und des Dog Derby überwunden hat-

te, würde sie das Schicksal besiegen, das der lange Krankenhausaufenthalt ihres Mannes mit sich brachte. Sein Zustand hatte sich nicht verändert. Er lag mit geöffneten Augen im Bett und reagierte nicht, als sie das Zimmer betrat. Sie küsste ihn auf die leblosen Lippen und berührte seine Wange. »Heute war ich solo unterwegs!«, strahlte sie. »Ich war ganz allein in der Luft! Ist das nicht wunderbar? Noch ein paar Stunden, und ich kann die Prüfung machen!« Sie zog einen Stuhl heran und setzte sich. »Das hättest du nicht gedacht, dass ich dich mal einholen würde, was?« Sie griff lachend nach seiner Hand. »Es war ein schönes Gefühl, allein dort oben zu sein! Fast so schön wie mit dem Hundeschlitten!« Sie wollte ihn nicht beunruhigen und verschwieg ihm den kurzen Irrflug durch den Nebel. Nicht einmal Willie Jones hatte sie davon berichtet, aus Angst, er könnte ihr weitere Stunden aufhalsen und die Prüfung hinausschieben.

Schwester Ruth betrat den Raum. Sie gab dem kranken Piloten eine Spritze und beachtete Clarissa kaum. Ihre Augen waren verweint. »Hallo, Clarissa«, sagte sie heiser. Sie wollte ohne ein weiteres Wort gehen, überlegte es sich anders und blieb an der Tür stehen. »Mir geht es nicht besonders gut«, gestand sie. »Meine Mutter liegt in einem Pflegeheim in Anchorage. Die reinste Absteige und die Ärzte sind verdammte …« Sie suchte vergeblich nach einem Schimpfwort. »Nun ja, sie kümmern sich kaum um sie, und ich komme hier kaum weg.« Sie blickte auf den Piloten und schüttelte den Kopf. »Und hier in Fairbanks gibt es kein Heim!«

Sie verschwand in den Flur. Clarissa starrte minutenlang auf die verschlossene Tür, wollte ihr nachlaufen und ein paar tröstende Worte sagen, doch sie bewegte

sich nicht von der Stelle. Schließlich stand sie auf und ging zum Fenster. Es hatte zu schneien begonnen. Die Flocken wirbelten im Schein der Straßenlampen und blieben an den kalten Scheiben kleben. »Hab ich dir schon gesagt, dass Mike Sheldon mich eingeladen hat?«, fragte sie. »Du weißt schon, der junge Mechaniker, der für Willie arbeitet.« Sie legte eine Hand auf das kalte Glas. »Willie ist übrigens trocken! Ich glaube, diesmal schafft er es wirklich! Es war ihm richtig peinlich, dass ich seine schmutzige Wohnung gesehen habe! Er schafft es bestimmt!« Sie wandte sich vom Fenster ab und blickte ihn an. Eine leichte Röte überzog ihr Gesicht. »Wir gehen zum Eishockey, stell dir vor! Mike Sheldon, und was weiß ich, wen er noch alles mitbringt! Die halbe Stadt, nehme ich an! Willie meint, das Spiel würde mich auf andere Gedanken bringen.« Sie lachte. »Weißt du, dass ich noch nie bei einem Spiel der Polar Bears war? Dabei sind sie einer meiner Sponsoren! Ich werde mich tüchtig blamieren! Ich kenne ja nicht mal die Regeln!«
Sie beugte sich über ihren Mann und spürte seinen schwachen Atem. »Wenn du meinst, dass ich nicht gehen soll, bleibe ich zu Hause!«, sagte sie leise. Und fügte rasch hinzu: »Das Spiel dauert höchstens zwei Stunden! Dann komme ich gleich zu dir!«
An diesem Abend hatte sie wenig Lust, etwas zu tun. Sie fütterte die Hunde und verteilte die üblichen Streicheleinheiten und entschuldigte sich bei Dusty, der ihre Unruhe spürte und seinen Kopf an ihren Beinen rieb. »Sei mir nicht böse«, sagte sie, »ich hab einen harten Tag hinter mir! Du hättest mich sehen sollen, ganz allein im Nebel und ohne Orientierung! Willie würde mich niemals zur Prüfung vorschlagen, wenn er das

wüsste! Na ja, es ist ja noch mal gutgegangen!« Sie kraulte den Leithund an seiner Lieblingsstelle zwischen den Ohren. »Leg dich schlafen, Dusty! Ich lege mich in die heiße Wanne und gehe dann auch zu Bett.«
In der Badewanne schloss sie zufrieden die Augen. Das heiße Wasser umschmeichelte ihren durchtrainierten Körper und die offenen Haare. Ob sie wohl auf einen jungen Mann wie Mike Sheldon anziehend wirkte? Ihre Haut war straffer als die ihrer meisten Altersgenossinnen, und ihr Körper konnte sich durchaus noch sehen lassen. Das tägliche Training mit den Hunden hatte ihn biegsam gehalten. Und wenn sie den Komplimenten ihres Mannes glauben durfte, war ihr Gesicht schöner als vor zehn Jahren! »Du hast die schönsten Augen der Welt!«, hatte er gesagt. Aber Frank war ein Schmeichler, und sie wusste ganz genau, dass sie mit einer Zwanzigjährigen nicht mithalten konnte.
Sie schalt sich eine Närrin, tauchte ein paar Mal unter und wusch sich gründlich die Haare. Nachdem sie ihren Körper eingeseift und abgespült hatte, stieg sie aus der Wanne und trocknete sich gründlich ab. Sie ließ das Wasser ab und schlüpfte in ihr langes Nachthemd. In den hellgrünen Pantoffeln, die sie von ihrem Mann zum Geburtstag geschenkt bekommen hatte, ging sie in die Küche. Sie kochte sich einen heißen Tee und blickte nachdenklich in die kalte Nacht hinaus. Der Mond schien von einem klaren Himmel herab und zerfloss im harschen Schnee.
Mit dem Teebecher in der Hand blieb sie am Fenster stehen. Ein klagender Laut zerschnitt die Nacht. Ein lang gezogenes Heulen, das von den nahen Hügeln zu kommen schien und ihr einen eisigen Schauer über den Rücken jagte. Sie kratzte den Frost von der kalten Schei-

be und drückte ihre Nase gegen das Glas. Entsetzt ließ sie den Becher fallen. Die Scherben und der heiße Tee spritzten nach allen Seiten. Dusty kam aufgeregt in die Küche gelaufen. »Das ... das ist doch ... unmöglich!«, stammelte sie. Und doch hatte sie das grüne Augenpaar deutlich gesehen. Keine hundert Meter vom Haus entfernt stand ein Wolf!
Sie blickte ein zweites Mal nach draußen und atmete erleichtert auf. Der Wolf war verschwunden. Anscheinend hatte sie sich doch geirrt. Während der letzten Jahre waren die Wölfe ihr niemals so nahe gekommen. Sie musste sich getäuscht haben!

≈ 13 ≈

Clarissa parkte ihren Schlitten am Waldrand und redete beruhigend auf ihre Hunde ein, bevor sie die Straße zur University of Alaska überquerte. Die Polar Bears spielten auf dem Hockey Rink, einer vom Schnee gesäuberten Eisbahn zwischen den Studentenquartieren. Das Eis glänzte im arktischen Zwielicht. Einige Straßenlampen warfen gelbe Lichtkegel, und in allen Fenstern brannte Licht. Keine idealen Bedingungen für ein Match, das als Trainingsspiel in den Annalen geführt und während des Ice Carnivals im März zu Wettkampfbedingungen wiederholt werden sollte. Aus einem Lautsprecher tönte Musik.
Mike Sheldon war nicht zu übersehen. Er wartete mitten auf der Straße und hob erfreut die Arme, als Clarissa den Hockey Rink erreichte. Sie spürte, wie sie von Zweifeln gepackt wurde. Einen kurzen Augenblick dachte sie sogar daran, sich zu entschuldigen und zu ihrem Schlitten zurückzukehren, aber die Freude des jungen Mannes war so echt und offensichtlich, dass sie es nicht über das Herz brachte, einen Rückzieher zu machen. »Hallo, Mike«, begrüßte sie ihn fröhlich, »kann man denn bei so einem Wetter spielen?«
Er wollte ihre Arme berühren und zog seine Hände auf halbem Weg zurück. Sie hätte die Geste falsch verstehen können. »Ist doch nur ein Trainingsspiel.« Er wusste nicht, wohin mit seinen Armen, und rettete sich mit einer unbeholfenen Geste. Clarissa machte ihn verlegen.
»Ich freue mich, dass Sie gekommen sind«, sagte er viel zu laut. »Sie werden sehen, es wird ein spannendes Spiel! Wenn die Bears und die Aces aufeinander treffen, wol-

len sie immer gewinnen, selbst wenn das Spiel für die Meisterschaft nicht zählt!« Er blickte über die Schulter. »Kommen Sie, ich stelle Sie meinen Freunden vor! Eric, Sarah, Robert, kommt mal her!«
Clarissa hatte schon befürchtet, dass Mike allein gekommen war, und freute sich, die beiden Jungen und das Mädchen zu sehen. Eric war so alt wie Mike und arbeitete im selben Laden, ein gemütlicher Bursche mit einem runden Gesicht und einem watschelnden Gang. Sarah und Robert waren befreundet. Sie studierte Englisch und Geschichte an der University of Alaska und trug eine rote Wollmütze über ihren blonden Locken, er arbeitete bei der Stadtverwaltung und betrieb Bodybuilding, das konnte selbst der gefütterte Anorak nicht verbergen. »He, Sie sind es tatsächlich!«, meinte Sarah überrascht, nachdem sie sich einander vorgestellt hatten. »Die berühmte Clarissa Watson, die das letzte Dog Derby gewonnen hat! Ich bin erst seit einem halben Jahr in Fairbanks, wissen Sie, aber ich habe in der Zeitung über Sie gelesen! Sind Sie mit dem Hundeschlitten gekommen?«
»Den hab ich drüben am Waldrand geparkt«, antwortete Clarissa. Sie hatte nicht damit gerechnet, wie eine Berühmtheit behandelt zu werden, und fühlte sich ein wenig unwohl. »Hier in Fairbanks ist das nichts Besonderes. Wo kommen Sie her?«
»Juneau«, meinte das Mädchen. Ihre unbeschwerte Art gefiel Clarissa. »Ich will Lehrerin werden.« Sie strahlte ihren Begleiter an. »Robert geht mit nach Juneau. Er war mal Mr. Chena Hot Springs, haben Sie das gewusst? Er ist der stärkste Mann von ganz Alaska, stimmt's, Robert?« Sie lehnte sich an seine starke Brust und umarmte ihn wie ein Spielzeug, das man nicht mehr

hergeben will. »Nächstes Jahr will er Mr. Fairbanks werden!«

»Und Sie, Eric?«, fragte Clarissa. »Arbeiten Sie schon lange im Pacific Air Shop? Sagen Sie bloß, Sie wollen auch Pilot werden!«

Eric war es nicht gewohnt, mit einer erwachsenen Frau zu sprechen, und wurde rot, als sie ihm in die Augen blickte. Er war froh, dass es so kalt war, und die Kapuze sein halbes Gesicht verdeckte. »Ich arbeite im Lager, Ma'am! In einem Flugzeug wird mir schlecht. Ich muss festen Boden unter den Füßen haben.«

»Kommen Sie, Clarissa!«, wurde Mike ungeduldig. »Es wird langsam Zeit, dass wir uns einen Platz suchen! Das Spiel fängt gleich an!« Er schob sich zwischen Clarissa und seine Freunde und genoss das Gefühl, eine attraktive und bekannte Frau an seiner Seite zu haben. »Waren Sie schon mal bei einem Spiel?«

»Einmal«, erwiderte Clarissa. Die neugierigen Blicke einiger Zuschauer trafen sie wie Nadelstiche, und sie bereute in diesem Augenblick, der Einladung des Jungen gefolgt zu sein. »Vor zwei Jahren, als die Polar Bears als Sponsor dazukamen.« Sie deutete auf das Logo des Eishockeyvereins, einen Eisbär, der auf ihre Mütze genäht war. »Aber frag mich nicht, gegen wen sie damals gespielt haben! Sie haben mir versprochen, sich an den Kosten für das Hundefutter zu beteiligen, das war viel wichtiger!«

»Das hab ich gar nicht gewusst«, staunte Mike. Er deutete auf den weißen Eisbär. »Ich hab mir Ihre Mütze nie angesehen!« Er wollte etwas über ihre leuchtenden Augen sagen, schwieg aber.

Clarissa wusste auch so, dass seine Antwort als Kompliment gedacht war. Sie drehte sich nach Mikes Freunden

um und wartete, bis sie aufgeschlossen hatten. Zusammen traten sie an die hölzerne Bande. Rund um den Hockey Rink gab es keine Sitzplätze, und die wenigen hundert Zuschauer, meist Studenten aus dem nahen Wohnheim, lehnten in fester Winterkleidung an der Umzäunung. Ihre Meisterschaftsspiele trug das College Team in einem komfortablen Stadion aus. Weil es keine Lautsprecheranlage gab, kündigte der Sprecher die Mannschaften durch ein Megaphon an. »... begrüßen wir das Team der Anchorage Aces und wünschen dem Spiel einen fairen Verlauf!« Er rief die Mannschaften auf das Eis und nannte die Aufstellungen.
»Ich bin gleich wieder hier«, sagte Mike plötzlich. Er rannte davon und kehrte nach wenigen Minuten zurück. Der Sprecher griff noch einmal zum Megaphon. »Ganz besonders freuen wir uns, heute Mittag die Siegerin des letzten Dog Derby unter den Zuschauern begrüßen zu dürfen: Mrs. Clarissa Watson! Die Fairbanks Polar Bears gehören zu den stolzen Sponsoren der tapferen Musherin. Wir wünschen ihrem Mann gute Besserung!«
Clarissa blickte verlegen zu Boden, als der Applaus erklang, brachte es aber nicht übers Herz, sich bei Mike zu beklagen. Er hatte es lieb gemeint. Sie spürte die bewundernden Blicke seiner Freunde und war froh, als der Pfiff des Schiedsrichters die Aufmerksamkeit auf das Spielfeld lenkte. Das Spiel begann. Die Aces übernahmen sofort die Führung und bestimmten das erste Drittel, das 1:0 für das Team aus Anchorage endete. Der Sprecher nannte den Torschützen und erntete wütende Buhrufe.
»Jetzt kommt unser erster Sturm«, hatte Mike die Hoffnung noch nicht aufgegeben, »dann sieht die Sache anders aus!« Tatsächlich schoss Phil Anderson schon

nach wenigen Minuten den Ausgleich, und Gordon Picette brachte die Polar Bears mit 2:1 in Führung. Mike kannte jeden Spieler von Fairbanks mit Namen und umarmte Clarissa begeistert, als das Führungstor fiel. »Darauf trinken wir einen!«, rief er begeistert und blickte Eric an, der eine Thermosflasche aus der Anoraktasche zog, einen tiefen Schluck nahm und sich schüttelte. »Verteufelt gute Mischung!«
Er reichte die Flasche an Mike weiter, und der gab sie Clarissa. »Möchten Sie auch einen Schluck? Eric kommt aus Waco, Texas, müssen Sie wissen! Er braut den besten Texas Tea der Welt!«
Clarissa hatte noch nie von einem solchen Getränk gehört, konnte sich aber denken, dass er nicht aus reinem Tee bestand. Sie kam sich auf einmal sehr alt vor. »Warum nicht?«, meinte sie, um nicht wie eine Gouvernante dazustehen. »Ein Schluck bringt mich nicht um!« Sie trank aus der Flasche und erschrak, als sie merkte, wie scharf das Getränk war. »Und so was trinkt man auf der Uni? Ich dachte, da wird heißer Kräutertee ausgeschenkt!«
»Ich hoffe, Sie verraten uns nicht!«, flüsterte Mike verschwörerisch. Er nahm selber einen Schluck und verzog das Gesicht. »Beim Eishockey ist Alkohol streng verboten! Ich glaube, sie haben Angst, dass sich die Zuschauer mit den Spielern prügeln!«
Ein Verteidiger der Aces wurde auch ohne Alkohol aggressiv. Er holte einen Stürmer der Polar Bears mit dem Schläger von den Beinen und verwickelte ihn in eine Schlägerei, die für beide Spieler eine Strafzeit zur Folge hatte. Die Zuschauer quittierten die Bestrafung mit lauten Pfiffen. »Habt ihr das gesehen?«, rief Mike wütend. »Die Aces haben angefangen! Das ist Schieberei!«

»Sauerei!«, schimpfte Eric, der noch einen Schluck genommen hatte und sich an der Bande festhalten musste. Seine Stimme war schrill. »Das muss zehn Minuten geben! Zehn für die Aces!«

Die Zuschauer tobten, und die Schiedsrichter hatten Mühe, das Spiel wieder in geordnete Bahnen zu lenken. Dann war das zweite Drittel zu Ende, und die Spieler fuhren an den Spielfeldrand und kühlten ihre erhitzten Gemüter. Clarissa blickte in die verschwitzten Gesichter der Spieler. Ihre Mienen erinnerten sie an die entschlossenen Blicke der Musher, wenn es auf die letzte Etappe eines Rennens ging, und jeder noch einmal das Letzte aus seinen Hunden herausholen wollte. Nur dass sich die Hundeschlittenführer nicht prügelten. Aggressiv waren nur die Hunde, die sich wütende Duelle lieferten, wenn sie sich zu nahe kamen. Bei einem der letzten Dog Derbys hatte der Leithund des Zweitplatzierten das Hundeteam des Siegers angegriffen und einem seiner Hunde das Genick durchbissen.

Sie spürte eine Hand auf ihrem linken Arm und sah, dass Mike sie anblickte. Sein lausbübisches Lachen war zurückgekehrt. »Ist das nicht ein irres Spiel?«, fragte er. »Wenn die Bears noch eine Schippe drauflegen, gewinnen sie! Anderson ist große Klasse!«

»Irre«, bestätigte sie heiter. Sie hörte das Wort zum ersten Mal. »Geht es beim Hockey immer so wild zu? Die kommen ja kaum zum Spielen! Da! Jetzt muss wieder einer auf die Strafbank!«

»Das ist einer von den Aces«, meinte Mike abfällig, »der hat es nicht anders verdient! Passen Sie auf! Jetzt ziehen unsere Jungs ein Powerplay auf und schießen das dritte Tor!« Er blickte auf das Spielfeld und feuerte die Mannschaft an. »Go, Polar Bears!«

Genau in diese Drangperiode fiel das Ausgleichstor der Aces. Die jungen Männer reckten drohend die Fäuste und schienen vergessen zu haben, dass zwei Damen bei ihnen waren. Sie glaubten, dass dem Treffer ein klares Foul vorausgegangen war.

»Ich glaube, Mike hat sich in Sie verliebt«, sagte Sarah unvermittelt, als die Männer wütend auf den Schiedsrichter schimpften. »Sie hätten hören sollen, wie er von Ihnen geschwärmt hat!« Sie warf einen raschen Blick auf den Jungen. »Ich dachte, ich sage Ihnen das besser, bevor er sich falsche Hoffnungen macht.«

Clarissa blickte das Mädchen lange an und nickte schwach. Sie wollte etwas sagen, aber dann drehte Mike sich um, und sie bekam keine Gelegenheit mehr dazu. Das Lächeln des jungen Mannes verzauberte sie, das hatte sie längst erkannt. Es war voller Unschuld und Zuneigung, ohne die Hintergedanken eines Schürzenjägers wie Sid Baxter, der es auf die plumpe Art bei ihr versucht hatte. Mike schwärmte für sie, wie ein Schüler für seine Lehrerin entflammte, und sie fand ihn sympathisch, hegte beinahe mütterliche Gefühle. Immerhin war sie fünfzehn Jahre älter! Es war richtig gewesen, seine Einladung anzunehmen. Sie ging mit einer Gruppe von unbeschwerten Jugendlichen zum Eishockey, das war doch kein Verbrechen! Das angenehme Gefühl, mit den jungen Leuten den Alltag vergessen zu können, überwog die Sorge, etwas Falsches getan zu haben. Auch der Frau eines kranken Mannes musste es erlaubt sein, sich zu vergnügen.

Das Spiel endete unentschieden. Sarah und Robert verabschiedeten sich und liefen zu einem der Wohnhäuser, und Eric war während des letzten Drittels in der Menge untergetaucht. »Er hat wohl zu viel Tee erwischt«,

sagte Mike. Clarissa nahm ihrem Begleiter ab, dass er es nicht darauf angelegt hatte, mit ihr allein zu sein, und fand nichts dabei, als er anbot, sie zu ihrem Schlitten zu begleiten. Er benahm sich wie ein perfekter Gentleman, wahrte den Höflichkeitsabstand und schien nur an das Spiel zu denken: »Mit etwas Glück hätten wir sie schlagen können! Wir hatten sie doch schon im Sack! Beim Ice Carnival gewinnen wir!«
Obwohl Mike ihr nicht zu nahe kam und nur über Eishockey redete, spürte Clarissa eine seltsame Unruhe. Die Nähe des jungen Mannes machte sie nervös. Seine Stimme, das Blitzen in seinen Augen, wenn er auf den Schiedsrichter schimpfte, und sein sanftes Lächeln, als er ihr über eine Schneewehe half, ließen sie zwanzig Jahre jünger werden. Sie war wieder die unschuldige Farmerstochter, die einem starken und verständnisvollen Mann begegnete, voller Kraft und Energie, und sie sehnte sich plötzlich danach, in seinen Armen zu liegen und seine Lippen auf ihrem Gesicht zu spüren. Ein flüchtiger Gedanke nur, aber so stark und intensiv, dass sie unter ihrem dicken Anorak erschauderte. »Da drüben steht mein Schlitten«, sagte sie. Es klang heiser, fast ein bisschen ängstlich, wie bei einer Studentin, die sich vor der Haustür von einem Jungen verabschiedet.
Mike erkannte ihre Unruhe nicht und ging lachend auf die Hunde zu. »Sie haben wirklich schöne Huskys!«, meinte er. »Der mit den Flecken auf der Schnauze ist der Leithund, nicht wahr? Ich hab neulich gesehen, wie Sie ihn gekrault haben! Darf ich mal?«
»Passen Sie auf!«, mahnte Clarissa. »Die Hunde können ziemlich ungemütlich werden, wenn ein Fremder sie berühren will!«
Mike schien ihre Warnung nicht ernst zu nehmen und

beugte sich zu dem Leithund hinab. Er flüsterte ihm etwas zu und kraulte ihn sanft hinter den Ohren, wie er es bei Clarissa gesehen hatte. Dusty knurrte zufrieden.
»Er mag mich«, sagte Mike. Er blickte sie stolz an. »Sehen Sie? Wir sind bereits dicke Freunde!«
»Dann hast du ihm bestimmt versprochen, dass es bald was zu fressen gibt«, meinte sie lachend. Sie beobachtete staunend, wie Mike den Hund umarmte und sich von ihm die Hände abschlecken ließ. »Du kannst gut mit Hunden umgehen! So freundlich war er noch zu keinem Fremden! Er mag dich tatsächlich!«
Mike fand Gefallen daran, sich mit dem Hund zu beschäftigen. »Wir hatten auch einen Hund in Montana«, berichtete er, »einen Golden Retriever. Er wurde von einem Traktor überfahren. Seitdem will meine Mutter keinen neuen mehr.« Er richtete sich auf und sah Clarissa an. In seinen Augen war wieder dieses geheimnisvolle Blitzen, das sie so nervös machte. »Darf ich mal fahren?«, fragte er. »Nur ein paar Meter am Waldrand entlang.«
»Ich weiß nicht«, zögerte sie, »es ist nicht so einfach, wie du denkst! Du hast noch nie einen Hundeschlitten gesteuert, oder?«
»Nur ein paar Meter, Clarissa!«
»Also gut«, zeigte sie sich einverstanden. In diesem Augenblick hätte sie ihm keinen Wunsch der Welt abgeschlagen. »Du hast ja gesehen, wie ich auf dem Trittbrett stehe, beide Hände fest an den Haltegriffen und kräftig nachhelfen, wenn der Schnee zu tief ist! Wenn es losgehen soll, rufst du ›Go!‹, und wenn die Hunde anhalten sollen, sagst du ›Whoa!‹ Wenn sie nach links oder rechts ausbrechen, schreist du ›No!‹! Nur am Waldrand entlang, okay? Und wenn du hältst, rammst du den Anker in den Schnee!«

»Aye, Ma'am!«, machte er sich über sie lustig.
Sie musste lachen und zeigte ihm, wie man die Hände um die Haltegriffe legt. Obwohl gefütterter Stoff seine Haut bedeckte, machte ihr seine Nähe zu schaffen. Sie vermied es, ihm in die Augen zu sehen. »Fahr nicht zu schnell, Mike!«, warnte sie ihn.
Sie trat zur Seite und erinnerte ihn daran, den Anker aus dem Schnee zu ziehen. Er warf den Holzpflock auf den Schlitten. Mit einem zögerlichen »Go!« trieb er die Hunde an. Die Huskys sprangen nach vorn, und Mike hatte Mühe, auf dem Schlitten zu bleiben. Viel zu stürmisch legte sich Dusty in die Leinen. »Easy, Dusty!«, rief Clarissa besorgt. »Snowball, lass den Unsinn! Easy!«
Aber da war es schon passiert. Die Hunde brachen aus und rannten über einen schmalen Trail in den Wald hinein. »No! No!«, rief Mike in aufkommender Panik, und Clarissa gestikulierte mit den Armen und rief: »Easy, Dusty! Bleib sofort stehen!« Aber an diesem Nachmittag hatten die Hunde ihren eigenen Willen und ließen sich nicht aufhalten. Sie rannten immer weiter, bis der Schlitten gegen einen Baum krachte, und Mike in den knietiefen Schnee geschleudert wurde. Die Hunde blieben jaulend stehen.
Clarissa schlug beide Hände vor den Mund. »Mike! Mike! Ist dir was passiert?«, rief sie nach einer Schrecksekunde. Sie kletterte über die Böschung und stolperte durch den Schnee, fiel neben dem gestürzten Jungen auf die Knie und zog die Handschuhe aus. Sie berührte sein Gesicht und rieb einige Schneeflocken von seinen Augenbrauen. »Sag doch was, Mike! Bist du okay?«
Er öffnete die Augen und blickte sie benommen an. Dann lächelte er. »Ich glaube, ich bleibe doch lieber bei meiner Bellanca!«, sagte er. »Deine Hunde sind mir zu stür-

misch!« Er streckte beide Hände nach ihr aus, und sie sank in seine Arme, ohne dass er sie berühren musste. Seine Lippen waren sanft und zärtlich, und sie spürte sein liebevolles Lächeln, als sie die Augen schloss und der Wirklichkeit entrückte. »Clarissa! Das habe ich mir so gewünscht!«, sagte er und zog sie fest zu sich heran. Sie erwachte aus ihrem Traum und löste sich von ihm. Zitternd vor Scham erhob sie sich. »Das … das hätten wir nicht tun sollen, Mike! Es war nicht recht!« Sie wischte sich über den Mund und taumelte ein paar Schritte zurück. »Geh nach Hause, Mike! Bitte!«
»Aber ich liebe dich, Clarissa!«
»Geh, Mike!«
Sie blickte ihm nicht nach, als er durch den Schnee davonstapfte, und blieb minutenlang stehen, bis sie wieder fähig war, einen klaren Gedanken zu fassen. Sie zog ihre Handschuhe an und schob den Schlitten auf den Trail zurück. Die Hunde folgten leise jaulend ihren Anweisungen. »Das will ich nicht noch einmal sehen, Dusty!«, schimpfte sie. »Das gilt auch für dich, Snowball!«
Während sie die Leinen ordnete und auf den Schlitten stieg, hallte ein lang gezogenes Heulen durch den Wald. »Nanuk!«, flüsterte sie ängstlich. Sie trieb das Hundegespann an und floh vor den gelben Augen, die sie überall zwischen den Bäumen sah.

14

Clarissa schloss sich zwei Tage in ihrem Blockhaus ein. Sie verschloss die Läden, hängte das Telefon aus und ging nur nach draußen, um die Hunde zu füttern. Die Huskys wurden immer unruhiger und warteten ungeduldig darauf, den Schlitten zu ziehen, doch sie fühlte sich zu elend, um an einen Ausflug zu denken. Sie ertrug das Hundegebell mit scheinbar stoischer Ruhe und sagte kein Wort, wenn sie die Tröge mit Futter füllte. Das wütende Bellen von Dusty und das Zähnefletschen von Snowball, der sich wieder einmal mit Grumpy in den Haaren lag und heftig an seiner Kette zerrte, quittierte sie mit einem gelangweilten »Easy, Dusty!« oder einem gleichgültigen Kopfschütteln.

Meistens lag sie auf ihrem Bett, den Blick zur dunklen Decke gewandt, und kämpfte gegen die bösen Geister, die Besitz von ihrem Körper ergriffen hatten. Sie aß nichts und trank nichts, und als jemand an die Tür klopfte und laut ihren Namen rief, stellte sie sich schlafend und rührte sich nicht von der Stelle. Wenige Augenblicke später entfernten sich Schritte vom Haus. Wahrscheinlich Willie Jones, der nachsehen wollte, ob ihr etwas passiert war. Mike war bestimmt zu feige, an ihre Tür zu klopfen.

Sie hatte den Kuss des jungen Mannes genossen, das gestand sie sich selbst jetzt noch ein. Sie hatte sich nach seiner Berührung gesehnt und die Zärtlichkeiten selbst herausgefordert. Ihn traf keine Schuld. Er war jung und ungestüm und hatte sie erst geküsst, als sie ihn dazu ermutigt hatte. Sie war die Schuldige. Sie war erwachsen und hätte wissen müssen, welche Gedanken ihm durch den Kopf gingen. Ihr Verhalten war unverzeihlich, beinahe schon ein Ehebruch, auch wenn sie rechtzeitig aufgesprungen und es nicht zum Äußersten gekommen war.

In ihrem Selbstmitleid begann sie zu weinen. Sie kam sich schäbig vor, beschimpfte sich mit unflätigen Ausdrücken und schüttelte sich vor Abscheu, wenn sie an Frank dachte, der bewusstlos im Krankenhaus lag. Wütend griff sie nach dem Wecker und schleuderte ihn gegen die Wand. Er zerfiel in unzählige Einzelteile. Die Hunde begannen zu bellen, und Dusty kam ins Schlafzimmer gestürmt und blickte sie in einer Mischung aus Verachtung und Mitleid an. Sie stützte sich auf die Ellbogen. »Tut mir Leid, Dusty!«, entschuldigte sie sich. »Ihr könnt ja nichts dafür!«

Sie stieg aus dem Bett und ging neben ihrem Leithund auf die Knie. Während sie ihn hinter den Ohren kraulte, sagte sie: »Ich habe mich daneben benommen, Dusty! Ich hätte den jungen Mann nicht ... Na, du hast ja selber gesehen, was ich getan habe! Aber damit ist jetzt Schluss! Sobald ich mich gewaschen und gefrühstückt habe, fahren wir los! Und dann gehe ich ins Krankenhaus und sehe nach Frank! Mein Gott, ich war drei Tage nicht bei ihm!« Sie ging ins Bad und nahm eine heiße Dusche. Sie wusch ihren Mund, als könnte sie den Kuss dadurch ungeschehen machen, und trocknete sich so fest ab, dass ihr Körper brannte. Nach einem herzhaften Frühstück ging es ihr wesentlich besser.

Auf einer Fahrt über den zugefrorenen Chena River holte sie alles aus den Hunden heraus. Sie fuhr über acht Meilen bis zum Zusammenfluss mit dem breiteren Tanana River und ließ ihr lautes »Go! Go! Go!« über die

verschneite Landschaft schallen. Die Huskys hatten lange auf einen solchen Ausflug gewartet und rannten so schnell wie auf der Zielgeraden eines Rennens. Die Kufen des Schlittens flogen über das feste Eis. Clarissa stand auf dem Trittbrett, die Hände fest um die Haltegriffe geschlossen, und schrie ihre Kommandos in den Wind. Erst als der Schlitten einen umgestürzten Baumstamm streifte und beinahe aus dem Gleichgewicht geriet, rief sie »Easy, Dusty! Easy!«, und die Hunde schalteten widerwillig einen Gang zurück. Sie brachte den Schlitten zum Stehen und rammte den Anker in den Schnee.
Unter einer weit ausladenden Fichte verschnaufte sie. Ihr Atem kam stoßweise und gefror in der kalten Winterluft. Sie setzte sich auf den Schlitten und starrte über den breiten Fluss. Eine dichte Schneedecke überzog das Eis und glänzte im Schein des Nordlichts. Eiskristalle funkelten auf dem entwurzelten Baum, der ihr beinahe zum Verhängnis geworden war. Am anderen Ufer erstickten einige Fichten unter der schweren Last des Schnees. Es war ungewöhnlich still. Selbst die Huskys schienen den Atem anzuhalten. Der eisige Wind kam aus dem Norden und trieb ihr die Schneeflocken ins Gesicht. Die Kälte machte ihr nichts aus.
Vom anderen Ufer drang ein Geräusch herüber. Es klang ungewöhnlich laut in der Stille und erschreckte auch die Hunde. Sie stand auf und spähte zu den Fichten hinüber. Im Schnee waren einige dunkle Schatten zu sehen. Wieder hatte sie das Gefühl, von gelben Augen beobachtet zu werden. »Verschwindet, ihr verdammten Biester!«, rief sie nach drüben. Ihre Stimme klang seltsam. »Habt ihr nicht gehört? Ihr sollt mich in Ruhe lassen!« Sie zog den rechten Handschuh aus und tastete nach

ihrem Revolver. »Geht in die Wälder, wo ihr hingehört! Haut endlich ab!«
Die Schatten verschwanden, und sie steckte den Revolver zurück. Ein eisiger Schauer lief über ihren Rücken. »Höchste Zeit, dass wir umkehren!«, sagte sie zu den Hunden. Auf dem Rückweg ließ sie es etwas ruhiger angehen. Sie ertappte sich dabei, wie sie sich alle paar hundert Meter umdrehte und nach den bedrohlichen Schatten suchte, aber der Fluss war weiß und leer, und die einzige Bewegung stammte von einem Fuchs, der im wilden Zickzack durch den Schnee hetzte und zwischen den Bäumen verschwand. »Go! Go! Go!«, feuerte sie die Hunde an.
Sie war froh, als sie die Stadt erreichten und im gemütlichen Tempo vor das Krankenhaus fuhren. Sie parkte neben dem Eingang und blickte zu den Bergen hinüber, bevor sie die Tür öffnete. Selbst in der Stadt wurde sie das Gefühl nicht los, von unsichtbaren Verfolgern beobachtet zu werden. War Nanuk ihr bis nach Alaska gefolgt? Hatte er sich einem Wolfsrudel angeschlossen? Lebte er immer noch? Nichts war unmöglich in einem Land, das immer noch den Inuit und Indianern gehörte. Inmitten einer unerbittlichen Natur, die stark genug war, um sich einer Eroberung durch den weißen Mann zu widersetzen. Nicht einmal im 20. Jahrhundert hatte sich der Norden ergeben. Dies war nicht der Wilde Westen, der von landhungrigen Farmern überrannt und mit Pflug und Spitzhacke urbar gemacht wurde. Hier war unberührte Wildnis. Ein Land, das manche Indianer fürchteten, weil in den Wäldern seltsame Wesen wohnen sollten. Ein Wolfshund, der eine Freundin verfolgte, weil sie falsch gehandelt hatte? Kein Indianer würde sich darüber wundern.

Sie betrat das Krankenhaus, knöpfte den Anorak auf und zog ihre Handschuhe aus. Einige Schwestern grüßten sie beiläufig. Sie verschwand in dem langen Flur und näherte sich dem Zimmer ihres Mannes. Sie zitterte vor Nervosität, als wüsste jede Schwester, was sie getan hatte, und als wartete ihr Mann nur darauf, sie zu sehen und vorwurfsvoll zu begrüßen. Was war, wenn er inzwischen aufgewacht war? Wenn er drei Tage hilflos in seinem Bett gelegen und vergeblich auf sie gewartet hatte? Sie ging ein Szenario nach dem anderen durch und fuhr erschrocken zusammen, als Schwester Ruth ihren Weg kreuzte.

»Clarissa!«, wunderte sich die Krankenschwester. »Wir haben Sie vermisst!« Sie hielt ein Fieberthermometer in der Hand. »Dr. Morgan hat gestern nach Ihnen gefragt. Waren Sie nicht hier?«

»Ich war ... ich war verhindert. Es tut mir Leid!«

»Das braucht Ihnen nicht Leid zu tun!«, erwiderte Schwester Ruth. Sie wirkte ausgeglichener als bei ihrem letzten Besuch. »Ich hab mich schon gewundert, dass Sie nicht früher aufgeben. Es macht doch keinen Sinn, wenn Sie jeden Tag am Bett eines Bewusstlosen sitzen! Wir kümmern uns um Ihren Mann, Clarissa, und Sie können sicher sein, dass wir Sie sofort anrufen, wenn sich etwas an seinem Zustand ändert!« Sie steckte das Fieberthermometer in ihre Tasche. »Bei einer solchen Krankheit brauchen die Angehörigen viel Kraft, und ich werfe es keinem vor, wenn er frühzeitig aufsteckt! Man muss die Wahrheit akzeptieren!«

»Ich gebe nicht auf, Ruth!«, wehrte Clarissa sich. »Und ich finde es nicht fair, dass Sie mir so etwas unterstellen! Mir ging es während der letzten Tage nicht besonders gut, deshalb war ich nicht hier! Ich denke nicht daran, meinen Mann aufzugeben! Ich werde ihn niemals aufgeben! Solange er atmet, gibt es noch Hoffnung!«

»So war es doch nicht gemeint«, versuchte sich die Schwester herauszureden. Manchmal hielt sie mit ihrer Meinung nicht hinter dem Berg. »Ich wollte Ihnen nur sagen, dass Ihnen niemand böse ist, wenn Sie mal einen Tag aussetzen. Selbst Dr. Morgan meint, dass es nicht nötig ist, Ihren Mann so oft zu besuchen!«

Clarissa ließ ihren ganzen Unmut an der Schwester aus. »Wollen Sie mir etwa sagen, dass Sie die Hoffnung aufgegeben haben? Dass Sie nicht mehr glauben, dass Frank gesund wird?«

»Die Chancen stehen nicht besonders gut«, antwortete Schwester Ruth ehrlich, »das wissen Sie doch! Ich weiß, als Schwester sollte ich Ihnen etwas anderes sagen, Ihnen Mut machen und so. Aber was macht es für einen Sinn, wenn ich Ihnen die Wahrheit verschweige? Ich höre doch, was die Ärzte sagen, und ich möchte nicht, dass Sie sich falsche Hoffnungen machen!« Ihre Stimme wurde leiser. »Es wäre ein Wunder, wenn er aufwacht.«

»Und ich arbeite Tag und Nacht an diesem Wunder!«, sagte Dr. Morgan, der unbemerkt in dem Flur aufgetaucht war. Er bedachte Schwester Ruth mit einem strengen Blick. »Das sollten Sie doch am besten wissen, Schwester! Die Chancen, dass Mr. Watson aus seinem Koma erwacht, sind gar nicht mal so schlecht, und wenn Sie die neusten Forschungsergebnisse kennen würden, hätten Sie eben anders geredet!« Er deutete auf eine Zimmertür. »Der Blinddarm in Zimmer 3 verlangt nach Ihnen, Schwester!«

»Es tut mir Leid«, sagte die Krankenschwester leise. »Und ich wollte mich auch noch wegen neulich entschuldigen, Clarissa …«

»Nicht nötig«, zeigte Clarissa sich verständnisvoll. »Ich kann ja verstehen, dass Sie die Dinge nüchterner sehen. Ich war auch nicht besonders höflich. Lassen wir es dabei bewenden, okay?«
Schwester Ruth verschwand, und Dr. Morgan begleitete Clarissa durch den Flur. Die Deckenlampen verbreiteten kaum Licht. »Ihr Mann zeigt leider noch keine Reaktion«, erklärte der Arzt, »und ich muss Ihnen leider gestehen, dass die Krankenhausleitung sehr ungeduldig wird. Man hat mir versprochen, dass Ihr Mann bis zum Frühjahr bleiben darf, aber es wäre sicher hilfreich, wenn Sie uns helfen könnten, einen Sponsor …«
Sie blieb stehen. »Ich soll einen Sponsor für das Krankenhaus besorgen? Und wie soll ich das anstellen, bitteschön? Soll ich einen Benefizball veranstalten wie für die neue Konzerthalle?«
»Das wäre gar keine schlechte Idee«, sagte er. »Geben Sie mir Bescheid, wenn Ihnen etwas eingefallen ist? Verstehen Sie mich nicht falsch, ich möchte Sie auf keinen Fall bedrängen, und die Krankenhausleitung hat mir fest versprochen, dass ich weiter an dem Fall arbeiten darf, aber, nun ja …«
»Ich werde darüber nachdenken, Dr. Morgan.«
»Das ist lieb von Ihnen, Mrs. Watson.«
Clarissa wartete, bis er in einem Seitengang verschwunden war, und betrat das Krankenzimmer ihres Mannes. Sie hatte sich die ganze Zeit vor diesem Augenblick gefürchtet und erschauderte, als sie seine leblosen Augen sah. Sie versuchte, ihm so unbeschwert wie sonst zu begegnen, und musste doch ständig daran denken, dass sie einen anderen Mann geküsst hatte. »Hallo, Frank!«, begrüßte sie ihn. »Entschuldige, dass ich die letzten drei Tage nicht hier war, aber du weißt ja, ich

war mit dem ... dem jungen Mechaniker und seinen Freunden beim Eishockey, und dann ging es mir nicht besonders gut ... na, ich brauche dir ja nicht zu sagen, wie das mit uns Frauen manchmal ist!« Sie richtete sich auf und versuchte ein Lächeln. »Vielleicht hab ich mich auch mit der Fliegerei übernommen! Wenn ich daran denke, dass ich nach der Prüfung noch zweihundert Stunden fliegen muss, bis ich den Transportschein bekomme ...«
Sie lehnte sich ans Fenster und fühlte die kalte Luft, die durch einen Spalt im Verputz kam. »Wenn ich mich ranhalte, kann ich es in drei Monaten schaffen! Ich weiß, dann bist du längst wieder gesund, aber du musst es während der ersten Monate etwas langsam angehen lassen, und dann bist du sicher froh, wenn ich dir helfe! Wir schmeißen den Laden zusammen, Frank, was hältst du davon? Ich besorge eine neue Maschine, und dann geht es los!« Sie erzählte ihm nicht, dass sie keine Ahnung hatte, woher sie das Geld für ein neues Flugzeug nehmen sollte. Das wenige Geld, das noch auf ihrem Konto lag, reichte gerade mal, um sie über die nächsten Monate zu bringen. Sie brauchte unbedingt einen Kredit, wenn sie ihre Pläne verwirklichen wollte!
An diesem Vormittag blieb sie länger als gewöhnlich im Krankenhaus. Die Hunde bellten bereits ungeduldig, als sie zum Schlitten kam. »He, Dusty! Es ist alles okay!«, beruhigte sie den Leithund. Sie lenkte den Schlitten auf die verschneite Straße und fuhr am Palace Hotel in die Stadt hinein. Vor dem Drugstore hielt sie an. Sie ging hinein und grüßte die Bedienung. »Hi, Belinda! Machst du mir ein Tuna Sandwich? Ich hab furchtbaren Hunger!«
»Na, klar! Wo hast du denn die ganze Zeit gesteckt? Ich hab gehört, du warst mit Mike Sheldon und ein paar

jungen Leuten beim Eishockey!« Sie beschmierte zwei Weißbrotscheiben mit Mayonnaise, legte ein Salatblatt und eine Tomatenscheibe darauf und griff nach dem Behälter mit Tunfischsalat. Ihr Lächeln wirkte verschwörerisch. »Dieser Mike ist ganz schön hartnäckig! Du hast dich doch nicht von ihm nach Hause bringen lassen ...«
»Von Mike?« Sie lachte. »Ich glaube, der ist ein paar Jahre zu jung für mich! Außerdem bin ich verheiratet, hast du das vergessen? Ich komme gerade von meinem Mann. Nichts Neues.«
»Er ist immer noch nicht aufgewacht, was?« Sie wickelte die beiden Brothälften in Papier und reichte sie ihr. Clarissa legte einen Geldschein auf den Tresen. »Also, ich find's gut, dass du wieder ausgehst. Du machst dich doch verrückt, wenn du nur mit deinen Hunden unterwegs bist und in diesem blöden Krankenhaus rumhängst! Was macht die Fliegerei? Wann ist Prüfung?«
»In einer Woche, nehme ich an. Ich bin gerade nach Weeks Field unterwegs. Mal sehen, was Willie sagt. Ist er draußen?«
»Ich hab ihn vor einer Stunde weggehen sehen«, erwiderte die Bedienung. »Komm auf einen Sprung vorbei, wenn du danach noch Zeit hast! Ich muss dir was über Helen Cassano erzählen!«
»Ein neuer Skandal?«, fragte sie neugierig.
»Wer weiß«, antwortete Belinda vieldeutig.
Clarissa verabschiedete sich und kehrte in die Kälte zurück. Während sie langsam zum Flughafen fuhr, aß sie das Tuna Sandwich. Sie stopfte das schmutzige Papier in ihre Anoraktasche und wischte sich den Mund ab. Die Hunde kannten den Weg nach Weeks Field und blieben neben der Hütte des Airport Managers stehen. Sie ver-

ankerte den Schlitten und winkte Harry Cheek zu, der am Fenster stand und den Kaffeetopf in die Höhe hielt. Sie schüttelte den Kopf und rief: »Vielleicht nachher!« Ohne lange darüber nachzudenken, wie sie Mike begegnen sollte, ging sie zu der *Fairchild* hinüber. Der Mechaniker kam mit einigen Werkzeugen aus dem Hangar und blieb überrascht stehen, als er sie vor der Maschine stehen sah. »Clarissa!«, rief er erfreut. »Ich hab mir schon Sorgen um dich gemacht! Warst du krank?«
»Nichts Besonderes«, antwortete sie kühler als beabsichtigt. »Ich hab mir den Magen verdorben, weiter nichts. Zu viel Kaffee.«
»Ich hab dich ein paar Mal angerufen, aber es war immer besetzt!« Er legte die Werkzeuge auf den Boden und kam näher.
»Ich wollte allein sein, Mike!«
»Du bereust doch nichts, oder?«
»Hör mal, Mike …«
»Ich weiß, es war ziemlich schäbig von mir …«, fiel er ihr ins Wort. »Nun ja, im Schnee und so. Ich weiß, ich bin etwas jünger als du, und dein Mann liegt im Krankenhaus, und niemand weiß … Aber ich meine es ehrlich, Clarissa, das musst du mir glauben! Ich liebe dich wirklich! Du bist ganz anders als die Mädchen, die ich sonst immer kennen gelernt habe! Ich weiß, ich weiß, wir dürfen nichts überstürzen, und gehe dir auch bestimmt nicht auf die Nerven! Ich weiß, dass jetzt ein schlechter Zeitpunkt ist, und du viel Zeit zum Überlegen brauchst!« Er ging einen Schritt auf sie zu, und sie wich ängstlich zurück. Sein unwiderstehliches Lächeln kehrte zurück. »Du bist mir doch nicht böse?«
»Nein, Mike. Aber …«
»Willie muss gleich hier sein, Clarissa!«, ließ er sie gar

nicht zu Wort kommen. Er deutete zum Hangar. »Er bastelt an der *Bellanca* rum. Er dachte schon, du wolltest kneifen! Er hat dich nämlich zur Prüfung angemeldet! Am nächsten Montag bist du dran!«
»So bald schon?«, erschrak sie.
»Du schaffst es, Clarissa! Ganz bestimmt!«
In diesem Augenblick kehrte Willie zurück, und sie war froh, dem Jungen zu entkommen. »Hi, Willie! Mir ging's nicht besonders! Ich hab gehört, du hast mich für die Prüfung angemeldet!«
»Nächsten Montag! Aber bis dahin musst du noch ein paar Mal in die Luft!« Er wandte sich an Mike. »Wirf den Flammenwerfer an, mein Junge! Unser Mädchen will fliegen! Und du …«, sagte er zu Clarissa, »du wirfst dich besser in deine Fliegerkluft, sonst verwechselst du die *Fairchild* noch mit einem Hundeschlitten!« Er lachte schallend und kletterte ins Cockpit, um die Instrumente zu überprüfen. »Höchste Zeit, dass du wieder in die Luft kommst!«

15

Der Montag war ein wolkenloser Tag, und das arktische Zwielicht hing in flimmernden Streifen über der verschneiten Stadt. Es war kälter als am Wochenende, und Clarissa fröstelte, als sie die Hunde fütterte und vor den Schlitten spannte. Die Huskys spürten, dass dieser Tag von ganz besonderer Bedeutung war. Clarissa war spät aufgestanden und hatte eine heiße Dusche genommen. Ein besonders starker Kaffee hatte endgültig ihre Sinne geweckt. Sie war bereit für die Prüfung. Natürlich hatte sie gehört, dass nicht alle Piloten ihren Flugschein im ersten Anlauf bekamen, und dass selbst ein erfahrener Buschflieger wie Richard Harmon durch die erste Prüfung geflogen war, aber sie war gut vorbereitet und kannte das Prüfungsbuch mit den vielen Fragen fast auswendig. Spät nachts war sie noch einmal aufgestanden, um in das Buch zu sehen und eine knifflige Frage zu klären.

Der Prüfer war ein weißhaariger Mann, der bereits im Ersten Weltkrieg geflogen war und einen hohen Verdienstorden bekommen hatte. Er stammte aus Anchorage und arbeitete in der Verwaltung, seitdem er über der Kenai Peninsula abgestürzt war und einen Fuß verloren hatte. »Na, dann wollen wir mal«, meinte er freundlich, nachdem Clarissa ihm die Hand geschüttelt hatte. Willie Jones und Mike Sheldon lächelten ihr aufmunternd zu, als sie in die Maschine stieg. Der Prüfer stieg ebenfalls ein und beobachtete aufmerksam, wie sie die Armaturen bediente. Sobald sie im Cockpit saß, hatte Clarissa keine Angst mehr. Sie vergaß den weißhaarigen Mann mit dem Klemmbrett und startete so routiniert, als würde sie zu einem beliebigen Solo-Flug aufbrechen. Sie hob gegen den Wind ab und beschrieb eine weite Linkskurve, wie der Prüfer es von ihr verlangte. Sie nahm den Mann kaum wahr, hörte seine Stimme wie aus weiter Ferne und war allein mit der *Fairchild* und dem endlosen Himmel. Willie Jones war ein guter Lehrer gewesen, und alle Handgriffe waren ihr in Fleisch und Blut übergegangen. Die Fragen des Prüfers beantwortete sie präzise und ohne lange zu überlegen.

Als sie die Stelle passierten, an der sie in die Nebelbank geflogen war und beinahe die Orientierung verloren hatte, erschien der Anflug eines Lächelns auf ihrem Gesicht. Heute waren die Eisenbahngleise deutlich zu erkennen. Der Prüfer ließ sie auf dreitausend Fuß steigen. Er forderte sie auf, mehrere Manöver durchzuführen, und zeigte sich sehr zufrieden, als sie auch in einer heiklen Situation gelassen blieb und die Maschine auf den richtigen Kurs brachte. In einer starken Turbulenz über den Bergen behielt sie die Nerven und lächelte beim Anblick des Prüfers, der wohl nicht erwartet hatte, dass sie so kühl reagierte.

Der kleine Fehler, den sie beim Anflug auf Weeks Field machte, fiel kaum ins Gewicht. Ihre gute Ausbildung und die Erfahrung als Musherin, die gelernt hatte, in einer angespannten Situation einen kühlen Kopf zu bewahren, ließen sie die Prüfung mit Glanz und Gloria bestehen. Selbst beim schriftlichen Test leistete sie sich nur einen winzigen Schnitzer. »Herzlichen Glückwunsch!«, gratulierte der Prüfer, »ich glaube, ich muss ein Vorurteil revidieren. Sie waren besser als die meisten Männer! Ich hoffe nur, dass Sie bei schlechtem Wetter genau so gelassen bleiben!«

»Clarissa hat die Yukon Trophy und das Dog Derby

gewonnen«, ließ sich Mike vernehmen, »die bringt so schnell nichts aus der Ruhe! Sie ist die beste Fliegerin, die ich jemals gesehen habe!«

Der Prüfer blickte ihn schmunzelnd an. »Du bist wohl ein großer Bewunderer der Lady! Aber du hast Recht, sie ist wirklich sehr gut! Hab ich dich nicht schon mal in Anchorage gesehen?«

»Kann sein«, antwortete Mike verlegen. »Ich hab meine Flugprüfung in Anchorage gemacht. Bei einem Ihrer Kollegen, ich glaube, er hieß Wagner oder so ähnlich. Den kommerziellen Schein.«

»Joe Wagner. Ein guter Mann!« Der Prüfer verabschiedete sich und stieg in die neue *Cessna*, die ihn nach Fairbanks gebracht hatte. Sein Pilot startete die Maschine und hob ab. Er wackelte mit den Tragflächen, als er über Weeks Field nach Süden flog.

Erst jetzt löste sich die Spannung von Clarissa. Sie nahm die Glückwünsche von Willie Jones und Mike entgegen und umarmte den alten Harry Cheek, der aus seiner Bretterhütte gelaufen kam und außer sich vor Freude war. Mike berührte sie sanft an den Armen und küsste sie auf die Wange, eine Geste, die sie für einen Augenblick aus dem Gleichgewicht brachte.

»Das müssen wir feiern!«, rief Mike in seinem jugendlichen Überschwang. »Wie wär's, wenn wir alle in den Nugget gehen und ordentlich einen draufmachen?« Er strahlte über das ganze Gesicht. »Die Jungs wollen dich sicher hochleben lassen! Wir köpfen eine Flasche Champagner und feiern bis heute Abend!«

»Ich glaube, ich muss mich zuerst um die Presse kümmern«, meinte Clarissa mit einem Blick auf Ross Clayton, der gerade aus seinem Chevy stieg und über das Flugfeld gelaufen kam. Bei ihm war ein Fotograf, der über-

trieben um seine Kamera besorgt war und sie mit seinem dicken Mantel vor der Kälte schützte. »Geht schon mal vor! Ich komme später nach! Sobald ich diesen Herrn verarztet und bei meinem Mann gewesen bin!«
»Sie haben es tatsächlich geschafft«, sagte der Reporter, als er schwer atmend bei ihr ankam. »Meinen Glückwunsch, Ma'am! Sie haben doch nichts gegen ein kleines Foto einzuwenden?«
»Wie könnte ich dem *News-Miner* jemals eine Bitte abschlagen«, antwortete sie fröhlich. »Aber machen Sie keine Superheldin aus mir! Sonst lande ich noch in einem dieser Comicbooks!«
Der Fotograf lichtete sie vor der *Fairchild* ab, die Mike bereits am Boden festgezurrt hatte, und Ross Clayton stellte ein paar schnelle Fragen, um möglichst rasch aus der Kälte zu kommen. Wie war die Prüfung? Wie viele Flugstunden haben Sie? Was ist das für ein Gefühl, den Flugschein zu besitzen? Wollen Sie auch die kommerzielle Prüfung ablegen? Wie lange wird das dauern? Wollen Sie als Buschpilotin arbeiten und die Firma Ihres Mannes übernehmen? Wie geht es ihm? Macht er denn Fortschritte?
Auf einige dieser Fragen wusste Clarissa selbst keine Antwort. »Ich fühl mich großartig«, verriet sie dem Reporter, »und natürlich freue ich mich auf die Gesichter der Jungs. Die hätten bestimmt nicht erwartet, dass ich den Schein im ersten Anlauf bekomme!« Natürlich wolle sie die kommerzielle Prüfung ablegen, aber dazu müsse sie zweihundert Flugstunden sammeln. Eine Zahl, die sie erschreckte. Drei Monate würde sie dafür brauchen, wenn sie jeden Tag flog, vielleicht sogar ein halbes Jahr. Und dann war noch eine Prüfung notwendig, bevor sie Passagiere und Fracht befördern durfte. Mit welchem

Flugzeug sie diese Flugstunden sammeln würde, und woher sie eine Maschine bekommen sollte, wenn sie die zweite Prüfung bestanden hatte, diese Gedanken hatte sie bisher verdrängt. Die Bank würde ihr einen Kredit geben müssen, überlegte sie, jeder Unternehmer, der eine neue Firma gründete, brauchte einen Kredit. Helen Cassano hatte versprochen, ihr zu helfen, und ihr Mann leitete die Bank.
Aber darüber sprach sie nicht mit Ross Clayton. »Warten Sie!«, hielt sie den Reporter zurück, als er in seinen Wagen steigen wollte. Er fror erbärmlich und ließ sich nur widerwillig länger auf sie ein. »Sie könnten mir einen großen Gefallen tun, Mr. Clayton! Ich möchte ein Spendenkonto für das Krankenhaus eröffnen. Dr. Alex Morgan braucht dringend Geld für seine Forschungen! Er studiert die Krankheit meines Mannes. Wäre das nicht einen Artikel wert?«
Ross Clayton grinste hinterhältig. Er erkannte sofort, dass sie ihm einen Gefallen schulden würde, wenn er auf ihre Forderung einging. »Natürlich«, antwortete er, »rufen Sie mich an, sobald Sie die Kontonummer haben!« Er stieg in seinen Wagen und kurbelte das Fenster herunter. »Und versprechen Sie mir, dass ich einen Exklusivbericht nach dem nächsten Dog Derby bekomme!«
»Versprochen«, ging sie auf den Handel ein.
Clarissa wartete, bis der Reporter weggefahren war, und kehrte zu ihrem Schlitten zurück. Sie wechselte ein paar Worte mit Harry Cheek, der in der offenen Tür stand und sie zu einem Kaffee überreden wollte, und lud ihn ein, nach seiner Schicht in den Nugget zu kommen. Sie hatte keine große Lust auf eine feucht-fröhliche Party im Saloon, wusste aber, dass es keine Möglichkeit gab, sich vor der Feier zu drücken. Wer seine Flugprüfung be-

standen hatte, musste den anderen Piloten einen ausgeben. So war es Tradition in Fairbanks. Sie mochte die verrauchte Kneipe nicht und wäre lieber mit ihren Hunden in die Wälder gefahren. »Ich sehe dich später«, rief sie dem Airport Manager zu.
Dusty bellte laut, als Clarissa ihre Fliegerkappe mit der gefütterten Mütze vertauschte. »Na, was sagst du jetzt?«, begrüßte sie den Leithund. »Das war gar nicht übel, was? Wir können von Glück sagen, dass heute kein Nebel war! Wie sieht's aus, Blondie? He, Scotty! Blue! Was ist los, Grumpy? Lässt Snowball dich heute in Ruhe? Mach mir bloß keinen Ärger!« Sie zog den Anker aus dem Schnee und lenkte den Schlitten über das Flugfeld. »Go, Dusty! Zum Krankenhaus! Ich möchte mit Frank anstoßen!«
Es gab keinen Champagner im Krankenhaus, nicht mal Wein oder Bier. Mit gewöhnlichem Wasser feierte Clarissa ihren Erfolg. Sie saß bei ihrem Mann auf dem Bettrand, erhob das Glas und nahm einen kleinen Schluck. Nachdem sie das Glas auf der Ablage über dem Waschbecken abgestellt hatte, küsste sie Frank auf den Mund. »Jetzt bekommst du Konkurrenz!«, meinte sie fröhlich. »Pass bloß auf, dass ich dir nicht die Schau stehle!«
Clarissa blieb eine Stunde und erzählte ihrem Mann, wie die Prüfung verlaufen war. Sie ließ keine Einzelheit aus. Er ließ nicht erkennen, ob er sie verstand, und starrte ins Leere, als sie die Worte des Prüfers wiederholte. Schwester Ruth kam ins Zimmer und gratulierte ihr. Im Krankenhaus hatte sich bereits herumgesprochen, dass sie die Prüfung bestanden hatte. Dr. Morgan war nicht in der Klinik. »So, und jetzt muss ich rüber in den Nugget«, sagte Clarissa, »deinen Freunden eine Runde spendieren! Keine Angst, ich halte mich zurück! Du weißt

doch, dass ich kaum Alkohol trinke. Ich wollte, die kleine Party wäre schon vorüber!«
Im Nugget wurde bereits kräftig gefeiert. Noel Tuska stand auf einem Tisch und reckte sein Bierglas, als sie den Saloon betrat. »Da kommt Clarissa!«, rief er in den Lärm. »Ein dreifach Hoch auf unsere neue Kollegin! Sie lebe hoch, hoch, hoch!« Die anderen Männer fielen ein und umringten die Pilotin, um ihr die Hände zu schütteln. Noel Tuska sprang vom Tisch. »Wir haben schon auf dich gewartet, Clarissa!«, meinte er ausgelassen. »Wir sind alle sehr stolz auf dich!« Willie Jones hatte Coca-Cola in seinem Glas. »War der alte Willie doch noch zu was nütze!« Richard Harmon beglückwünschte sie auf seine zurückhaltende Art: »Das hast du gut gemacht!« Sid Baxter war in der Luft. Mike Sheldon hatte bereits zwei Bier getrunken und umarmte Clarissa wie ein verlorener Sohn. »Du bist wunderbar, Clarissa!«, flüsterte er. Die anderen Männer lachten. »He, he, schaut euch den Kleinen an!«, machte Noel Tuska sich über den Jungen lustig. »Du gehst ja ganz schön ran! Lass die Lady erst mal durchschnaufen, bevor du ihr die Mütze vom Kopf reißt!« Er befreite Clarissa von dem aufdringlichen Jungen und stieß ihn lachend auf seinen Stuhl zurück. »He, Wesley!«, rief er dem Wirt zu. »Jetzt kannst du den Champagner bringen! Und zwei Flaschen Coca-Cola für Willie und den Jungen! Wir wollen auf unsere neue Pilotin anstoßen!«
Es wurde ein feucht-fröhlicher Nachmittag. Clarissa saß mitten zwischen den ausgelassenen Buschfliegern und musste immer wieder mit ihnen anstoßen. Sie mochte die Männer, kannte die meisten seit vielen Jahren und nahm es ihnen nicht übel, dass sie sich in ihrer Gegenwart einer ungehobelten Sprache bedienten. Auch bei

den Mushern wurde ein rauer Umgangston gepflegt, und wenn es sein musste, konnte sie auch selber wie Maultiertreiber fluchen. Ansonsten benahmen sich die Piloten wie echte Gentlemen. Sie kamen ihr nicht zu nahe und erlaubten sich keine Anzüglichkeiten. Noel Tuska hatte dafür gesorgt, dass Mike nicht neben Clarissa zu sitzen kam, und obwohl er ständig versuchte, sich neben sie zu zwängen, war sie vor ihm sicher.
Der Lärm und der dichte Rauch machten ihr zu schaffen. Sie war die frische Luft der Berge gewohnt und hielt es nicht lange in einem geschlossenen Raum aus. Nach einer Stunde stand sie auf und verabschiedete sich. »Hals- und Beinbruch!«, wünschte ihr Noel Tuska. »Und sag deinem Mann, dass wir ihn nicht vergessen haben!« Obwohl er dem Alkohol kräftig zugesprochen hatte, waren seine Gedanken und seine Sprache erstaunlich klar. Ganz im Gegensatz zu Mike Sheldon, der seinen Frust mit Bier ertränkt hatte und es irgendwie schaffte, ihr ungesehen nach draußen zu folgen. Er blieb schwankend auf dem Gehsteig stehen und rief: »Clarissa! Warte! Ich bring dich nach Hause!«
Sie blieb stehen und hatte plötzlich Mitleid mit ihm. »Mike!«, sagte sie sanft. »Du bist betrunken! Ich komme schon allein zurecht! Tu mir einen Gefallen und geh nach Hause! Schlaf dich aus!«
»Wir wollten doch zusammen feiern!«, widersprach er. »Komm, wir gehen noch irgendwo anders hin und feiern ein bisschen!«
»Du hast genug gefeiert, Mike! Geh jetzt!«
Er ging murrend davon und verschwand in der schmalen Gasse neben dem Palace Hotel. Sie stieg nachdenklich auf ihren Schlitten. »Da haben wir uns was Schönes eingebrockt!«, sagte sie zu den Hunden. Sie machte sich

schwere Vorwürfe. Sie hätte den Kuss des Jungen niemals erwidern dürfen! Jetzt hatte er sich in sie verliebt, und sie musste ihm weh tun, wenn sie sich seiner erwehren wollte. »Sobald er nüchtern ist, sage ich ihm die Wahrheit!«, entschloss sie sich. Der Kuss war ein Fehler gewesen. Sie war einsam und hatte sich für einen Augenblick vergessen. Er war ein netter Junge mit einem einnehmenden Wesen und hatte ihr den Kopf verdreht. Ihr lief jetzt noch ein angenehmer Schauer über den Rücken, wenn sie an seine Berührung dachte.
Sie schloss die Augen und erinnerte sich an seinen Kuss. Zärtlich und warm und voller Gefühl. Zum Teufel, sollte sie ihm das sagen? Sie trieb wütend die Hunde an und jagte das Gespann über die verschneite Cushman Street. Auf der Brücke geriet der Schlitten ins Schlingern, und sie schaffte es nur mühsam, ihn sicher auf die andere Seite zu bringen. In ihrem Kopf wirbelten die Gedanken durcheinander. Der Kuss des jungen Mannes schien sich tief in ihre Seele gebrannt zu haben. Sie schüttelte sich, als könnte sie damit die Erinnerung abstreifen, und lenkte den Schlitten hinter ihr Blockhaus. »Whoa! Whoa!«, rief sie den Hunden zu. Sie hielten an und blieben bellend stehen.
Wütend sprang sie vom Trittbrett. Sie versorgte die Huskys und ging ins Haus. Sie schenkte sich ein Glas Milch ein und holte den *News-Miner* von der Veranda. Die Deutschen waren nach Russland einmarschiert und bis nach Moskau vorgedrungen. Auf dem Atlantik lieferte sich die *Bismarck* heiße Gefechte mit der britischen Flotte. Sie trank von der Milch und kraulte Dusty, der es sich neben ihrem Lieblingssessel bequem gemacht hatte. »Hoffentlich kommt dieser Krieg nie zu uns!«, seufzte sie. Der Hund winselte leise. Sie schlug den Sportteil auf und fand einen kurzen Bericht über das Eishockeyspiel,

das sie gesehen hatten.»Unter den 200 Zuschauern war auch Mrs. Clarissa Watson, die bekannte Musherin und Siegerin des letzten Dog Derbys. Die Polar Bears unterstützen die Schlittenführerin mit Hundefutter.«
Sie ließ die Zeitung sinken und starrte auf das Foto ihres ersten Mannes, das gerahmt auf einer Kommode stand. Frank hatte sogar darauf bestanden, dass sie es aufstellte. »He, Jack! Was sagst du dazu?«, fragte sie erschöpft. »Hättest du gedacht, dass ich zu so was fähig bin?« Sie legte die Zeitung auf den Tisch und stand auf. Die Stille im Haus bedrückte sie. Jetzt sehnte sie sich plötzlich nach dem lauten Nugget. Das Geplapper der Männer hätte sie abgelenkt und auf andere Gedanken gebracht. Aber zurück in die Stadt wollte sie nicht. Sie trat ans Fenster und blickte zum Wald hinüber. Ob die Wölfe immer noch in der Nähe waren? Ob Nanuk tatsächlich lebte? Die Bäume ragten schweigend aus dem leuchtenden Schnee empor und gaben nichts von dem preis, was sich hinter ihren dunklen Ästen verbarg.
Sie schloss die Läden und wusch sich. Ohne etwas zu essen ging sie ins Bett. Ihre überschwängliche Freude über die bestandene Prüfung war einem bedrückenden Gefühl gewichen, das ihren Körper wie eine Klammer umspannte. Die zärtliche Begegnung mit dem Jungen machte ihr mehr zu schaffen, als sie sich eingestehen wollte. Sie nahm ein Buch aus dem Regal und schleuderte es wütend auf das Bett.»Morgen sage ich ihm, dass es keinen Zweck hat, einer verheirateten Frau nachzulaufen!«, rief sie so laut, dass Dusty zusammenzuckte. »Hast du gehört, Dusty? Ich sage ihm, dass Schluss ist!« Dusty ließ ein leises Jaulen vernehmen und zog sich hinter den Sessel zurück. Wenig später war sein Schnarchen zu hören.

16

Um sieben Uhr früh klingelte das Telefon. Das durchdringende Geräusch erfüllte das ganze Haus und ließ sogar Dusty zusammenzucken. Noch bevor Clarissa aus dem Bett gestiegen und den Hörer abgenommen hatte, wusste sie, wer am anderen Ende der Leitung war. Sie brummte ein verschlafenes »Hallo?«
»Hallo, Clarissa! Hier ist Mike!«, meldete sich die vertraute Stimme des Jungen. Er klang ziemlich kleinlaut. »Entschuldige, dass ich so früh anrufe, aber ich dachte mir, du stehst früh auf und hast nichts dagegen, wenn … Ich hab's einfach nicht mehr ausgehalten. Ich wollte mich für gestern entschuldigen! Ich hab mich ziemlich danebenbenommen, was? Ich glaube, ich hatte ein Bier zu viel. Ich bin das Zeug nicht gewöhnt. Verzeihst du mir?«
Die unbeholfene und viel zu hastig vorgetragene Entschuldigung vertrieb allen Ärger. »Nicht der Rede wert, Mike! Die anderen Flieger hatten auch ganz schön getankt!« Sie strich einige Haare aus ihrem Gesicht. »Bist du gut nach Hause gekommen?«
Er lachte befreit. »Meine Mutter ist aufgewacht und hat mir ordentlich den Marsch geblasen! Sie glaubt immer noch, dass ich ein kleiner Junge bin! Ich musste ihr versprechen, nichts mehr zu trinken. Sonst endest du wie Willie Jones, behauptet sie. Ich hab ihr gesagt, dass Willie längst wieder trocken ist und nur noch Kaffee und Coca-Cola trinkt. Der hält nicht durch, sagt sie.«
»Ich hoffe für Willie, dass sie sich irrt«, erwiderte Clarissa. »Piloten sollten überhaupt nichts trinken! Die Feier gestern war eine Ausnahme, oder hast du schon mal gesehen, dass Noel Tuska oder Richard Harmon ein Glas

anrühren, wenn sie im Dienst sind? Die trinken viel Kaffee und Tee, damit sie munter bleiben!«
»Ich weiß! Ich rühr das Zeug gar nicht mehr an! Bier schmeckt mir sowieso nicht. Die Milchshakes im Drugstore sind viel besser! Hast du schon mal die Schokomilch probiert? Einfach irre! Belinda macht sie mit Streuseln und einer Kirsche obendrauf!«
Gerührt von seiner Begeisterung schloss sie die Augen und stellte sich sein verträumtes Lächeln vor. Die plötzliche Stille machte ihr nichts aus. Sie spürte Dustys warmes Fell an ihren Beinen und streichelte ihn liebevoll, ohne ihn anzusehen. Er antwortete mit einem leisen Winseln.
»Ich muss dich unbedingt sehen«, sagte Mike nach einer Weile. »Nein, nein, nicht so, wie du denkst! Geschäftlich! Ich hab da eine tolle Idee! Wenn Willie mitspielt, könnte eine große Sache daraus werden!« Er schwieg eine Weile, und als sie nicht antwortete, fügte er hinzu: »Ich bin nüchtern, Clarissa! Ich hab einen Kaffee getrunken, weiter nichts, und rühre die nächsten zehn Jahre kein Bier mehr an! Du brauchst keine Angst vor mir zu haben!«
Sie lachte. »Ich hab keine Angst vor dir, Mike. Aber ich bin verheiratet, und die Leute würden sich das Maul zerreißen, wenn sie uns zusammen in einem Lokal sehen würden! Außerdem …«
»Wir treffen uns bei Willie«, unterbrach er sie rasch, »so um zehn. Um die Zeit ist er bestimmt auf. Sobald du aufgelegt hast, rufe ich ihn an! Sag nicht nein, Clarissa! Du wirst begeistert sein von meiner Idee, und wenn Willie einverstanden ist, kann es noch heute losgehen! Du brauchst Flugstunden, wenn du den kommerziellen Schein machen willst! Kommst du? Um zehn …«

»Also gut, um zehn«, willigte sie seufzend ein. Der Junge hatte sie neugierig gemacht, und wenn sie ehrlich war, freute sie sich sogar darauf, ihn zu treffen. »Aber es kann ein paar Minuten später werden. Ich muss vorher noch zur Bank und eine Runde mit den Hunden drehen. Sagen wir gleich um elf, einverstanden?«
»Um elf bei Willie«, bestätigte er so erfreut, als hätte sie ein Rendezvous zugesagt. Seine Erleichterung war durch das Telefon zu spüren. »Sorry, dass ich dich so früh angerufen habe …«
»Nicht der Rede wert, Mike. Bis später.«
Sie legte den Hörer auf und blickte nachdenklich auf Dusty hinab. Sein Knurren erinnerte sie daran, dass sie die Huskys noch nicht gefüttert hatte. Sie schlüpfte rasch in ihre Winterkleidung und trug das Hundefutter nach draußen. Snowball zerrte bereits ungeduldig an seiner Kette. Sie hielt ihr Gesicht in den frischen Wind, um wieder klare Gedanken fassen zu können, und tröstete den zerzausten Grumpy, der sich schon am frühen Morgen das wütende Gebell von Snowball anhören musste. »Du kriegst heute etwas weniger«, sagte sie zu Pete. Der Husky mit dem hellen Fell hatte schon wieder Fett angesetzt und schien mehr Bewegung als die anderen Hunde zu brauchen. Bei einem Rennen konnte ein träger Geselle wie er das ganze Team aufhalten.
Nachdem alle Hunde versorgt waren, kehrte sie ins Haus zurück. Sie nahm eine heiße Dusche, zog sich an und gönnte sich zwei Eier mit Speck zum Frühstück. Mit einem Blick in die Zeitung versuchte sie sich abzulenken. Sie entdeckte den Artikel, den Ross Clayton über sie geschrieben hatte, und musste über das Foto schmunzeln, das sie vor der *Fairchild* zeigte. Wie Amelia Earhart vor ihrem Flug über den Pazifik, dachte sie. Verwegen

und unerschrocken. »Clarissa Watson erobert den Himmel über Alaska« lautete die Überschrift. Es folgte ein längerer Artikel, der sie als draufgängerische Fliegerin darstellte und betonte, dass sie besser als die meisten männlichen Piloten abgeschnitten hatte.

Sie blickte auf die Uhr und legte die Zeitung zur Seite. Mit gemischten Gefühlen griff sie nach dem Telefonhörer. Sie rief die Bank an und ließ sich mit dem Bankdirektor verbinden. »Ich würde gern um zehn bei Ihnen vorbeikommen«, schlug sie vor, nachdem sie einige belanglose Worte mit Mr. Cassano gewechselt hatte. Der Italiener gratulierte ihr zur bestandenen Flugprüfung und antwortete: »Für Sie hab ich immer Zeit, Mrs. Watson, das wissen Sie doch! Ich wollte sowieso mit Ihnen sprechen.«

Auf dem Weg in die Stadt versuchte Clarissa, das bevorstehende Gespräch mit dem Bankdirektor herunterzuspielen. Sie brauchte einen kleinen Kredit, um ein gebrauchtes Flugzeug anzahlen zu können, keine große Sache für einen Mann wie Mario Cassano! Er handelte mit viel höheren Summen! Sobald sie den kommerziellen Flugschein hatte, würde sie das Geld in monatlichen Raten zurückzahlen. Und doch hatte sie das Gespräch immer wieder hinausgeschoben, obwohl sie wusste, dass sie noch zweihundert Flugstunden brauchte und die zweite Prüfung bestehen musste, bevor sie als Pilotin etwas verdienen konnte.

Vor der Bank lief sie der Frau des Bankdirektors in die Arme. Helen Cassano trug ihren Nerzmantel und eine modische Pelzmütze, die bis weit über ihre Ohren reichte. Ihre Stiefel waren mit Hermelinstreifen besetzt. »Clarissa! Mein Gott, wir haben uns ja eine Ewigkeit nicht mehr gesehen!«, rief sie übertrieben freundlich.

Sie hütete sich, den Hunden zu nahe zu kommen. »Wie geht es deinem Mann? Ich hab gehört, er macht Fortschritte! Du musst mich unbedingt mal besuchen, Clarissa! Ist das nicht eine fürchterliche Kälte heute Morgen? Also, manchmal sehne ich mich nach Kalifornien zurück, da scheint jeden Tag die Sonne! Du willst zu meinem Mann, nicht wahr? Er wartet schon auf dich!« Sie warf einen misstrauischen Blick auf Snowball, der sie nicht zu mögen schien und leise knurrte. »Tut mir Leid, Clarissa, aber ich muss gleich weiter! Ruf mich an, ja?«

Clarissa blickte ihr kopfschüttelnd nach und betrat die Bank. Mario Cassano stand in der offenen Tür seines Büros und blickte ihr erwartungsvoll entgegen. Er stützte sich auf den schwarzen Spazierstock mit dem Elfenbeinknauf. »Ah, da sind Sie ja, Mrs. Watson! Kommen Sie! Darf ich Ihnen einen Kaffee anbieten?«

»Nein, danke«, erwiderte sie nervös. Sie ging an dem Bankdirektor vorbei in das geräumige Büro und wartete, bis er sie aufforderte, sich auf einen der bequemen Ledersessel zu setzen. »Ich möchte nicht gestört werden!«, rief Cassano einer Sekretärin zu, bevor er die Tür schloss und hinter seinen Schreibtisch ging. Er trug einen dunklen Anzug und duftete nach Rasierwasser. Während er sich setzte, griff er nach einer Zigarre und knipste die Spitze ab. »Wenn Sie erlauben?«, fragte er höflich. Er nahm ein langes Streichholz aus einem Behälter und zündete sie an.

Nach einigen Zügen lächelte er. »Tja, Mrs. Watson, ich wollte Sie sowieso um eine kleine Unterredung bitten. Nichts Wichtiges, nur eine Formalität, damit wir wissen, woran wir sind.« Er blätterte in einigen Papieren. »Wie ich sehe, haben Sie einen beträchtlichen Betrag von

ihrem Konto abgehoben. Ich nehme an, Sie brauchten das Geld für die Flugstunden, hab ich Recht?«
»Ja, Mr. Cassano. Die Ausbildung ist ziemlich teuer.«
»Ich verstehe, ich verstehe.« Sein Akzent war an diesem Morgen sehr hart. »Und jetzt haben Sie noch 423 Dollar und 42 Cents auf Ihrem Konto.« Er blickte von den Papieren auf. »Darf ich mir die Frage erlauben, ob Sie ein regelmäßiges Einkommen haben?«
»Darum bin ich hier, Mr. Cassano«, ergriff sie die Gelegenheit. »Wie Sie wissen, will ich Buschpilotin werden. Ich bin eine gute Fliegerin, das hat mir der Prüfer ausdrücklich bestätigt. Ich habe die Prüfung mit Auszeichnung bestanden. Aber um Passagiere und Fracht befördern zu können, brauche ich eine kommerzielle Lizenz, und die kann ich erst machen, wenn ich ungefähr zweihundert Flugstunden habe, also in ungefähr drei, vier Monaten.«
»Das leuchtet mir ein.«
Clarissa nahm ihren ganzen Mut zusammen. »Ich wollte Sie bitten, mir einen Kredit zu geben, Mr. Cassano. Keine große Summe! Ich möchte mir eine gebrauchte Maschine zulegen und brauche etwas Geld für Treibstoff und Reparaturen. Sobald ich den kommerziellen Flugschein habe, zahle ich das Geld zurück.«
»Hm«, machte der Bankdirektor. Er beugte sich wieder über die Papiere. »Wie stellen Sie sich das vor, Mrs. Watson? Sie haben kein regelmäßiges Einkommen, und wenn ich richtig informiert bin, geht es Ihrem Mann nicht besonders gut. Verstehen Sie mich nicht falsch! Menschlich berührt mich Ihr Problem durchaus, und ich würde mich freuen, wenn Ihr Mann bald wieder gesund würde! Aber ich muss als Bankdirektor alle persönlichen Gefühle ausschalten. Ich verwalte das Geld vieler Menschen.«

»Ich weiß, Mr. Cassano.«
»Haben Sie denn irgendwelche Sicherheiten?«
Sie überlegte angestrengt. »Unser Blockhaus?«
»Immobilien sind in Alaska kaum etwas wert«, erwiderte er. »Und darauf, dass Sie das nächste Dog Derby gewinnen und eine größere Summe bekommen, kann ich mich nicht einlassen.« Zum ersten Mal, seit er mit ihr sprach, wirkte sein Lächeln ehrlich. »Auch mit den Hunden kann eine Bank wenig anfangen …«
»Meine Huskys sind unverkäuflich«, sagte sie.
Sein Lächeln wurde falsch. »Tja, Mrs. Watson. Ich fürchte …« Er studierte eine Zahl in der Kontoübersicht. »Wer bezahlt eigentlich die Krankenhausrechnung? Vor einigen Wochen haben Sie eine Summe überwiesen. Gibt es keine neuen Forderungen?«
»Nein, Mr. Cassano.« Sie berichtete von dem Forschungsgeld, das Dr. Morgan in die Behandlung ihres Mannes investierte, und erklärte ihm, dass sie ein Spendenkonto für das Krankenhaus einrichten wollte. »Der *News-Miner* wird die Sache unterstützen!«
»Sehr schön, Mrs. Watson! Ich werde die Einrichtung des Kontos sofort veranlassen! Aber das hilft uns nicht bei unserem anderen Problem!« Er klappte ihre Akte zu. »Ich will Ihnen was sagen, Mrs. Watson! Ich werde mich noch einmal mit meinen Leuten zusammensetzen und Ihren Fall beraten! Am besten wäre es, wenn Sie uns ein regelmäßiges Einkommen vorweisen könnten. Und wenn es nur eine Aushilfstätigkeit ist! Sie könnten als Bedienung arbeiten oder in einem Kaufhaus aushelfen.« Er erhob sich und machte deutlich, dass das Gespräch beendet war. »Rufen Sie mich an, wenn Sie etwas haben, ja?« Er stützte sich mit einer Hand auf seinen Stock. »Hat mich gefreut, mit Ihnen zu

sprechen, Mrs. Watson! Grüßen Sie Ihren Gatten von mir!«
Clarissa bedankte sich und verließ sein Büro. Eine Angestellte rief sie an den Schalter und ließ sie den Antrag für das Spendenkonto unterschreiben. Benommen nahm sie den Durchschlag mit der Kontonummer entgegen. Sie trat auf die Straße und blieb wie erschlagen in der Kälte stehen. Geistesabwesend sah sie einigen Kindern zu, die sich mit Schneebällen bewarfen. »Dieser verdammte Mistkerl!«, fluchte sie leise. Sie war viel zu wütend, um zu weinen, und stapfte trotzig zu ihrem Schlitten. Dusty blickte sie fragend an. »Ich hab das Geld nicht bekommen«, erklärte sie ihm, »jetzt müssen wir uns was Neues ausdenken!«
Auf den Vorschlag, den Mike ihr unterbreiten wollte, gab sie nicht viel. Eine jugendliche Spinnerei, nahm sie an, nicht mehr! Er wollte sie an sich binden, um ständig in ihrer Nähe sein zu können. Sie hätte ihm schon am Telefon absagen sollen! In der festen Absicht, ihn noch einmal daran zu erinnern, dass sie verheiratet war und kein Interesse daran haben konnte, eine Affäre mit einem Mann anzufangen, fuhr sie die Cushmann Street hinunter. Was fiel dem Jungen überhaupt ein? Hielt er sich für etwas Besonderes? Wie kam er dazu, frühmorgens bei ihr anzurufen und vertraut wie ein Liebhaber zu tun? Sie war wütend – auf den Bankdirektor, auf Mike Sheldon und auf sich selbst. Es war töricht gewesen, an eine Zukunft als Buschpilotin zu glauben. Und es war geradezu verrückt gewesen, den Kuss dieses jungen Mannes zu erwidern. Sie musste reinen Tisch machen!
Schleudernd kam sie vor dem Haus von Willie Jones zu stehen. Sie grüßte Belinda durch das Fenster des Drugstores und stieg die Treppe in den ersten Stock hinauf.

Die Tür stand offen. Sie ging zögernd in das Zimmer und starrte ungläubig auf den Piloten. Willie Jones lag vollkommen betrunken auf seinem Bett, so wie das letzte Mal, als sie in seiner Wohnung gewesen war, und röchelte vor sich hin. Sein rechter Arm hing auf den Boden.
Mike hockte auf dem Bettrand und hielt einen Brief in den Händen. Er hatte Tränen in den Augen. »Diese gemeine Schlange!«, stöhnte er. »Ausgerechnet jetzt muss sie ihm diesen Brief schicken! Er hätte es geschafft! Ohne seine blöde Ex hätte er es geschafft! Im Nugget hat er nur Coca-Cola getrunken! Wenn ich diesen Anwalt erwische, drehe ich ihm den Hals um!« Er stand auf und reichte Clarissa den Brief. »Sie will über tausend Dollar!« Sie überflog das Schreiben und schüttelte traurig den Kopf. »... fordere ich ausstehende Unterhaltszahlungen in der Höhe von 1.278 Dollar, zahlbar innerhalb der nächsten vier Wochen, anderweitig sehe ich mich leider gezwungen ...« Der in nüchterner Juristensprache abgefasste Brief ließ keinen Zweifel daran, dass es der Anwalt diesmal ernst meinte. »Er könnte die *Bellanca* verkaufen«, überlegte sie, »dann wäre er aus dem Schneider!«
»Daran habe ich auch schon gedacht«, erwiderte er erschöpft, »aber ich glaube nicht, dass er sich darauf einlässt. Dazu ist er viel zu stur! Lieber säuft er sich zu Tode!« Sie gab ihm den Brief zurück, und er legte ihn auf den Tisch. »Wenn er mich fliegen lassen würde, wäre es gar nicht so weit gekommen! Ich hätte genug Geld verdient! Aber ich bin ihm zu jung! Du bist noch grün hinter den Ohren, sagt er immer! Als ob ich ein kleiner Junge wäre!«
Sie ging an Mike vorbei und blieb neben dem Bett stehen. Willie Jones machte einen erbärmlichen Eindruck.

Sie fragte sich, wie er es fertig brachte, sich innerhalb weniger Stunden in einen Penner zu verwandeln. »Rede noch mal mit ihm«, sagte sie. »Vielleicht lässt er sich ja doch darauf ein. Sag ihm, dass er die *Bellanca* verkaufen soll! Mit dem Geld kann er seine Ex-Frau auszahlen. Du bist ein guter Pilot und bringst seine Firma bestimmt wieder in die schwarzen Zahlen! Und wer weiß, vielleicht bleibt er ja nüchtern, wenn seine Ex-Frau endlich ihr Geld hat!«

Mike war plötzlich wie verwandelt. »Ich hab eine viel bessere Idee! Das wollte ich dir sowieso sagen! Wie wär's, wenn wir zusammen für Willie fliegen? Wir schmeißen den Laden für ihn, er lässt dich die zweihundert Stunden fliegen und zahlt den Sprit, und wir geben ihm die Hälfte von unserem Verdienst ab! Solange du den kommerziellen Schein noch nicht hast, könntest du Kunden anwerben und die Büroarbeit übernehmen! Wir bringen die Firma wieder in Schwung, da bin ich ganz sicher! Wenn Willie aufwacht, spreche ich ihn gleich darauf an! Was meinst du?«

Sie blickte ihn an und wusste nicht, was sie sagen sollte. Die Idee war nicht schlecht, und nicht einmal Frank könnte etwas dagegen haben, wenn sie in die Firma einstieg und mit Mike zusammenarbeitete. Er war ein erstklassiger Pilot und Mechaniker. Und vielleicht war Willie Jones ja bald wieder gesund! »Ich weiß nicht, Mike, das muss ich mir erst mal überlegen.« Sie deutete auf den schnarchenden Piloten. »Und ich zweifle auch daran, dass er sich darauf einlässt! Solange er sich betrinkt, gibt uns bestimmt niemand einen Auftrag. Ich überleg's mir, Mike, okay?«

Er ließ sich seine Laune durch Clarissas Einwände nicht verderben. »Ich spreche mit ihm! Sobald er wieder klar denken kann! Er muss einfach ja sagen!« Mike war so begeistert von seiner Idee, dass er gar keine Zweifel zuließ. »Das müssen wir feiern, Clarissa! Wie wär's mit einer Cola?«

»Nein, danke«, erwiderte sie, »ich muss ins Krankenhaus, und dann will ich mit den Hunden los. Lass uns in ein paar Tagen noch mal darüber reden.« Sie warf einen letzten Blick auf den betrunkenen Piloten und wandte sich zur Tür. »Ich muss jetzt gehen, Mike. Melde dich!« Sie verließ das Zimmer und stieg die Treppe hinunter. Die frische Luft war wie eine Befreiung für sie. Ohne sich umzudrehen oder Belinda zu grüßen, fuhr sie davon.

17

Am nächsten Tag hielt Clarissa vor dem Krankenhaus. Noel Tuska und Richard Harmon standen vor dem Eingang und unterhielten sich aufgeregt. Durch ein Fenster sah sie, wie eine Schwester nervös auf einen Arzt einredete. »Was ist denn los?«, fragte sie die beiden Piloten. Sie drückte den Anker in den Schnee und sprang vom Schlitten. »Ist was mit Frank?«

»Harry war gerade hier«, antwortete Noel Tuska. Er trug eine Wolljacke und eine Schiebermütze mit Ohrenklappen. »Sid hat sich über Funk gemeldet. Er sagt, dass sich ein Wolfsrudel in der Nähe von Fairbanks rumtreibt.« Richard Harmon nickte ernst. »Sie sind nur noch ein paar Meilen von der Stadt entfernt! Und es sieht ganz so aus, als hätten sie es auf uns abgesehen! Wie Soldaten, die eine feindliche Stellung angreifen! Klingt verrückt, was? Aber er ist drei Mal über die Biester geflogen und behauptet, dass sie immer näher kommen! Und er ist stocknüchtern!«

Clarissa dachte an die Wölfe, die sei am Ufer des Chena Rivers gesehen hatte, und erschauderte. »Sid ist ein Angeber«, versuchte sie, die Sache leichtfertig abzutun, »der hat sich bestimmt was ausgedacht, damit der *NewsMiner* einen Artikel über ihn bringt! Er kann nicht ertragen, dass mein Bild in der Zeitung war!« Sie winkte spöttisch ab. »Ihr werdet sehen, sobald er gelandet ist, behauptet er, dass er die Wölfe eigenhändig vertrieben hat!«

Noel Tuska schüttelte den Kopf. »Die Geschichte ist wahr, Clarissa! Ich weiß, dass du sauer auf Sid bist, weil er Frank die Jobs weggenommen hat. Wir können ihn alle nicht besonders leiden! Aber diesmal hat er Recht! Ein Trapper will sie auch gesehen haben! Er kam heute Morgen in die Stadt und faselte was von einem Rudel, das wie ein Stoßtrupp durch den Wald läuft!«

»Ein Stoßtrupp?« Clarissa blickte den Flieger ungläubig an. »Das glaube ich nicht! Oder habt ihr schon mal von Wölfen gehört, die eine Stadt angreifen? Mag sein, dass sie Hunger haben und deswegen aus den Bergen kommen. Vor ein paar Jahren, als es weniger Elche gab, waren sie schon mal hier. Aber ein richtiger Angriff? Das glaubt ihr doch selber nicht! Sid will uns bestimmt einen Bären aufbinden! Wölfe sind scheue Biester!«

»Das wissen wir auch«, meinte Noel Tuska, »aber ich hab trotzdem ein ungutes Gefühl! Also, wenn ihr mich fragt, ich gehe jetzt nach Hause und hole meine Knarre! Wenn ihr schlau seid, tut ihr dasselbe!« Er deutete auf einige Polizisten, die mit Gewehren die Straße überquerten. »Sieht verdammt ernst aus, die Sache!«

»Pass auf dich auf, Clarissa!«, warnte Richard Harmon, bevor er mit Noel Tuska zur Cushman Street ging. »Bleib bei Frank im Krankenhaus! Da erwischen dich die Wölfe bestimmt nicht!«

»Bis später, Richard! Noel!« Sie blieb nachdenklich stehen und sah den Piloten nach. Statt ihrem Rat zu folgen, wendete sie ihren Schlitten. Unter den neugierigen Blicken einer Schwester, die nahe am Eingang stand, fuhr sie in Richtung Norden davon.

Sie glaubte sehr wohl, dass Wölfe eine Stadt angreifen konnten. Seitdem Nanuk sie vor zehn Jahren gerettet hatte, traute sie den Bestien einiges zu. Auch wenn das Tier aus der indianischen Legende nur ein Wolfshund war. Wenn er noch lebte und sich einem Wolfsrudel angeschlossen hatte, war vieles möglich. Sie war nicht abergläubisch und glaubte nicht an den Hexenzauber der Wunderdoktoren, die während des Winter Carnivals in der Stadt waren, aber sie hatte selbst erlebt, welche Fähigkeit ein Wolfshund entwickeln konnte. Seit Frank im Krankenhaus lag, heulten sie. Und seit sie Mike geküsst hatte, rückten sie ihr gefährlich nahe auf den Pelz. Oder bildete sie sich das nur ein?

Sie lenkte den Schlitten über die Brücke und fuhr über einen Indianertrail in die Wildnis hinein. Der Busch, wie man die unwegsame Gegend abseits der menschlichen Siedlungen nannte, begann wenige hundert Meter hinter der Stadt. Sie hatte keine Angst vor den einsamen Bergen und Tälern, die bis zum Eismeer im Norden reichten. Dort war sie zu Hause. Im Winter fuhr sie beinahe jeden Tag mit ihrem Schlitten über die abgelegenen Trails und genoss die Einsamkeit des Nordens. Eine beinahe andächtige Stille, die tief in ihre Seele drang und ihren ganzen Körper auszufüllen schien. Im winterlichen Zwielicht, das die Wälder in geheimnisvolles Licht tauchte, und unter den bunten Schatten der Nordlichter lauschte sie dem heftigen Atem der Hunde, die sich nichts Schöneres vorstellen konnten, als ihre Kraft unter Beweis zu stellen. Sie hörte dem Knarren des Schlittens zu, wenn sie unterwegs waren, und sie kämpfte sich durch den Schnee, wenn sie abseits der Trails einen Weg suchten.

Wenige Meilen nördlich von Fairbanks verließ Clarissa den festgestampften Indianerpfad. Sie schnallte sich die Schneeschuhe an und stapfte vor den Hunden durch den knietiefen Schnee. Ihr Ziel war ein kegelförmiger Hügel, der eine halbe Meile vor ihr aus dem Wald ragte und ihr die beste Aussicht auf das Chatanika Valley bieten würde. Der Weg durch das Tal war der schnellste

Weg in die Stadt, wenn man von Norden aus der Wildnis kam. Dort mussten die Wölfe sein. Sie wollte sich selbst davon überzeugen, welche Absicht das Rudel verfolgte. Und sie wollte wissen, ob Nanuk bei den Wölfen war und ob sie es auf sie abgesehen hatten. Ein Gedanke, der Noel und Richard und jeden anderen Menschen, den sie kannte, zum Lachen gebracht hätte!

Unterhalb des Hügels verankerte sie den Schlitten fest im Schnee. Sie kraulte Dusty zwischen den Ohren und sagte: »Mach keinen Unsinn, Dusty, hörst du? Kann sein, dass wir gleich Besuch bekommen! Verhaltet euch ruhig, ja? Ich bin so schnell wie möglich wieder zurück!« Sie redete beruhigend auf die anderen Hunde ein und stieg den Hügel hinauf. Die Schneeschuhe gaben ihr sicheren Halt. Sie war es gewohnt, durch den Tiefschnee zu stapfen, und spürte die Anstrengung kaum. Oben angekommen, sog sie tief die frische Luft ein. Sie band ihre Mütze fester über die Ohren, um besser gegen den böigen Wind geschützt zu sein, und spähte in das weite Chatanika Valley hinab.

Wie oft hatte sie nachts auf diesem Hügel gestanden und das flackernde Nordlicht am Himmel bestaunt! Von diesem Punkt war es am besten zu sehen. Der heulende Wind verlieh ihr das Gefühl, an einem magischen Ort zu sein. Manche Indianer behaupteten, der Hügel sei ein heiliger Berg. Bevor die Weißen kamen, hätten die heiligen Männer auf dem Gipfel gefastet und mit den Geistern gesprochen. Clarissa sah keine Geister. Sie war allein mit dem Wind und der Bedrohung, die er aus dem Norden mitbrachte. Das schlechte Gewissen, sich mit dem jungen Mechaniker eingelassen zu haben, und die Angst vor den angriffslustigen Wölfen erzeugte ein lähmendes Gefühl, das die Erinnerung an die einsamen Nächte

in den Bergen heraufbeschwor. Auch damals hatte sie quälende Angst verspürt.
Sie brauchte kein Fernglas, um die Wölfe auf dem verschneiten Grund des Chatanika Valley zu erkennen. Sie bewegten sich auf die Stadt zu, einer hinter dem anderen, wie ein Stoßtrupp auf einer geheimen Mission. Zwölf ausgewachsene Tiere, die nichts mehr aufzuhalten schien. Der Leitwolf lief an fünfter Stelle. Sie erkannte ihn an dem aufgestellten Schwanz, ein Zeichen seiner Dominanz und Macht. Alle anderen Wölfe ließen den Schwanz hängen. Der Leitwolf überließ es einem untergebenen Tier, den Weg durch den tiefen Schnee zu ebnen. Clarissa versuchte, die Zeichnung des Leittieres zu erkennen, aber mehr als sein dunkler Umriss war in dem Zwielicht nicht zu erkennen. Er lief wie Nanuk und schien genauso kräftig und ausdauernd wie der Wolfshund zu sein, der sie in der Wildnis am Yukon gerettet hatte. Ohne ihn wären Frank und sie niemals nach Dawson gekommen.
Ihr Blick folgte den Wölfen bis zum Ende des Tals. Sie wollte bereits umkehren und zum Schlitten zurückkehren, als die Wölfe stehen blieben. Wie auf ein stummes Kommando, das aus dem dunklen Wald gekommen zu sein schien. Clarissa erschrak. Mit angehaltenem Atem beobachtete sie, wie der Leitwolf ein paar Schritte zur Seite lief und in ihre Richtung blickte. Seine leuchtenden Augen schienen den eisigen Dunst zu durchdringen. Er ließ ein unheilvolles Heulen ertönen, das als vielfaches Echo von den Felswänden widerhallte. »Nanuk!«, flüsterte sie entsetzt. »Bist du das, Nanuk? Was willst du von mir? Was habe ich getan?«
Die Wölfe liefen weiter, und sie stapfte zu ihrem Schlitten zurück. Die Hunde waren unruhig. »Keine Bange!«,

sagte sie, obwohl sie selbst vor Angst zitterte. »Die tun uns nichts!« Sie schnallte die Schneeschuhe ab, zog den Anker aus dem Schnee und trieb das Gespann mit einem leisen »Go! Go!« von dem Hügel weg. Über den Pfad, den sie mit ihren Schneeschuhen geebnet hatte, fuhr sie zu dem Indianertrail zurück. Sie musste vom Trittbrett springen und kräftig schieben, um wieder ebenes Gelände zu erreichen. »Go! Go! Zur Stadt!«, rief sie den Hunden zu.

Sie fuhr im Eiltempo nach Fairbanks zurück und war froh, als sie die ersten Häuser sah. Zwei Schüsse peitschten durch die Luft. Sie hörte ein lautes Jaulen, dann noch einen Schuss und die lauten Stimmen einiger Männer. Ihre Hunde brachen nach links aus und verhedderten sich in den Leinen. Sie sprang vom Trittbrett und befreite die Tiere. Ihr Blick ging zu der Ledertasche, in der ihr Revolver verstaut war. »Easy, Dusty!«, beruhigte sie den Leithund. Sie folgte den Stimmen und erreichte eine Seitenstraße, die ungefähr hundert Meter von der Universität entfernt bis zum Waldrand führte. Vor einem der bunten Holzhäuser, die norwegische Auswanderer vor einigen Jahren errichtet hatten, stand eine Menschentraube. Sie erkannte Noel Tuska, Richard Harmon und Sid Baxter, der mit wehendem Schal auf der Straße stand und eine rauchende Pistole hielt. »Es ist vorbei!«, beruhigte er die Leute wie ein Marshal im Wilden Westen, der einen Banditen erledigt hatte. »Wir haben sie vertrieben! Geht nach Hause!«

Clarissa ließ den Schlitten stehen und rannte über die Straße. Panische Angst griff nach ihr. Sie bahnte sich einen Weg durch die Menge, rief »Lasst mich durch! Lasst mich durch!« und kniete neben dem toten Wolf, der blutend im Schnee lag. Sie musterte ihn lange und

atmete erleichtert auf, als sie sah, dass er keine Ähnlichkeit mit Nanuk hatte. »Dem haben wir es ordentlich gegeben!«, hörte sie einen Mann sagen. »Also, wenn es nach mir ginge, würden wir die ganze Brut ausrotten! Das sind Killer, verdammte Killer!« Eine Frau rief: »Die Stadt sollte endlich was unternehmen! Diese Bestien sind eine Gefahr für unsere Kinder!«
Aus der Stadt kam ein Polizeiwagen, und zwei uniformierte Männer sprangen heraus. Sie trieben die Menschen auseinander. »Geht nach Hause, Leute!«, rief einer der Polizisten. »Das ist Sache der Polizei!« Er wandte sich an Sid Baxter, der immer noch seine Pistole hielt. »Haben Sie geschossen, Mr. Baxter?« Und als der Pilot nickte: »Wir brauchen Ihre Aussage für das Protokoll.«
Clarissa ging zu Noel Tuska und Richard Harmon und meinte: »Hab ich's nicht gesagt? Sid erledigt die Wölfe im Alleingang!«
Die Piloten grinsten. »Das war Zufall«, sagte Noel Tuska. Er hatte seinen Revolver hinter dem Gürtel stecken. »Sid war zufällig hier, als die Wölfe kamen. Wir waren da hinten.« Er deutete zur Straßenecke. »Die Biester rannten wie tollwütige Hunde über den Gehsteig, und er jagte dem ersten eine Kugel in den Kopf! Du kannst sagen, was du willst, aber Sid ist ein guter Schütze!«
»Und die anderen Wölfe?«, fragte sie neugierig.
»Drehten um und verschwanden«, antwortete der Pilot. Wieder verzog sich sein Mund zu einem breiten Grinsen. »Du hättest sie sehen sollen! Wie aufgeschreckte Karibus rannten sie davon!«
»Sie hatten Hunger, oder?«
»Kann schon sein. Warum sollten sie sonst in die Stadt kommen? Es sei denn, du hast die Biester auf Sid Baxter angesetzt!«

Clarissa war nicht nach Lachen zumute. »Meinetwegen sollen sie auf der ersten Seite über ihn berichten! Ich bin bestimmt nicht neidisch! Soll er doch die Post nach Chena Hot Springs fliegen! Ich kann die Jobs sowieso nicht alle machen!« Sie blickte sich suchend um. »Habt ihr Mike gesehen? Mike Sheldon?«
»Weder Mike noch Willie«, antwortete Noel Tuska. »Ich hab gehört, Willie hat wieder zur Flasche gegriffen! Ein Jammer mit ihm! Wenn er so weitermacht, landet er in der Gosse! Und alles wegen dieser Frau! Die soll sich bloß nicht mehr blicken lassen!«
»Willie wird wieder, ganz bestimmt!«, hoffte Clarissa.
Sie beobachtete, wie zwei Männer den toten Wolf wegbrachten, und stieg rasch auf ihren Schlitten. Die Hunde waren sehr unruhig. »Mach keinen Unsinn!«, rief sie Snowball zu. »Du brauchst keine Angst mehr zu haben, Pete! Dusty, bring uns nach Hause!«
Es war bereits dunkel, als sie hinter ihrem Blockhaus parkte. Sie kettete die Hunde an, gab ihnen was zu fressen und zu saufen, und ging ins Haus. Nachdem sie einige Holzscheite in den Ofen geworfen hatte, entledigte sie sich ihrer Winterkleidung und schlüpfte in eine Trainingshose und einen Pullover. Mit einem heißen Kaffee und einem Sandwich zog sie sich in ihren Lieblingssessel zurück. Sie griff nach der Zeitung und begann zu lesen.
Ein leises Fauchen ließ sie erstarren. Ihr erster Gedanke war Dusty, aber der war selbst erschrocken und starrte mit aufgestellten Ohren in die Dunkelheit. Sie ließ die Zeitung zu Boden fallen und blickte sich ängstlich um. Nur die Stehlampe neben ihrem Sessel brannte. Sie stand vorsichtig auf und ging langsam zur Tür. Das Fauchen wurde lauter, schien aus der Küche zu kommen. Sie verfluchte ihre Nachlässigkeit, weil sie versäumt hatte,

ihren Revolver ins Haus mitzunehmen, und überlegte, ob noch Patronen für das Gewehr in der Schublade waren. Die Waffe hing über der Kommode. Wenn wirklich ein Wolf im Haus war, würde sie es kaum schaffen, das Gewehr von der Wand zu reißen und nachzuladen, bevor die Bestie an ihrer Kehle hing.
Sie suchte nach einer anderen Waffe. Es war keine in Reichweite, nicht mal ein Knüppel oder ein Besen. Blieb nur die Flucht! Doch wer sagte ihr, dass die anderen Wölfe nicht vor der Tür warteten? Ihr fiel auf, dass die Hunde beängstigend ruhig waren. Auch Dusty gab keinen Laut von sich. Er war zu schwach, um sich mit einem hungrigen Wolf einzulassen. Sie schlich langsam durch die Dunkelheit. Wenn sie es schaffte, die Haustür zu öffnen und nach draußen zu laufen, gelang es ihr vielleicht, die Wölfe zu überraschen und mit dem Schlitten zu fliehen. Dann konnte auch Dusty das Weite suchen. An den anderen Hunden hatten die Wölfe bestimmt kein Interesse. Das hoffte sie jedenfalls. Die Bestien hatten es auf sie abgesehen! Auf sie allein!
Sie stieß gegen den Tisch. Die Blumenvase mit den Strohblumen kippte um und rollte über die Tischkante. Auf dem Boden zerschellte sie. Das Fauchen schwoll zu einem wütenden Knurren an, die Küchentür ging auf, und ein dunkler Schatten huschte am Fenster vorbei. Dusty winselte vor Angst. Im nächsten Augenblick spürte Clarissa, wie der schwere Körper eines Wolfs gegen sie prallte und sie umwarf. Blitzende Zähne griffen nach ihrer Kehle. Sie schreckte aus dem Schlaf und richtete sich schweißnass auf. Es dauerte eine quälend lange Zeit, bis ihr klar wurde, dass sie nur geträumt hatte. Sie war im Sessel eingeschlafen. Dusty lag auf dem Teppich zu ihren Füßen und schnarchte leise.

Immer noch zitternd, stand sie auf. Sie ging in die Küche und knipste das Licht an, ging durch die anderen Räume und stellte erleichtert fest, dass sie allein war. Im Bad spritzte sie sich kaltes Wasser ins Gesicht. Sie starrte ihr blasses Gesicht im Spiegel an, schüttelte benommen den Kopf und kehrte ins Wohnzimmer zurück. Das Gewehr über der Kommode war nicht geladen. Sie schob Patronen in die Kammern und hängte es an seinen Platz zurück. Ihr Instinkt befahl ihr, nach draußen zu gehen und den Revolver vom Schlitten zu holen. Entschlossen griff sie nach ihrem Anorak. Sie schlüpfte in die Stiefel und öffnete die Haustür, bevor sie es sich anders überlegen konnte. Das leise Jaulen einiger Hunde empfing sie. Eisige Kälte schlug ihr entgegen. Nachdem sie einen Augenblick gewartet hatte, rannte sie zum Schlitten und zog den Revolver aus der Ledertasche. Er war geladen. Mit der Waffe im Anschlag, wie ein Polizist auf Verbrecherjagd, ging sie ins Haus. Sie ließ sich in den Sessel fallen und atmete tief durch. »Ich sehe schon Gespenster!«, seufzte sie.

Sie blieb eine Weile sitzen, die geladene Waffe im Schoß. Der Revolver verlieh ihr eine trügerische Sicherheit. Gegen ein Rudel hungriger Wölfe war sie auch damit nicht ausreichend geschützt. »Schlaf weiter, Dusty!«, beruhigte sie den Leithund, als er aufwachte und neugierig den Kopf hob. »Es ist alles okay!« Sie wartete, bis der Hund eingeschlafen war, und ging ins Schlafzimmer. Erschöpft ließ sie sich auf das ungemachte Bett fallen. Mit dem Revolver in der Hand schlief sie ein. Diesmal träumte sie von einem Prinzen, der aus einem verzauberten Wald geritten kam, sie auf sein Pferd hob und sie auf sein Schloss brachte.

18

Im großen Speisesaal des Palace Hotel drängten sich die Menschen. Die aufgebrachten Bürger standen bis auf den Flur hinaus und schimpften mit dem Bürgermeister, der die Gunst der Stunde erkannte und die Versammlung zu einer Werbeveranstaltung in eigener Sache umfunktionierte. Er stand schwitzend auf dem Podium, die wenigen Haare und den Backenbart sorgfältig gekämmt, und hielt sich mit beiden Händen am Kragen seines gestreiften Anzugs fest, während er sagte: »Liebe Mitbürger, Sie wissen, was heute Morgen geschehen ist. Ein Rudel hungriger Wölfe ist bis in unsere Stadt vorgedrungen und hat unschuldige Familien bedroht! Dem Einsatz unserer Polizei und dem Mut von Mr. Baxter ist es zu verdanken, dass die Sache ein glimpfliches Ende nahm. Mr. Baxter, wenn ich Sie aufs Podium bitten darf …«

Sid Baxter löste sich aus der Menge und trat mit ausgebreiteten Armen neben den Bürgermeister. Er trug seine Fliegerjacke und den weißen Schal und strahlte wie ein Filmstar. Sein dunkles Haar war sorgfältig gescheitelt und glänzte im künstlichen Licht. »Vielen Dank, vielen Dank, ich habe nur getan, was jeder Mann in dieser Situation getan hätte! Oder sollte ich vielleicht zulassen, dass diese Bestien in die Wohnhäuser dringen und Frauen und Kinder zerfleischen? Ich habe aus der Luft gesehen, wie die Wölfe auf unsere Stadt zuliefen, und musste verhindern, dass ihnen Menschen wie wehrlose Karibus zum Opfer fallen!«

Clarissa stand neben einem der großen Fenster an der Wand und schüttelte den Kopf. Sie würde nie zu den

Bewunderinnen von Sid Baxter gehören und verabscheute die Art, wie er sich ständig in den Mittelpunkt stellte. Für ihn schien das Leben eine große Show zu sein. Sie wechselte einen viel sagenden Blick mit Noel Tuska, der weiter vorne stand und den Mund verzog. Richard Harmon und die anderen Piloten waren alle in der Luft.

»Erzählen Sie uns, wie es diesen Winter um die Wölfe steht«, sagte der Bürgermeister. »Sie fliegen alle paar Tage in die Wildnis und haben einen besseren Einblick als wir in der Stadt.«

Sid Baxter genoss die aufmerksamen Blicke der Bürger. Die meisten Leute mochten ihn, weil er genau so aussah, wie sie sich einen wagemutigen Buschpiloten vorstellten. Nur der alte Chuck, der auf seinem Rollstuhl in der ersten Reihe saß, zog eine Grimasse. »Ich beobachte die Wölfe schon seit einigen Wochen«, sagte er. »Sie sind in diesem Winter sehr unruhig. Vor ein paar Tagen musste ich wegen des starken Nebels auf dem Tanana River landen und mir die ganze Nacht ihr Geheul anhören! An Schlaf war nicht zu denken. Ich lag die ganze Nacht wach und hatte den Revolver schussbereit neben mir liegen! Anscheinend ist ihnen die Beute ausgegangen. Die Elche haben kaum Nachwuchs bekommen, und Karibus gibt es so weit südlich nicht. Ich brauche Ihnen nicht zu sagen, was in einer solchen Situation passiert. Die Wölfe werden zu reißenden Bestien und suchen sich die nächstbesten Opfer! Und das sind die Menschen! Sie dringen bis in die Städte vor und gefährden unschuldige Bürger!«

»Das ist wahr!«, bestätigte der Bürgermeister, der nun die Aufmerksamkeit wieder auf sich lenken wollte. »Sie wissen sicher noch, was vor einigen Jahren in unserer

Stadt geschah. Damals hatten wir eine ähnliche Situation. Die Wölfe hungerten und suchten in den Außenbezirken von Fairbanks nach Beute. Schon damals habe ich entschlossen durchgegriffen! Dem selbstlosen Einsatz unserer Polizei war es zu verdanken, dass die Wölfe innerhalb weniger Tage vertrieben werden konnten!«
Sein Gesicht nahm einen entschlossenen Ausdruck an. »Ich zögere nicht, wenn die Bürger unserer Stadt in Gefahr sind! Und ich bin auch diesmal fest entschlossen, dieser Plage sobald wie möglich ein Ende zu bereiten! Sind Sie derselben Meinung, liebe Mitbürger?«
Die Leute klatschten und johlten begeistert und signalisierten durch Zurufe ihre Zustimmung. Einer der norwegischen Einwanderer aus dem bedrohten Stadtviertel reckte eine Faust und tönte: »Jagt die Bestien zum Teufel! Legt den verdammten Leitwolf um, dann kommen sie bestimmt nicht wieder! Wir haben Frauen und Kinder! Wir wollen nicht, dass sie den Bestien zum Opfer fallen!«
»So ist es recht, Arne!«, rief ein anderer Norweger. »Wir dürfen vor den Wölfen nicht klein beigeben! Sie sind unsere Feinde! Schnappt euch eure Gewehre und bringt sie um! Am besten alle! Wir brauchen die verdammten Biester nicht! Zur Hölle mit ihnen!«
Euphorie machte sich breit. Die Männer hatten den meisten Bürgern aus dem Herzen gesprochen. »Weg mit dem Pack!«, schimpfte jemand. »Tötet sie!« Derbe Schimpfwörter hallten durch den Raum. Die Leute gestikulierten wild und redeten durcheinander. Einige Männer schwangen drohend ihre Fäuste. Ein Mann rief: »Kommt, wir gehen nach Hause und holen unsere Knarren! Bis heute Abend haben wir die Biester im Sack!«

»Halt, meine Freunde!«, hielt der Bürgermeister den Mann zurück. »Wir wollen nichts überstürzen! Wir bringen uns nur gegenseitig in Gefahr, wenn jeder Mann in die Wälder rennt und wild um sich schießt! Verstehen Sie mich nicht falsch, mein Freund! Ich bin auf Ihrer Seite! Wir müssen diese Wolfsbrut ausrotten! Ich schlage vor, kleine Trupps mit erfahrenen Männern zusammenzustellen. Mr. Baxter, ich möchte Sie bitten, die Leitung dieser Teams zu übernehmen! Rekrutieren Sie die besten Schützen der Stadt, möglichst Fallensteller und Indianer, die sich im Busch auskennen! Ich werde den City Council bitten, einen Sonderetat für Ihre Jagd zur Verfügung zu stellen! Sind Sie einverstanden?«
Der Pilot strahlte, als hätte man ihm gerade eine Hauptrolle in einem Film angeboten, und versicherte dem Bürgermeister, alles Menschenmögliche zu tun, um die Wölfe zu erledigen. Er wollte gerade zu einem flammenden Aufruf ansetzen, als sich ein sonst eher schüchterner Mann nach vorne drängte und sich zu Wort meldete. Er trug dunkle Baumwollhosen und einen gestreiften Pullover und hielt eine Wollmütze in den Händen. Mit seinem blassen Gesicht und der Nickelbrille sah er wie ein Lehrer aus. »Entschuldigen Sie, meine Herren, wenn ich Ihnen widerspreche!«, sagte er zur Verwunderung der Zuhörer. Seine Stimme klang brüchig und gewann erst im Laufe seiner Ansprache an Festigkeit. »Ich bin Reggie Foster vom Biologischen Institut. Wie einige von Ihnen wissen, arbeite ich zurzeit an einem Buch über die Tierwelt des Hohen Nordens.« Einige Zuhörer machten sich über den unscheinbaren Mann lustig, aber er ließ sich nicht beirren. »Ich halte es für falsch, die Wölfe als mordgierige Bestien hinzustellen! Sie sind scheu und fallen selbst während einer Hun-

gersnot selten Menschen an. Es wäre falsch, sie auszurotten! Sie gehören zum Kreislauf der Natur, so wie andere Tiere und Pflanzen und wir Menschen. Reicht es nicht, wenn wir sie vertreiben? Müssen wir uns gleich wie schießwütige Barbaren aufführen, nur weil sie uns ein wenig zu nahe kommen? Einige Warnschüsse dürften genügen, um sie in die Wälder zu treiben! Wölfe sind keine Bestien, glauben Sie mir!«
Die Worte des Biologen lösten einen größeren Tumult aus. Noch während er sprach, schüttelten einige Männer drohend die Fäuste und stießen wilde Verwünschungen aus. Nach seiner Rede wurde es laut, und der arme Mann duckte sich unter unflätigen Beschimpfungen, die selbst einigen anderen Männern das Blut ins Gesicht trieben. »Was fällt dir ein, du verdammter Oberlehrer?« gehörte noch zu den sanfteren Vorwürfen. »Willst du, dass die Biester unsere Kinder anfallen? Hältst dir wohl eine von den Bestien in deiner Wohnung? Wenn ich's mir recht überlege, hat mir einer erzählt, dass du dir eine Wölfin in dein Bett geholt hast!«
»So kommen wir doch nicht weiter!«, meldete Mario Cassano sich aus dem Hintergrund. Seine imposante Erscheinung und sein kräftiges Organ ließen die aufgebrachten Männer verstummen. »Es hat doch keinen Zweck, wenn wir uns gegenseitig zerfleischen! Keiner von uns will die Wölfe in der Stadt haben! Also müssen wir einen Weg suchen, sie zu vertreiben. Ich halte es, ehrlich gesagt, mit unserem Herrn Bürgermeister! Wir sollten einige der Bestien abschießen, um ihnen ein- für allemal zu zeigen, dass wir uns nicht alles gefallen lassen! Ich setze hiermit ein Kopfgeld von fünfzig Dollar für jeden erlegten Wolf aus! Ich bin dafür, zehn Wölfe zu erschießen und den Rest zu vertreiben!«

Erneut brach ein Tumult los. Die Männer waren begeistert von der Idee, sich ein schnelles Kopfgeld zu verdienen, und wollten so rasch wie möglich zum Ausgang. Die laute Stimme des Bankdirektors hielt sie zurück. »Aber dieses Kopfgeld bekommen nur Mitglieder der Jagdtrupps, die Mr. Baxter zusammenstellt! So behalten wir alles unter Kontrolle! Ich möchte nicht, dass eine allgemeine Hetzjagd auf die Bestien beginnt, obwohl ich mir nichts sehnlicher wünsche, als diese Wolfsplage loszuwerden.«
Clarissa hatte mit wachsender Erbitterung zugehört und sich nur mühsam zurückgehalten. Bei der Erwähnung eines Kopfgelds trat sie mutig nach vorn. »Ich bin Clarissa Watson«, rief sie in den Raum. »Ich weiß, bei einer solchen Veranstaltung werden nur Männer gehört, aber ich bin Musherin und jeden zweiten Tag mit meinem Hundeschlitten in der Wildnis. Ich bin mehrmals Wölfen begegnet und weiß, wie man sie einschätzen muss. Wölfe sind gefährliche Raubtiere, die einen ausgewachsenen Elch von den Beinen holen können, aber sie sind keine Bestien! Sie fallen einen Menschen nur an, wenn er hilflos im Schnee liegt! Deshalb halte ich es mit Mr. Foster. Wir sollten die Wölfe mit einigen Warnschüssen vertreiben. Die Männer, die ... äh ... Mr. Baxter auswählt, sollten darauf achten, dass sie nicht zurückkehren. Erst wenn sie wiederkommen, würde ich gezielt schießen.«
»Weibergeschwätz!«, erwiderte einer der Männer, die den Biologen beschimpft hatten. »Mag sein, dass Sie Erfahrung mit den Biestern haben, aber hier in der Stadt haben wir das Sagen! Wir knallen jeden ab, der unsere Familien bedroht! Wenn morgen die Indianer kommen und uns bestehlen, greife ich genau so zum Gewehr wie jetzt! Und jetzt Schluss mit dem Gewäsch! Lasst uns end-

lich Nägel mit Köpfen machen! Was ist mit Ihnen, Herr Bürgermeister? Wie lange wollen wir hier noch stehen und reden? Vielleicht sind die Wölfe schon in unseren Häusern!«

Der Bürgermeister erkannte, dass die Mehrheit der Bürger auf seiner Seite war, und wägte seine Worte sorgfältig ab: »Sie haben Recht, mein Herr, es wird Zeit, dass wir zu einer Entscheidung kommen. Ich bedaure, dass wir gezwungen sind, derart drastisch in den Kreislauf der Natur einzugreifen, aber in einer Notsituation wie dieser bleibt uns gar nichts anderes übrig!« Er sagte es ohne Spott. »Mr. Baxter, stellen Sie fünf Trupps zu jeweils sechs Mann zusammen und sorgen Sie dafür, dass die Wölfe verschwinden! Unsere Stadt soll sicher bleiben! Mrs. Watson, ich respektiere Ihre Überlegungen und kann Ihnen versichern, dass Mr. Baxter und seine Männer kein unnötiges Blutbad unter den Wölfen anrichten werden! Habe ich Recht, Mr. Baxter?«

»Natürlich«, antwortete Sid Baxter. Er warf Clarissa einen schadenfrohen Blick zu. Anscheinend war mehr zwischen ihm und Frank vorgefallen, als sie ahnte. »Wie Mr. Cassano bereits sagte, ein paar Wölfe genügen! Sie können versichert sein, dass wir ausschließlich zum Wohle der Bevölkerung handeln werden!«

Clarissa war versucht, die butterweiche und umständliche Rede des Piloten zu unterbrechen, aber das besorgte schon Mike Sheldon, der unvermutet in die Veranstaltung platzte und aufgeregt rief: »Willie ist verschwunden! Er ist mit der *Bellanca* weggeflogen und hatte kaum Sprit dabei! Harry Cheek sagt, dass er betrunken war! Er wollte ihn zurückhalten, aber Willie schlug ihn nieder und …« Ihm versagte die Stimme.

Diesmal galt die Aufregung dem jungen Mechaniker,

und es dauerte beinahe eine Minute, bis Noel Tuska sich Gehör verschaffte. »Seid doch mal ruhig!«, fuhr er die anderen Männer an. »Die Sache ist verdammt ernst! Ihr wisst alle, dass es Willie in letzter Zeit nicht besonders gut ging! Es könnte also gut sein, dass er eine Dummheit begeht! Clarissa, du nimmst die *Fairchild* und suchst in den White Mountains nach ihm! Geh in Chena und in Circle runter, wenn du ihn nicht findest! Und nimm Mike mit, der kennt die Lieblingsplätze seines Chefs! Ich fliege zum Yukon hoch! Nach zwei Stunden treffen wir uns auf Weeks Field! Harry sieht zu, dass er Richard und die anderen über Funk erreicht!«
Bevor der Bürgermeister und die anderen Zuhörer einen Kommentar dazu geben konnten, liefen Clarissa, Noel Tuska und Mike nach draußen. »Auf den Hundeschlitten, das geht am schnellsten!«, forderte Clarissa die beiden Männer auf. Sie sprangen auf die Ladefläche, und sie löste den Anker und feuerte das Gespann an. So schnell sie konnte, fuhr sie zum Flughafen hinaus.
Harry Cheek hatte bereits die Motoren von Noel Tuskas *Bellanca* und der *Fairchild* aufgeheizt. Das Öl war warm genug, um sofort zu starten. Clarissa vertauschte ihre Mütze mit einer Fliegerkappe und kletterte in die Maschine. Mike setzte sich neben sie. Er machte nicht einmal den Versuch, den Steuerknüppel zu übernehmen, und gehorchte Noel Tuska, der zu den erfahrensten Piloten im Hohen Norden gehörte. Und er vertraute Clarissa, die jetzt den Flugschein besaß und genug Soloflüge hinter sich hatte, um kein Lampenfieber mehr zu haben. Noch vor Noel Tuska glitt sie über die Startbahn und hob ab. In einer dichten Schneewolke, die im Zwielicht wie Nebel leuchtete, hob sie ab.
Nachdem sie einmal über der Stadt gekreist waren, lenk-

te sie die Maschine nach Nordosten. Sie folgte der langen Reihe von Telegrafenmasten an der verschneiten Straße nach Chatanika und blieb so tief, dass sie bis auf den Grund der umliegenden Täler blicken konnten. Das Zwielicht würde noch ungefähr zwei Stunden anhalten, so lange blieb ihnen Zeit, nach der *Bellanca* oder dem Wrack der *Bellanca* zu suchen. Denn für Clarissa gab es nur diese zwei Möglichkeiten: Entweder hatte Willie Jones es geschafft, irgendwo zu landen und fror in der Kälte, oder er hatte seinem Leben ein Ende bereitet und war in die Felsen geflogen.
»Jetzt fliegen wir doch zusammen«, sagte Mike mit dem Versuch eines Lächelns, »das hatte ich mir eigentlich anders vorgestellt.« Er wischte sich die Tränen aus den Augen und blickte rasch aus dem Fenster. »Ich glaube nicht, dass wir ihn finden.«
»Wir finden ihn«, widersprach Clarissa. Sie lenkte die Maschine an einigen Felsen vorbei und legte sie auf die Seite, um besser sehen zu können. Außer den verschneiten Berghängen war nichts zu erkennen. Der Motor brummte gleichmäßig, und es gab kaum Turbulenzen. »Macht Willie so was öfter?«, fragte sie nach einer Weile. »Ist er schon mal betrunken geflogen?«
Mike blickte sie nicht an. »Nein, so verrückt war er nie! Deshalb hab ich ja solche Angst! Er wäre niemals betrunken in eine Maschine gestiegen! Er wusste, dass er sofort die Lizenz loswäre, wenn man ihn erwischen würde! Aber dieser Brief hat ihm wohl den Rest gegeben!« Er zerdrückte einige Tränen und wischte sie mit dem Handrücken fort. »Was meinst du? Was hat Willie vor?«
»Ich weiß nicht«, antwortete sie ehrlich. »Ich denke, er hat die Nerven verloren. Er ist verzweifelt. Er hat wohl erkannt, dass er eine so große Summe nicht bezahlen

kann. Vielleicht will er seine Maschinen vor dem Gerichtsvollzieher in Sicherheit bringen!«
»Oder er will sie zu Schrott fliegen!« Mike wischte den feuchten Beschlag vom Seitenfenster. »Wenn ich nur wüsste, wohin er geflogen sein könnte! Er war gerne in Chatanika, und in Chena Hot Springs hat er immer in den heißen Quellen gebadet.« Er dachte eine Weile nach und hatte plötzlich eine Idee. »Halt! Warte mal! Er hat mir mal von einem Tal erzählt, einige Meilen nördlich von hier, da will er mal eine Indianerin gekannt haben! Vor zwanzig Jahren oder so! Wie hieß es bloß? Spring Valley, glaub ich!«
»Spring Valley, das liegt hinter den Bergen dort drüben!« Sie deutete nach Norden. »Ich war mal mit dem Hundeschlitten dort, aber Indianer hab ich nie getroffen.« Sie legte die *Fairchild* in eine Linkskurve und hielt auf die dunklen Berge zu. Nach einer halben Stunde erreichten sie die schroffen Gipfel. Sie lenkte die Maschine zwischen zwei Bergspitzen hindurch, quälte sich durch einige starke Turbulenzen und stieg in das Tal hinab.
Die *Bellanca* lag zwischen einigen Felsbrocken. Ein qualmendes Wrack, das kaum noch Ähnlichkeit mit einem Flugzeug hatte und eine tiefe Spur in dem frischen Schnee hinterließ. Die Tragflächen waren abgebrochen und zerschellt. Der dunkle Rauch über dem Wrack vermischte sich mit dem Dunst, der in feinen Schleiern durch das Tal zog und an den Wänden klebte.
»Willie«, rief Mike entsetzt.
Clarissa flog noch einmal aus dem Tal und näherte sich aus der anderen Richtung, um gegen den Wind landen zu können. Die Turbulenzen zwischen den Felswänden waren sehr heftig, und sie musste ihr ganzes Können

aufbieten, um die Maschine unter Kontrolle zu behalten. Sie setzte sicher auf und rollte bis wenige Meter vor die *Bellanca*. Mike sprang aus dem Cockpit und rannte zum Wrack, bevor Clarissa den Motor ausgeschaltet hatte. Sie kletterte hinaus und folgte ihm. Noch bevor sie den Jungen vor der Bellanca in den Schnee rutschen sah, wusste sie, welcher Anblick sie erwartete. Dasselbe Bild, das sie damals gesehen hatte, als ihr Mann in den Ogilvies abgestürzt war.

Sie blickte auf den verbrannten Körper von Willie Jones und musste sich übergeben. Würgend sank sie in den Schnee. »Jack!«, flüsterte sie. Sie blieb auf den Knien sitzen, die Augen geschlossen und voller Tränen, und wartete, bis sich die Übelkeit gelegt hatte und die schrecklichen Bilder verschwunden waren. Sie zog Mike aus dem beißenden Rauch. »Wir müssen zurück!«, sagte sie sanft zu ihm. »Hier können wir nichts mehr tun!«

19

Die Beerdigung des Piloten fand drei Tage später im Zwielicht des frühen Mittags statt. Weil dichter Nebel den Start der Flugzeuge verhinderte, standen alle seine Freunde vor der steinernen Kammer, in der seine Urne beigesetzt werden sollte. Jeder Pilot, auch Clarissa und Mike, hatte mit einer Spende zu der würdevollen Feier beigetragen. Die Trauernden hatten sich im Halbkreis um das Grab herum versammelt und lauschten dem Pfarrer, der in salbungsvollen Worten von der Vergänglichkeit des Lebens sprach und sich angestrengt bemühte, den Selbstmord des betrunkenen Buschfliegers wie einen Unfall aussehen zu lassen. Seine Alkoholsucht erwähnte er mit keinem Wort: »Und wieder hat sich der allmächtige Gott entschlossen, einen tapferen Piloten in sein Reich zu holen«, sagte er, »und wir sollten nicht um ihn trauern, sondern uns freuen, denn ihm ist ein ewiges Leben beschieden! Asche zu Asche, Staub zu Staub, der Herr hat's gegeben, und der Herr hat's genommen, gepriesen sei sein Name! Amen!«
Der Pfarrer gab Noel Tuska ein Zeichen, und der Pilot trat mit einer Trompete neben das Urnengrab und blies andächtig den Zapfenstreich. Kaum einer der Anwesenden hatte gewusst, dass der draufgängerische Buschflieger ein Instrument spielte. Wie Clarissa später erfuhr, hatte er vor einigen Jahren in einer Tanzkapelle gespielt. Einige Male war er sogar im Radio aufgetreten. Die traurige Melodie hallte weit über die Friedhofsmauern hinaus und verlor sich in den Nebelschwaden über der Stadt.
Clarissa stand neben Mike Sheldon und spürte, wie der

junge Mechaniker verstohlen nach ihrer Hand griff. Gegen ihren Willen erwiderte sie die Berührung. Sie wagte nicht, ihn anzublicken. Wie ein Mädchen auf der High School, das ihren Angebeteten bei einer Schulfeier trifft, ging es durch ihren Kopf. Erst als der Pfarrer in ihre Richtung blickte und genau zu sehen schien, welche Gedanken sie bewegten, löste sie sich von dem Jungen. Sie faltete die Hände vor ihrem Mantel, den sie nur zu feierlichen Gelegenheiten anzog, und sprach mit den Trauergästen das Vaterunser. Der Pfarrer schloss mit dem Segen: »Geht hin in Frieden!«

Die Trauergemeinde löste sich auf, und der Pfarrer verabschiedete sich, um möglichst schnell aus der Kälte zu kommen. Willie Jones hatte keine Verwandten gehabt, und es gab keine Tränen und niemand, dem man sein Beileid ausdrücken musste. Noel Tuska ließ die Trompete in einer Tasche seines weiten Pelzmantels verschwinden. Einige Männer verabredeten sich auf einen Kaffee im Nugget Saloon. Unter beiläufigem Gemurmel verließen sie den Friedhof und überquerten die Straße zur Innenstadt. In der Wildnis des Hohen Nordens starben viele Buschflieger, und man trauerte nicht lange um einen Kollegen. Keiner der Piloten wollte an die eigene Sterblichkeit erinnert werden.

Clarissa wich dem Blick des jungen Mechanikers aus und folgte den Männern. Auch als Mike ihren Namen rief, drehte sie sich nicht um. Sie hielt den Kopf gesenkt und verließ den Friedhof, ging immer schneller, wie ein ungezogenes Mädchen, das etwas ausgefressen und möglichst schnell verschwinden wollte. »Clarissa! Was ist denn los?«, rief Mike, und sie rannte jetzt fast und war froh, als sie auf dem Trittbrett ihres Schlittens stand und die Hunde mit lauten Rufen antrieb. »Dusty! Willst du wohl laufen, du fauler Kerl? Pete, streng dich ein bisschen an!« Sie schämte sich so sehr, dass sie nicht einmal auf die Zurufe der anderen Piloten hörte und geradewegs über die Brücke aus der Stadt fuhr. Sie folgte der schmalen Straße, die sich abseits der Häuser zwischen den Bäumen verlor und zu einem ausgetretenen Pfad wurde, der gerade breit genug für ihren Hundeschlitten war.

Sie fuhr wieder einmal vor ihren Problemen davon und empfand den scharfen Wind, der ihr entgegenwehte, wie eine Befreiung. Es hatte zu schneien begonnen, und die Flocken wirbelten ihr ins Gesicht. Zum Teufel mit dem verfluchten Jungen, fluchte sie in Gedanken, ich habe ganz andere Sorgen und muss mir langsam überlegen, wie ich an eine Maschine komme, wenn ich die zweihundert Flugstunden schaffen will. »Dusty, nicht so weit nach links! Benimm dich, Snowball!« Oder ich muss mir doch einen anderen Job suchen, denn meine Ersparnisse reichen nicht ewig, und von der Versicherung hab ich seit Ewigkeiten nicht gehört. Aber immer wieder tauchte das Gesicht des Jungen vor ihrem inneren Auge auf, und sie stellte sich vor, wie er traurig auf der Friedhofsmauer saß und zu ergründen versuchte, warum sie vor ihm geflohen war. Sie hatte sich wie ein Teenager benommen, wie ein High School Kid mit ihrem ersten Liebeskummer.

Sie schob den Schlitten über eine leichte Steigung und sprang auf das Trittbrett, als es bergab ging. Vor ihr kreuzten menschliche Spuren den Weg. Sie beachtete die Stiefelabdrücke kaum. Die meisten Fallensteller und Jäger benutzten diesen Weg, wenn sie in die Wildnis fuhren, und in einem der angrenzenden Täler gab es eine Blockhütte, die von zahlreichen Jugendlichen für feucht-fröhliche Feiern genutzt wurde. Kein Grund zur Besorgnis. Sie trieb das Gespann zu einer noch schnelleren Gangart an und musste jetzt aufpassen, dass sie nicht aus den Kurven flog. Aber wer auf der kurzen Distanz des Dog Derby bestehen wollte, durfte sich von einer solchen Geschwindigkeit nicht aus der Ruhe bringen lassen. Sie konnte mit einem Schlitten umgehen und verlagerte geschickt das Gewicht, wenn er sich zur Seite neigte. Die Hunde waren froh, ihr Können zu zeigen, und stoben durch den körnigen Schnee. Selbst der übergewichtige Pete hielt tapfer mit und rannte hechelnd neben Blue her.

Hinter einer besonders scharfen Kurve, die unerfahrenen Mushern schon oft zum Verhängnis geworden war, schienen die Hunde gegen eine unsichtbare Wand zu rennen. Sie blieben so plötzlich stehen, dass Clarissa vom Trittbrett geschleudert wurde und unsanft in die Büsche fiel. Der Schnee stob nach allen Seiten. Als sich der weiße Staub gelegt hatte, sah sie den einsamen Wolfshund. Er stand mitten auf dem Trail, wie ein stummer Rächer, der aus einer anderen Welt gekommen war, um sie für ihre Verfehlungen zu bestrafen. »Nanuk!«, flüsterte sie. »Bist du das, Nanuk?« Der Wolfshund stand bewegungslos und starrte sie aus seinen schmalen Augen an. Sein helles Fell leuchtete silbern im Zwielicht. Er gab keinen Laut von sich, doch seine bloße Anwesenheit reichte, um die Hunde in Panik zu versetzen. Selbst Dusty wollte fliehen, und Clarissa gelang es gerade noch rechtzeitig, den Anker in den Schnee zu rammen. »Whoaa! Whoaa!«, rief sie, obwohl sie selber vor Angst zitterte.

Wie gebannt starrte sie auf den Wolfshund. Es war Nanuk, darüber gab es keinen Zweifel. Das silberne Fell, die dunklen Flecken über der Schnauze, die kurzen

Ohren – zumindest war er mit dem legendären Geist-Hund verwandt. Der Wind fächerte sein helles Fell und ließ es wie flüssiges Silber aussehen. Einen Augenblick sah es so aus, als würde er die Zähne fletschen und knurren, dann stand er wieder unbeweglich wie eine Statue.

Clarissa stand langsam auf, ihre winselnden Hunde im Rücken, und näherte sich dem Wolfshund. Sie brauchte keinen Revolver. »Nanuk! Was ist mit dir, Nanuk? Du bist böse, weil ich mich mit dem Jungen eingelassen habe, nicht wahr? Du willst, dass ich mich um Frank kümmere! Du hast Recht, Nanuk! Ich hab mich wie ein blöder Teenager benommen! Ich bin selber wütend auf mich!« Sie ging ein paar Schritte auf Nanuk zu und sah, wie er die Zähne fletschte. Sein leises Knurren verwehte mit dem Wind. »Komm her, Nanuk! Wir haben uns doch immer gut verstanden! Du hast mir das Leben gerettet, weißt du nicht mehr? Damals in den Ogilvies! Passt du immer noch auf mich auf? Komm, wir vertragen uns wieder! Komm her, Nanuk!« Sie streckte eine Hand nach ihm aus und wagte ein vorsichtiges Lächeln. Nanuks Antwort bestand aus einem misstrauischen Knurren.

Ein Schuss krachte. Einen knappen Meter hinter Nanuk wirbelte Schnee auf. Zwei Männer stürmten mit Gewehren aus dem Wald, darunter der stämmige Bursche, der während der Versammlung lautstark dafür eingetreten war, alle Wölfe abzuknallen. Clarissa reagierte instinktiv. Sie rannte nach vorn, zwischen den Wolfshund und die Jäger, und breitete schützend die Arme aus. »Nicht schießen!«, rief sie in panischer Angst. Sie erkannte ihre eigene Stimme nicht. »Er hat euch doch nichts getan!« Sie registrierte dankbar, dass Nanuk die Gelegenheit nützte, um sich seitlich ins Unterholz zu schlagen. Innerhalb weniger Augenblicke war er zwischen den dunklen Fichten verschwunden.

Die Männer starrten sie entgeistert an. »Was soll das, Lady?«, schimpfte der Anführer. »Haben Sie den Verstand verloren? Das war eine der Bestien, die es auf unsere Familien abgesehen haben! Sie können von Glück sagen, dass Ihnen nichts passiert ist!« Er kam näher und blieb wütend stehen. Er legte den Kopf schief. »Sie sind die Musherin, die gemeinsame Sache mit dem verdammten Tierschützer macht!« Er fluchte. »Kapieren Sie denn nicht, dass wir diese Bestien erledigen müssen, wenn wir unsere Ruhe haben wollen? Oder wollen Sie Schuld daran haben, wenn eines dieser Viecher ein Kind anfällt?«

Auf gewisse Weise verstand Clarissa den Mann. Er konnte nicht wissen, dass Nanuk ein besonderes Tier war und niemals ein Kind angreifen würde. Und wenn er über »die wundersame Rettung der Clarissa Watson« in der Zeitung gelesen hatte, dachte er jetzt nicht daran. Er machte keinen Unterschied zwischen einem Wolf und einem Wolfshund. Für ihn war Nanuk eine gemeine Bestie, die unschuldige Frauen und Kinder angriff und das Leben in der Stadt gefährdete. Er war besessen von der Idee, alle verhassten Wölfe abzuknallen, und er würde alles daran setzen, die Stadt von der »Wolfsplage« zu befreien. Verantwortungsvolle Menschen wie der Biologe, die ihn davon abbringen wollten, bezeichnete er als »verdammte Tierschützer«. Er würde niemals einsehen, dass seine Methode falsch war und die Tiere unnötig provozierte. Ein verwundeter oder gereizter Wolf war gefährlicher für einen Menschen als ein hungriges Rudel.

»Die Schießerei löst das Problem nicht«, versuchte Clarissa, die Männer mit vernünftigen Argumenten zu überzeugen. »Was nützt es, wenn Sie wie schießwütige Städter durch die Wildnis irren und einen Wolf nach dem anderen abknallen? Meinen Sie, so können Sie die Tiere aufhalten? Die Wölfe finden immer einen Weg in die Stadt! Und dann ist niemand da, der sie aufhält!«

»Und was sollen wir Ihrer Meinung nach tun?«, fragte der Jäger. In seiner Stimme schwang Spott mit. »Zu Hause sitzen und warten, bis die elenden Bestien in unseren Wohnzimmern stehen?«

»Ich würde alle Jäger am Waldrand postieren«, schlug Clarissa vor. »Ein paar Warnschüsse genügen, wenn die Wölfe der Stadt wirklich zu nahe kommen! Schießen würde ich nur, wenn einer angreift! Kehren Sie um, Mister! Hier draußen richten Sie wenig aus! Die Wölfe sind zu schlau, um sich von Ihnen erwischen zu lassen! Der Bürgermeister hat Sie doch bloß losgeschickt, weil er die Wahl gewinnen will! Gehen Sie nach Fairbanks zurück!«

Der Jäger quittierte ihre Worte mit einem überlegenen Lächeln. »Sie haben den Verstand verloren, Lady! Mir ist vollkommen egal, warum der Bürgermeister uns losgeschickt hat! Ich will, dass die Wölfe von der Stadt wegbleiben! Und dazu ist mir jedes Mittel recht! Ich knalle so lange Wölfe ab, bis sich keiner mehr blicken lässt!« Er verzog seinen Mund zu einem breiten Grinsen. »Außerdem hat uns der Banker ein Kopfgeld versprochen! Dafür muss ein Mann lange schuften! Meinen Sie, das lasse ich sausen?«

»Sie wollen mich nicht verstehen«, gab Clarissa auf. Sie zog den Anker aus dem Schnee und stieg auf den Schlitten. »Sie werden schon sehen, was aus Ihnen wird, wenn Sie sich mit den Wölfen anlegen! Die Tiere lassen sich das nicht gefallen!«

Der Jäger grinste immer noch. »Solange ich meine Knarre bei mir habe, kann gar nichts passieren!«, sagte er und klopfte auf den Gewehrkolben. »Die Biester können mir nichts anhaben!«

Clarissa verzichtete auf eine Antwort und fuhr grußlos davon. Es hatte keinen Zweck, sich mit Männern wie diesem Jäger auseinander zu setzen. Sie verstanden die Natur nicht. Sie lebten in der Stadt und gingen nur während der Jagdsaison in den Busch, um Elche und Hirsche abzuschießen oder einen Bären wegen seines Fells zu jagen. Sie hielten niemals an, um sich an einem sternenübersäten Himmel oder dem farbenprächtigen Nordlicht zu erfreuen. Wenn sie einen Elch durch den Sumpf stapfen sahen, hoben sie sofort ihr Gewehr. Sie hatten keinen Sinn für die Schönheit und die Stille, und sie wussten nicht, dass auch wilde Tiere wie Wölfe oder Bären ihren Platz in dieser Wildnis hatten. Das Leben ist ein Kreis, sagten die Indianer, und wer diesen Kreis zerstört, gefährdet auch sein eigenes Leben.

In Fairbanks fuhr Clarissa zum Drugstore. Sie ließ sich erschöpft auf einen Hocker fallen und bestellte ein Sandwich und ein Glas Milch. Belinda berichtete ihr in blumigen Worten von dem jungen Mann, den sie beim Tanzen kennen gelernt hatte, aber Clarissa war mit ihren Gedanken ganz woanders und hörte kaum hin. Sie ertappte sich dabei, wie sie nach draußen blickte und nach Mike suchte, und versteckte sich hinter ihrer Milch, als sie merkte, wie ihr das Blut ins Gesicht schoss. Wenn sie ihre Gefühle nicht in den Griff bekam, würde Nanuk in ihrem Haus auf sie warten und sie bestrafen. Der Gedanke an den Wolfshund, wie er zähnefletschend über sie herfiel, erschreckte sie.

»Hörst du mir überhaupt zu?«, fragte Belinda. »Bill ist ein

richtiger Schatz! Er war mal Quarterback in der College-Mannschaft, stell dir vor, und wenn er sich anstrengt, bekommt er ein Stipendium! Dann will er nach Anchorage oder Juneau gehen und mich mitnehmen! Ich weiß, es geht alles ein bisschen schnell …«
Belinda redete und redete, und Clarissa starrte in ihr leeres Milchglas und beschloss, ihren Mann zu besuchen, sonst würde sie die verwirrenden Gedanken niemals loswerden. »Sei mir nicht böse, Belinda, aber ich muss weiter!«, sagte sie zu der Bedienung. »Vielleicht komme ich später noch mal vorbei, okay?«
Sie verließ den Drugstore und fuhr zum Krankenhaus. Am Himmel verblasste langsam das Zwielicht, und die verschneite Cushman Street glitzerte im trüben Licht der Straßenlampen. Es waren kaum Menschen auf der Straße. Auch Clarissa hätte sich am liebsten hinter ihrem Ofen verkrochen. Aus einem Tag, der mit einer Beerdigung anfängt, kann ja nichts werden, dachte sie. Immerhin hatte sie noch ihren Humor. Sie parkte vor dem Krankenhaus und betrat die Eingangshalle. »Ah, Mrs. Watson!«, begrüßte sie eine Schwester. »Dr. Morgan hat nach Ihnen gefragt! Warten Sie, ich rufe ihn!« Sie ging zum Mikrofon und bat den Arzt, in die Eingangshalle zu kommen. »Es dauert bestimmt nicht lange!«
Wenige Minuten später erschien Dr. Morgan mit offenem Kittel. »Gute Nachrichten!«, rief er schon von weitem. »Die ersten Zahlungen sind eingegangen! Die Krankenhausleitung war sehr angetan von Ihrer Initiative und will mir vorerst keine Steine mehr in den Weg legen!« Er rückte seine Brille zurecht und strich einige Haare aus seiner Stirn. »Und Ihr Mann macht auch Fortschritte! Ich möchte Ihnen nicht zu viel versprechen, aber gestern hat er zum ersten Mal reagiert! Ich glaube

es wenigstens. Freuen Sie sich nicht zu sehr, Mrs. Watson, da war nur ein winziges Zucken in seinen Augen. Aber dieses Zucken macht mir Hoffnung!«
Clarissa spürte, wie ihr Herz einen Luftsprung machte, und folgte Dr. Morgan ins Krankenzimmer ihres Mannes. Ihre Enttäuschung war groß. Frank lag regungslos wie immer in seinem Bett und starrte mit leeren Augen zur Decke empor. »Frank! Wie geht es dir?«, rief sie lauter als sonst. Sie beugte sich zu ihm hinunter und küsste ihn auf die Lippen. »Sag doch was, Frank! Sieh mich an! Der Doktor meint, dass du ihn angesehen hast!«
Doch Frank blieb stumm, und sie richtete sich enttäuscht auf und ließ die Schultern hängen. »Kommt er jemals wieder zu sich, Dr. Morgan?«, fragte sie. »Wie lange muss ich noch warten? Sagen Sie mir, dass noch Hoffnung besteht! Wird er aufwachen?«
Man sah Dr. Morgan an, wie schwer ihm die Antwort fiel. »Ich weiß es nicht, Mrs. Watson. Ich kann mir vorstellen, was Sie durchmachen, aber ich kann Ihnen keine andere Antwort geben. Ich kann mich nur wiederholen: Solange er atmet, gibt es Hoffnung! Und das Zucken in seinen Augen war ein erstes Signal, da bin ich mir ganz sicher! Wir müssen Geduld haben, Mrs. Watson!«
Clarissa blieb drei Stunden bei ihrem Mann, länger als an den vergangenen Tagen, und erleichterte ihr Gewissen, indem sie seine Hand hielt und liebevoll mit ihm sprach. Sie erzählte von der Beerdigung und fragte ihn, ob er gewusst habe, dass Noel Tuska ein begnadeter Trompeter war. Sie schwärmte ihm von den Hunden vor, die so schnell und ausdauernd wie nie zuvor waren und in dieser Form das Dog Derby gewinnen würden. Und sie berichtete von den verantwortungslosen Jägern, die wie Tolpatsche durch die Wälder stapften und auf alles

schossen, was sich bewegte. »Man sollte diesen Kerlen das Handwerk legen!«, schimpfte sie, »die haben keine Ahnung von der Wildnis!«
Ihre Begegnung mit Nanuk und den Annäherungsversuch von Mike Sheldon verschwieg sie. Für sie war die Sache erledigt. Sie hatte den Jungen stehen lassen und würde ihm bei nächster Gelegenheit endgültig klarmachen, dass er sich keine Hoffnungen machen durfte. Sie war verheiratet, und ihr Mann brauchte sie mehr denn je zuvor. So hatte sich Dr. Morgan ausgedrückt, bevor er gegangen war. »Ihr Mann braucht Sie! Halten sie durch, Ma'am! Bleiben Sie bei ihm und reden Sie mit ihm!«
Ihr war bereits der Gesprächsstoff ausgegangen, als eine junge Schwester die Tür öffnete und sagte: »Da ist ein Anruf für Sie, Mrs. Watson! Ein gewisser Dr. Anderson. Ein Rechtsanwalt ...«
Sie blickte verwundert auf. »Ah, das ist bestimmt wegen der Versicherung!« Sie entschuldigte sich bei ihrem Mann und folgte der jungen Pflegerin ins Schwesternzimmer. »Clarissa Watson.«
»Jimmy Anderson«, erwiderte eine freundliche Stimme am anderen Ende. »Ich bin Rechtsanwalt und muss Sie in einer wichtigen Angelegenheit sprechen! Würden Sie gleich bei mir vorbeikommen? Ich wohne in der Second Avenue, neben dem Kino ...«
»Um was handelt es sich denn, Mr. Anderson?«
»Das kann ich Ihnen am Telefon nicht sagen«, antwortete der Rechtsanwalt. »Wenn ich Sie in mein Büro bitten dürfte? Wie gesagt, 345 Second Avenue, gleich neben dem Kino, erster Stock!«
»Ich komme, Mr. Anderson.« Sie legte auf und war so verwirrt, dass sie sich nicht einmal von den Schwestern verabschiedete.

≈ *20* ≈

Dr. Jimmy Anderson war ein junger Anwalt, der seine mangelnde Berufserfahrung durch übertriebene Fröhlichkeit wettmachte und selbst einfache Vorgänge mit einem geheimnisvollen Glorienschein umgab. Er wollte eine besondere Aura schaffen, die ihn als bedeutsamen Mann dastehen ließ und auch für große Unternehmen interessant machte. Bis es so weit war, hielt er sich mit kleineren Aufträgen über Wasser. Er bewohnte zwei Zimmer in einem massiven Steinhaus, das der Eisenbahn gehörte, und öffnete selbst die Tür. »Mrs. Watson, nehme ich an!«, begrüßte er sie strahlend. »Kommen Sie herein! Meine Sekretärin ist leider krank, und mein Kaffee spottet jeder Beschreibung, aber wenn ich Ihnen ein Glas Limonade anbieten dürfte?«
Sie nahm an, dass er gar keine Sekretärin beschäftigte, und verkniff sich ein Lächeln. »Nein, danke.« Sie reichte ihm den Anorak und die Handschuhe. »Darf ich fragen, warum Sie so geheimnisvoll tun? Geht es um die Versicherung? Sie wollen mir doch nicht erzählen, dass sie überhaupt nichts zahlen will?«
»Von einer Versicherung weiß ich nichts«, antwortete er höflich. »Aber kommen Sie doch rein! Mr. Sheldon wartet bereits.« Er öffnete die Tür seines Büros und bot ihr einen Stuhl an. »Ich habe Ihnen beiden eine höchst interessante Mitteilung zu machen …«
Clarissa blickte den Jungen verstört an. Sie hatte nicht erwartet, ihn bei dem Anwalt zu treffen, und wusste nicht, was sie sagen sollte. Sie begrüßte ihn mit einem Kopfnicken. »Hallo, Mike!«
»Hallo, Clarissa!« Auch er war nervös und schien anzu-

nehmen, dass er sie mit seiner zärtlichen Berührung auf dem Friedhof erschreckt hatte. Weil er sich vor dem Anwalt nicht entschuldigen konnte, beließ er es bei einem schüchternen Lächeln. Er rückte ihr den Stuhl zurecht und wartete, bis sie sich gesetzt hatte. Vor ihm stand ein Glas Limonade. Er trank einen Schluck und sah den Anwalt an, der um seinen Schreibtisch herumging und sich setzte. Er hatte nichts von ihrer stummen Unterhaltung bemerkt.

Jimmy Anderson zog einen Schnellhefter aus der Schublade und nahm einen handschriftlichen Brief heraus. Er blickte seine Besucher bedeutungsvoll an. »Mrs. Clarissa Watson! Mr. Michael Sheldon! Mr. William F. Jones – er hat diesen Brief mit seinem vollen Namen und dem Kürzel ›Willie‹ unterschrieben – hat mir einen Tag vor seinem tragischen Tod dieses Testament gegeben. Ich hatte keine Ahnung, was er vorhatte, sonst hätte ich natürlich versucht, ihn zurückzuhalten! ›Heben Sie das für mich auf‹, sagte er, ›und öffnen Sie es, wenn ich mal verblichen bin.‹ Mr. Jones drückte sich manchmal etwas seltsam aus. Ich bearbeite seine Scheidungssache, müssen Sie wissen. Aber ich will Sie nicht länger auf die Folter spannen.« Er strich den Brief mit einer Hand glatt und las vor. Willie betonte, dass er beim Verfassen des Testaments im Vollbesitz seiner geistigen Kräfte gewesen war, und schloss: »Ich vermache mein gesamtes Vermögen zu gleichen Teilen Mrs. Clarissa Watson und Mr. Mike Sheldon. Unterzeichnet: William F. Jones, auch bekannt als Willie Jones.«

Clarissa war sprachlos. Sie wechselte einen Blick mit dem Jungen, der ebenso überrascht war, und sagte: »Sie meinen, er hat uns seine Firma vermacht? Die *Fairchild*?« Sie schüttelte ungläubig den Kopf. »Unfassbar! Hatte er denn keine Verwandten?«

»Anscheinend nicht«, erwiderte der Anwalt. »Außer seiner geschiedenen Frau, und damit wäre ich bei dem Pferdefuß der ganzen Angelegenheit: Mr. Jones schuldet seiner Ex-Frau noch eine beträchtliche Summe an Alimenten, die Sie aus der Erbmasse begleichen müssten. Falls Sie über keine eigenen Mittel verfügen, fürchte ich fast, müssen Sie die Maschine verkaufen.«
»Sie meinen, der Rest ist nicht viel wert.«
Jimmy Anderson nickte bedauernd. »So ist es, Mrs. Watson. Außer dem Flugzeug besaß Mr. Jones nicht viel. Im Gegenteil, sein Bankkonto ist mit zwanzig Dollar überzogen, und ich bekomme auch noch achtzig Dollar. Und ich glaube kaum, dass die Versicherung bereit ist, für die zerstörte Maschine zu zahlen.«
»Bestimmt nicht«, wusste Clarissa aus Erfahrung.
»Ich habe genug gespart!«, schaltete sich Mike ein. Er strahlte wie jemand, der das große Los gezogen hat. »Das reicht, damit können wir die Rechungen begleichen!« Er wandte sich an Clarissa. »Stell dir vor! Jetzt können wir genau das tun, von dem ich immer geträumt habe! Du kannst deine Flugstunden sammeln, und ich kümmere mich um die Fracht und die Passagiere, bis du deinen kommerziellen Schein hast! Ist das nicht wunderbar?«
»Willie hatte alles geplant«, sagte sie nachdenklich. Sie teilte die Freude des Jungen nicht, fühlte sich unwohl bei dem Gedanken, gemeinsam mit ihm eine Firma zu betreiben. Gerade als sie ihn auffordern wollte, aus ihrem Leben zu verschwinden, schweißte sie das Schicksal noch enger zusammen. Sie würden sich beinahe jeden Tag sehen, die Maschine warten, sich um die Fracht kümmern, die Buchhaltung erledigen, und keiner würde etwas ohne das Einverständnis des anderen tun können. Wie sollte sie ihm klarmachen, dass sie kein Inter-

esse mehr an einer Beziehung hatte, wenn sie so eng zusammenarbeiteten? Sie wich seinem strahlenden Lächeln aus und schloss für einen Augenblick die Augen. Sie würde den nötigen Abstand halten. Und sobald sie ihren kommerziellen Flugschein hatte, würde sie ihren Firmenanteil verkaufen und für eine große Gesellschaft arbeiten!

Den Jungen ließ sie über ihre Pläne im Unklaren. Nachdem sie die Papiere unterschrieben hatten, lehnte sie Mikes Angebot, ihr Erbe im Drugstore zu feiern, unter einem Vorwand ab und fuhr nach Hause. Bevor sie mit dem Jungen über ihre berufliche Zukunft sprach, musste sie sich über ihre Gefühle und ihre eigene Zukunft im Klaren sein. Während sie die Hunde fütterte und die Kufen des Schlittens einrieb, verdrängte sie das fröhliche Gesicht des Jungen und ermahnte sich einmal mehr, ihm keine falschen Hoffnungen zu machen. Mike war jung und relativ unerfahren und würde jedes freundliche Wort und jedes Lächeln als Aufforderung verstehen, sich ihr zu nähern. Eine gemeinsame Firma zu haben, bedeutet noch lange nicht, dass wir verheiratet sind, würde sie ihm sagen. Du bist jung und musst dir erst mal die Hörner abstoßen, bevor du an eine Ehe denkst! Steck deine Energie in die Firma, bau dir eine berufliche Zukunft auf! Der Rest kommt dann ganz von allein! Sie würde sich wie eine besorgte Mutter vorkommen, wenn sie diese Sätze sagte, und doch fiel ihr nicht ein, wie sie den Jungen sonst auf Distanz halten sollte. Er war in sie verliebt und würde in seiner Begeisterung nicht einmal davor zurückschrecken, seine Liebe öffentlich zu bekunden. Und das musste sie unbedingt vermeiden. Der Skandal, der eine angebliche Affäre mit dem jüngeren Mann auslösen würde, konnte das Ende ihrer Ehe bedeuten und würde sie zwingen, die Stadt zu verlassen und irgendwo neu anzufangen.

Sie schenkte sich ein Glas Milch ein und zog sich in ihren Lieblingssessel zurück. Nach einem kräftigen Schluck fühlte sie sich besser. Sie öffnete die Post, die sich während der letzten Tage angesammelt hatte, und stieß auf einen Brief der Versicherung. In dem Umschlag lag ein Scheck, der es ihr ermöglichen würde, die Hälfte der Schulden, die Willie Jones hinterlassen hatte, zu übernehmen. Und es blieb noch etwas Geld für den Treibstoff übrig, den sie während der nächsten Wochen verbrauchen würde. Sie brachte das Geld noch am selben Tag zur Bank und rief bei Mike Sheldon an, um ihm die Neuigkeit mitzuteilen. Als der Junge versuchte, über seine Gefühle zu sprechen, brach sie das Gespräch ab: »Ich muss zu den Hunden, Mike. Bis morgen!«

Sie schämte sich für die Ausrede und hätte sich am liebsten auf die Zunge gebissen. Irgendwie war die Sache verfahren. Es musste doch möglich sein, dem Jungen zu sagen, dass sie nur ihren Mann liebte, und es keinen Zweck hatte, ihr den Hof zu machen! In einer solchen Situation halfen nur klare Worte! Warum brachte sie nicht endlich den Mut auf, reinen Tisch zu machen? Wie konnte sie ihn auf Distanz halten, wenn sie solche Spiele mit ihm trieb? Wenn sie ihm immer wieder auswich, vergrößerte sie seinen Schmerz nur. Ein klares »Tut mir Leid, Mike, aber ich liebe dich nicht!« würde ihn traurig machen, wäre aber fairer als die feigen Ausreden und Ausflüchte, die sie bis jetzt gebrauchte.

Doch auch während der nächsten beiden Wochen kam sie nicht dazu, ihm die Wahrheit zu sagen. Das lag weniger an ihrem mangelnden Mut oder an der Art, wie er sie anstrahlte, wenn er ihr in die *Fairchild* half. Es blieb

einfach keine Zeit. Er war damit beschäftigt, Kunden für »Willie's Flight Service« zu finden, und flog die erste Fracht in ein entlegenes Indianerdorf, und sie nützte jede freie Minute, um Flugstunden zu sammeln oder mit dem Hundeschlitten durch die Wälder zu fahren. Jeden Nachmittag verbrachte sie im Krankenhaus. Ihr Mann machte keine Fortschritte, und ihre Besuche drohten zur ermüdenden Routine zu werden. »Sie dürfen die Hoffnung nicht verlieren, Mrs. Watson!«, ermutigte sie Dr. Morgan immer wieder. Aber sie hörte schon gar nicht mehr hin.
Während der wenigen Minuten, die sie Mike auf dem Flughafen sah, sprachen sie über geschäftliche Dinge. Notwendige Reparaturen, ein Fehler in der Buchhaltung, die Überweisung an Willies Ex-Frau – es gab genügend Probleme. Selbst Mike schien nicht mehr geneigt zu sein, bei jeder Gelegenheit über seine Gefühle zu sprechen. Die Firma nahm seine ganze Kraft in Anspruch. Wenn sie im Hangar zusammensaßen und über den Büchern schwitzten, kam kaum Vertrautheit auf. Clarissa hielt den nötigen Abstand und wurde nur einmal nervös, als Mike scheinbar zufällig eine Hand auf ihren Arm legte und sie mit seinen dunklen Augen anblickte. »Ich muss weiter, Mike«, redete sie sich heraus, »ich muss dringend ins Krankenhaus!«
Das Gefühl, wirklich frei und unabhängig zu sein, hatte Clarissa nur auf ihrem Hundeschlitten in der Wildnis und in der Luft. Es war ein herrliches Gefühl, allein über die verschneiten Berge zu fliegen. Hoch über den schroffen Hängen schienen die Probleme des Alltags so fern, dort spürte sie eine seltsame Leichtigkeit, die ihre Sorgen wie die Häuser von Fairbanks schrumpfen ließen, sobald sie mit ihrer Maschine abhob. Das Brummen des Motors

und das Rauschen des Winds klangen wie ein vertrautes Lied, das sie auf jedem Flug begleitete. Ihre Gedanken waren ungetrübt, wanderten durch die Wolken, die zwischen den Bergen hingen, und verglühten im Nordlicht, das wie ein funkelnder Teppich über den leuchtenden Gipfeln hing. Sie flog in eine andere Welt, in einen wunderbaren Traum, der ihr Kraft für die anstrengenden Tage auf der Erde spendete. »Ich liebe dich, Frank!«, beteuerte sie, als sie über das Krankenhaus schwebte.

Auf dem Boden hatte sie Angst um Mike. Immer wenn sie vor dem Hangar stand und auf die Rückkehr des Jungen wartete, blickte sie besorgt zum Himmel. Mike war ein erstklassiger Flieger, der auch bei schlechtem Wetter die Ruhe behielt, doch die Fallwinde über Fairbanks waren tückisch, und er wäre nicht der erste Pilot, der bei einer Landung auf Weeks Field in Schwierigkeiten geraten wäre. Sie selbst hatte bisher immer Glück gehabt. Das einzige Mal, als sie ein Windstoß überraschend nach unten gedrückt hatte, war sie durchgestartet und beim zweiten Mal sicher gelandet. »Gott sei Dank! Dir ist nichts passiert!«, sagte sie einmal, als Mike ein Loch im Nebel gefunden und mit dem letzten Tropfen Sprit gelandet war; doch sogleich bereute sie ihre Worte. In seinem Blick lag so viel Zuneigung, dass sie erschrak.

An einen Flug würde sich Clarissa bis zu ihrem Lebensende erinnern. Es geschah am Samstag, dem 6. Dezember 1941, ein Datum, das sie niemals vergessen würde, weil einen Tag später der Überraschungsangriff der Japaner auf Pearl Harbor stattfand. Mike traf sich mit einigen Kunden, und sie wollte das Zwielicht nützen, um ihrem Konto mindestens vier Flugstunden gutzuschreiben. Sie überquerte den Yukon River und nahm Kurs auf Bettles, einer kleinen Stadt am Koyukuk River, um dort wegen einer Postverbindung zu verhandeln. Der Himmel war wolkenlos und klar, und der leichte Gegenwind behinderte sie kaum. Sie folgte einem ausgetretenen Indianerpfad, der vom Yukon River nach Nordosten und wie eine Schneise durch den Wald führte.

Als sich der Trail zwischen den Bäumen verlor, hatte sie für einen Augenblick keine Orientierung. Das Zwielicht wurde zu einem glühenden Feuer am trüben Himmel und raubte ihr die Sicht. Sie behielt die Ruhe und legte die Maschine in eine Linkskurve. Erstaunt blickte sie nach unten. Das Land hatte sich verändert, wirkte noch urwüchsiger und unnahbarer und leuchtete in seltsamen Farben, die vom Himmel herabfielen. »Die Ausläufer der Kokrines Hills«, brummte sie vor sich hin, als dunkle Felsen durch den Schnee stachen, und das Land immer hügeliger wurde. Sie suchte nach einem Berggipfel oder einem Fluss, der ihr vertraut vorkam, und fühlte, wie eine leichte Panik in ihr aufstieg.

Ein guter Pilot behält selbst in der größten Not die Ruhe. So lautete eine der Grundregeln, die Clarissa von Willie Jones gelernt hatte. Bisher hatte sie sich immer daran gehalten. Doch jetzt wirkte das Land so fremd und entrückt, dass sie ihre ganze Kraft bündeln musste, um nicht die Nerven zu verlieren. Sie wendete die Maschine und hielt verzweifelt Ausschau, ohne einen der bekannten Gipfel oder den Indianertrail zu finden. »Wenn du dich verirrt hast, such nach einem Fluss«, hatte Willie Jones gesagt, »ein Fluss führt zu den Menschen zurück!« Aber es gab keinen Fluss, und das Land lag wie eine weiße Wüste unter ihr.

Der Motor begann zu stottern. Verzweifelt klopfte sie

gegen eine Anzeige auf dem Armaturenbrett. Der Öldruck war gesunken. Anscheinend war die Leitung undicht. Kein Grund zur Panik, sagte sie sich, du landest in einem der Täler und wickelst ein Klebeband um die schadhafte Stelle. Die Maschine verlor an Höhe. Eine plötzliche Windbö ergriff die Tragflächen und ließ die *Fairchild* erzittern. Sie steuerte dagegen und blickte aus dem Seitenfenster, um Ausschau nach einem geeigneten Landeplatz zu halten. Beim Anblick der winterlichen Landschaft erschrak sie.
»Ich bin am Yukon!«, rief sie in aufkommender Panik. »Da unten ... da unten liegt mein Mann! Hier sind wir abgestürzt!« Sie legte die Maschine nach links, um besser sehen zu können, und erkannte das abschüssige Schneefeld, das ihnen damals zum Verhängnis geworden war. Eine Felswand erhob sich oberhalb eines zugefrorenen Baches. Gegenüber von der Felswand erstreckte sich dunkler Fichtenwald. »Das ist ... das ist doch unmöglich!«, stammelte sie. »Ich habe einen Albtraum! Ich träume!«
Der Motor setzte aus und sprang wieder an. Die Maschine fiel einige Meter nach unten und fing sich wieder. Clarissa arbeitete mit Händen und Füßen, um die *Fairchild* im Gleichgewicht zu halten. Sie sah sich verzweifelt nach einem besseren Landeplatz um. Wenn sie auf dem Schneefeld landen musste, bestand die Gefahr, dass es ihr genau so ging wie ihrem ersten Mann. Sie flog eine weite Kurve und drehte über den Fichtenwald nach Westen. Zwischen einigen Felsen ragte ein Hügel empor. Für einen Augenblick tauchten dunkle Schatten auf. Sie glaubte, ein Wolfsrudel zu erkennen, und hatte das Gefühl, dass eines der Tiere in ihre Richtung blickte und die Zähne fletschte. Oder bildete sie sich das ein? Ein

anderer Wolf verscheuchte das wütende Tier und blieb allein auf dem Hügel stehen. So wie damals Nanuk!
»Nanuk?«, rief sie in den Motorenlärm. »Nanuk?«
Das Stottern hörte auf, und der Motor arbeitete wieder gleichmäßig. Sie atmete erleichtert auf. Ein Pfropfen in der Ölleitung. Sie drehte die Maschine und flog noch einmal über den Hügel hinweg. Diesmal war er leer. Es gab keine Wölfe und keinen Nanuk. Auch die dunkle Felswand war verschwunden. Statt dessen leuchtete der Yukon River im arktischen Zwielicht. Sie war im Kreis geflogen! Sie flog zur Mündung des Tanana River und folgte dem kleineren Fluss nach Fairbanks zurück.
Unterwegs fragte sie sich, ob sie eingeschlafen war und geträumt hatte. Vielleicht nur für den Bruchteil einer Sekunde. Der Motor arbeitete jetzt störungsfrei, und sie hatte nicht den Eindruck, als wäre irgendetwas mit der Ölleitung nicht in Ordnung. Die Maschine lag einwandfrei in der Luft. Selbst im nachlassenden Licht hatte sie keine Mühe, den Kurs zu halten. War sie einer Luftspiegelung aufgesessen? Einer Sinnestäuschung? Sie wusste es nicht und würde niemals hinter das Geheimnis ihres Irrflugs kommen. Nanuk wollte mir ins Gewissen reden, sagte sie sich und schalt sich im nächsten Augenblick eine Närrin. Selbst ein Geist-Hund wie er brachte so etwas nicht fertig!
Sie landete mit dem letzten Tageslicht und rollte vor dem Hangar aus. Mike Sheldon wartete bereits und machte sich daran, die *Fairchild* zu verankern und das Öl abzuzapfen. Er grinste über beide Backen. »Du fliegst besser als Noel Tuska!«, lobte er.
Sie kletterte aus der Maschine und verzog keine Miene. »Ich glaube, mit der Ölleitung stimmt was nicht«, sagte sie beiläufig.

21

Clarissa erholte sich im Drugstore bei einem Sandwich und einer Schokomilch, als die Meldung im Radio kam.
»...unterbrechen wir unser sonntägliches Musikprogramm für eine wichtige Meldung: Heute Morgen haben japanische Flugzeuge den Flottenstützpunkt der USA in Pearl Harbor, Hawaii, angegriffen! Über die Zahl der Opfer und der zerstörten Schiffe ist nichts bekannt. Präsident Roosevelt berät zur Stunde mit dem Generalstab und wird sich in Kürze an die Nation wenden. Es wird damit gerechnet, dass die USA dem japanischen Kaiserreich den Krieg erklären. Dieser Akt der Barbarei muss gesühnt werden! Im Gedenken an die tapferen Soldaten, die während dieses heimtückischen Überfalls ihr Leben lassen mussten, ändern wir unser Programm und bringen Ausschnitte aus einem Konzert der New Yorker Philharmoniker, das im letzten August aufgenommen wurde. Sobald wir neue Meldungen erhalten, melden wir uns wieder. Beten Sie für unsere Soldaten! Gott schütze Amerika!«
Den Worten des Radiosprechers folgte betretenes Schweigen. Belinda drehte den Apparat leiser und starrte mit leeren Augen in das Lokal. Ein junger Mann, der neben einem Regal mit Schokolade und Bonbons lehnte, ließ sein leeres Glas fallen und machte keine Anstalten, die Scherben aufzuheben. Eine ältere Dame blinzelte in das gelbe Licht und rief: »Was hat er gesagt? Sie haben Pearl Harbor angegriffen? Die Japaner? Wo, zum Teufel, liegt Pearl Harbor?«
Clarissa starrte in ihre Schokomilch und hatte nur den einen Gedanken, dass die USA jetzt in den Krieg eintre-

ten und viele junge Männer sterben würden. Eine Vorstellung, die sie immer erschreckt hatte, wenn sie über Hitler und seinen Krieg in Europa gelesen hatte. Der Krieg war so weit weg gewesen, und plötzlich fand er im eigenen Land statt. Was passierte, wenn die Japaner nach Alaska kamen?«
Vom Militärstützpunkt drang das Heulen einer Sirene herüber. Das Geräusch wanderte durch die Straßen von Fairbanks und hallte als vielfaches Echo von den Häuserwänden wider. Schlittenhunde bellten. Von der Straße tönten aufgeregte Stimmen in den Drugstore, ein Mann öffnete die Tür und rief: »Haben Sie gehört? Die Japaner haben Pearl Harbor angegriffen! Sie sollen unsere gesamte Flotte vernichtet haben!« Die Tür fiel zu, und er rannte weiter. Durch das Fenster sah man, wie Menschen über die Straße liefen und aufgebracht Neuigkeiten austauschten. Angst spiegelte sich auf ihren Gesichtern. Ein Polizist kam mit dem Hundeschlitten und befahl allen, in ihre Häuser zurückzukehren.
Belinda war blass geworden. »Warum greifen uns die Japaner an?«, fragte sie mit Tränen in den Augen. »Warum töten sie unsere Soldaten? Wir haben ihnen doch nichts getan!« Sie blickte Clarissa an und begann zu schluchzen. »Und was geschieht mit Bill? Ob er jetzt noch ein Stipendium bekommt? Was ist, wenn er in den Krieg muss? Ich will nicht, dass Bill mich verlässt!« Sie verbarg ihr Gesicht in den Händen und weinte hemmungslos.
»Wir jagen die Japse zum Teufel!«, tönte der junge Mann am Süßwarenregal. Er hatte gar nicht gemerkt, dass sein Glas auf dem Boden zerschellt war. »Wir spüren die verdammten Hunde auf und schicken sie in die Hölle!« Er stapfte aus dem Drugstore, um sich freiwillig zu melden, noch bevor der Krieg begonnen hatte. Durch das Fens-

ter konnte man beobachten, wie er mit zwei anderen Jugendlichen sprach und sie zum Mitgehen überredete.

»Ich muss zu Frank«, entschied Clarissa. Sie legte einen Dollarschein auf den Tresen und verließ den Drugstore. Kalter Wind wehte ihr entgegen. Ihre Gedanken waren in Unordnung, wirbelten in ihrem Kopf herum. Sie hatte sich nie für Politik interessiert und ahnte nicht, welche Auswirkungen der Überfall auf Pearl Harbor haben konnte. Sie wusste nur, dass es Krieg geben würde. Die Angst vor diesem Krieg schnürte ihr die Kehle zu und machte sie genauso hilflos wie die anderen Menschen in der Stadt. Alaska ragte mit den Inseln der Aleuten weit in den Pazifik hinein und bot den Japanern ein leichtes Angriffsziel, falls sie erneut einen Angriff starten wollten.

Eine ältere Dame trat aus einem Laden und blieb mit besorgtem Gesicht vor ihr stehen. »Die Japaner haben Pearl Harbor angegriffen!«, meinte sie. »Ich hoffe nur, unser Präsident tut das Richtige! Ich war während des Weltkriegs in Europa und weiß, wie es den Menschen ergangen ist! So etwas darf nie wieder geschehen! Beten Sie zu Gott, dass es keinen Krieg mehr gibt!«

»Haben Sie keine Angst«, erwiderte Clarissa ruhig. »Präsident Roosevelt ist ein besonnener Mann! Sie werden sehen, es wird alles gut! Und wenn es wirklich zum Äußersten kommt, ist unsere Armee stark genug, um die Japaner schnell zu besiegen!«

»Gott schütze Amerika!«, sagte die Dame laut.

Clarissa löste den Anker ihres Schlittens und fuhr die Cushman Street zum Krankenhaus hinunter. Aus den Fenstern einiger Häuser hingen amerikanische Flaggen. Eine DC-3 der Wien Airlines flog dicht über die Stadt hinweg und verschwand in der arktischen Nacht. Vor dem Nugget Saloon stritten sich einige Männer. Ein kleiner Junge stand mit einem Spielzeuggewehr im Hauseingang und sang: »Ich zieh mit Papi in den Krieg, hurra ...«

In der Eingangshalle des Krankenhauses lief ein Radio. Ärzte, Schwestern und Patienten lehnten am Empfang und warteten darauf, dass der Sprecher erneut das Programm unterbrach und sie weiter auf dem Laufenden hielt. Die klassische Musik ließ die Szene wie ein unwirkliches Bild aus einem Traum erscheinen. »Und wieder unterbrechen wir unser Programm für eine wichtige Meldung«, sagte der Sprecher, als sie ihren Anorak öffnete und die Handschuhe auszog. »Nach dem Angriff auf Pearl Harbor besteht für das Territorium von Alaska die höchste Alarmstufe! Der Luftraum ist ab sofort für zivile Flugzeuge gesperrt! Alle Piloten werden gebeten, sich bei der Armee zu melden! An die Bevölkerung ergeht der dringende Aufruf, die Lichter zu löschen und Läden zu schließen! Folgen Sie diesen Anweisungen bitte unverzüglich!« Und nach einer kurzen Pause: »Ich höre gerade, dass mit der Ansprache von Präsident Roosevelt nicht vor morgen früh zu rechnen ist. Beten Sie mit uns für die Opfer von Pearl Harbor! Gott schütze Amerika!«

Noch bevor die klassische Musik wieder erklang, hatte eine Schwester die Läden geschlossen. Die Notbeleuchtung wurde eingeschaltet. Ein Arzt dachte laut darüber nach, wie überlastet das Krankenhaus sein würde, wenn der Krieg über Alaska hereinbrach. Clarissa hörte gar nicht hin und lief den langen Flur zum Zimmer ihres Mannes hinunter. Dr. Morgan und Schwester Ruth standen neben seinem Bett und lächelten hoffnungsvoll. »Die Japaner ...«, wollte Clarissa die Meldung des Tages

verbreiten, aber die beiden schienen sich nicht dafür zu interessieren.
»Er hat die Augen bewegt!«, sagte Dr. Morgan leise. Er bedeutete Clarissa, näher an das Bett zu treten, und zog einen Bleistift über die Augen ihres Mannes. »Sehen Sie? Seine Augen bewegen sich! Sie folgen dem Bleistift! Das ist ein großer Fortschritt!«
Schwester Ruth beugte sich zu dem bewusstlosen Piloten hinab. »Können Sie mich hören, Frank? Ihre Frau ist hier!« Sie gab Clarissa einen Wink. »Kommen Sie! Sprechen Sie mit ihm!«
Clarissa griff nach einer Hand ihres Mannes und hatte Tränen in den Augen, als sie sagte: »Frank! Ich bin's, Clarissa! Hörst du mich, Frank? Zeig mir, dass du mich hören kannst!« Sie war mit ihrem Gesicht dicht über seinen Augen und wartete mit klopfendem Herzen auf eine Regung. »Frank! Kannst du mich hören?«
Ein schwaches Lächeln glomm in seinen Augen. Wie eine winzige Stichflamme, die sofort wieder erlosch. »Er hat gelächelt!«, rief sie aufgeregt. »Er hat gelächelt, Ruth! Dr. Morgan!«
»Ich glaube, er ist auf dem Weg der Besserung«, sagte der Arzt zufrieden. »Natürlich kann ich nichts Genaues sagen, dazu ist die Krankheit zu wenig erforscht. Aber ich glaube, wir sind seit heute einen großen Schritt weiter! Er reagiert, das ist ganz wichtig!«
Sie ließ ihren Mann nicht aus den Augen. »Wird er wieder ganz gesund, Doktor? Ich meine, dass er reagiert, ist doch ein gutes Zeichen, oder? Wird er jemals wieder ein … normaler Mensch?«
»Ich hoffe es, Mrs. Watson! Wir können nur beten und hoffen, dass die Schädigung seines Gehirns nicht zu groß ist. Aber mit dem Gehirn ist es ähnlich wie mit anderen

Körperteilen. Wenn man es trainiert, wird es leistungsfähiger! Hören Sie nicht auf, sich mit Ihrem Mann zu beschäftigen! Sprechen Sie mit ihm!« Er blickte Schwester Ruth an. »Ich glaube, wir lassen Mrs. Watson lieber allein! Ich bin in meinem Büro, wenn Sie mich brauchen!«

Dr. Morgan und Schwester Ruth verließen das Krankenzimmer. Clarissa war mit ihrem Mann allein, streichelte seine Wangen und tupfte ihm den Schweiß von der Stirn, als hätte es den Angriff auf Pearl Harbor niemals gegeben. Erst das erneute Heulen der Sirene ließ sie an die furchtbare Meldung denken. Sie schloss die Fensterläden und schaltete die Deckenbeleuchtung aus. Die kleine Lampe auf seinem Nachttisch musste genügen.

»Hab keine Angst!«, sagte sie zu ihrem Mann. »So kannst du besser schlafen!« Sie hatte keine Ahnung, wie die Nachricht vom japanischen Angriff auf ihn wirken würde, und beschloss, ihm die Meldung zu verheimlichen. »Stell dir vor, wir haben Willies Firma geerbt, der junge Mike Sheldon und ich! Wir haben nur noch die *Fairchild*, aber Mike will mich so lange fliegen lassen, bis ich meine Stunden zusammen habe! Sobald ich den kommerziellen Schein habe, werde ich etwas Geld verdienen! Ich hab einen Scheck von der Versicherung bekommen, doch der reicht gerade, um Willies Schulden zu bezahlen. Seine Ex-Frau bekommt einen Haufen Geld! Mike musste sein Sparkonto plündern! Aber lange kann es nicht dauern, dann sind wir im Plus!«

Die Flamme in seinen Augen war erloschen, und es fiel ihr schwer, von einer besseren Zukunft zu reden. Noch war er nicht über den Berg. Vielleicht würde er niemals wieder sprechen und sich bewegen können, und der Anflug eines Lächelns und eine flüchtige Bewegung sei-

ner Lippen wären die einzigen Anzeichen dafür, dass er noch lebte. Sie wagte gar nicht daran zu denken. Und was geschah, wenn der Krieg nach Alaska kam, und sie alle Betten für die Verwundeten brauchten? Wer würde sich dann um ihn kümmern? Wie sollte sie ihn pflegen und gleichzeitig Geld verdienen? Sie verdrängte die bedrückenden Gedanken und setzte sich auf einen Stuhl. Sie wollte so lange bleiben, bis ihr die Augen zufielen. Für ein Lächeln nahm sie einiges in Kauf.
Einige Minuten vor dem Schichtwechsel verabschiedete sie sich von Frank. Sie begegnete Schwester Ruth im Flur und bemerkte die Sorgenfalten in ihrem Gesicht. »Furchtbar, nicht wahr? Wer weiß, wie viele Menschen in Hawaii gestorben sind!«
Aber die Schwester hatte nicht an den bevorstehenden Krieg gedacht. »Meiner Mutter geht es wieder schlechter! Sie hat sich furchtbar aufgeregt, als die Meldung über Pearl Harbor durchkam, und glaubt wohl, dass die Japaner auch Alaska angreifen!«
»Ich hoffe, unsere Armee beendet diesen Krieg, noch bevor er richtig begonnen hat«, erwiderte Clarissa ernst. »Schlimm genug, dass wir sie nicht daran hindern konnten, Pearl Harbor anzugreifen!« Sie erreichten die Eingangshalle. »Haben Sie Anweisungen von der Regierung bekommen? Besteht die Möglichkeit, dass die Armee das Krankenhaus übernimmt? Morgen wird es hier bestimmt von Soldaten wimmeln! Ich habe große Angst, Ruth!«
»Um Ihren Mann? Nein, ich hab nichts gehört. Solange die Japaner nicht in Alaska landen, passiert nichts! Und was ist mit Ihnen? Sollen sich die Piloten nicht bei der Armee melden?«
Das hatte sie beinahe vergessen. Sie rannte nach draußen, sprang auf den Schlitten und trieb das Hundege-

spann nach Ladd Field hinaus. Der Militärposten bestand aus einer Ansammlung von Baracken und beherbergte etwas über hundert Soldaten, die winterfeste Kleidung in der Arktis testen sollten. Doch davon war jetzt keine Rede mehr. Die Armee war wenige Minuten nach der Meldung aus Pearl Harbor in höchste Alarmbereitschaft versetzt worden, und bereits in wenigen Stunden sollten weitere Kampftruppen vom Festland eingeflogen werden. Es war bereits die Rede davon, einen weiteren Stützpunkt auf den Aleuten einzurichten und eine winterfeste Straße zum Eismeer zu bauen. Nach der Meinung des Militärs bestand kein Zweifel daran, dass die USA am Montag in den Krieg eintreten würden.
Ladd Field war von einem Stacheldrahtzaun umgeben und wurde streng bewacht. Clarissa parkte ihren Schlitten und hatte ein ungutes Gefühl, als sie sich den beiden Wachtposten am Kontrollpunkt näherte. »Clarissa!«, hörte sie eine vertraute Stimme hinter sich rufen. »Komm zurück! Es ist alles schon erledigt!«
Clarissa drehte sich um und sah Mike über die Straße kommen. Der Junge trug den Mantel, den er bei der Beerdigung getragen hatte, und war sorgfältig rasiert. »Ich war in der Kommandantur und habe alles geregelt. Wir dürfen die *Fairchild* behalten!«
Sie starrte ihn ungläubig an. »Wir dürfen sie behalten? Was soll das heißen? Wollten sie die Maschine beschlagnahmen?«
»Alle Fluggeräte gehen in den Besitz des Territoriums über, um die Sicherheit des Landes zu gewährleisten«, zitierte er die Worte des Captains, »und alle Piloten werden gebeten, sich in den Dienst des Vaterlandes zu stellen und sich freiwillig zu melden!«
Sie brauchte eine Weile, um seine Worte zu verstehen.

Ihr Gesicht nahm einen ungläubigen Ausdruck an. »Du hast dich freiwillig gemeldet? Du willst in den Krieg gegen die Japaner ziehen? Weißt du, was das bedeutet? Dazu bist du viel zu jung!«
Er lachte. »Du redest beinahe wie meine Mutter! Ich bin fünfundzwanzig und kein Kind mehr! Die meisten Männer, die sich verpflichtet haben, sind viel jünger als ich! Einen haben sie nach Hause geschickt, weil er noch keine achtzehn war! Er schrie Zeter und Mordio! Er wollte unbedingt gegen die Japaner kämpfen!«
»Aber der Krieg hat noch gar nicht begonnen!«
»Er ist im vollen Gange, sagt der Captain! Wenn wir uns nicht wehren, greifen die Japse morgen Alaska und Kalifornien an! Es ist nur noch eine Frage der Zeit, bis Präsident Roosevelt den Krieg erklärt! Hast du gehört, was er im Radio gesagt hat? Dieser 7. Dezember sei ein ›Tag der Schande‹! Und die Nation sei gefordert! Ich will dabei sein, wenn wir die Japaner bestrafen!«
»Soll ich die Firma allein führen?«, fragte Clarissa, die erst jetzt merkte, welche Unordnung dieser Krieg in das Leben aller Amerikaner brachte. »Ich brauche noch mindestens einen Monat, bis ich meine Stunden zusammen habe! Vielleicht sogar zwei! Und solange ich den kommerziellen Schein nicht habe, verdienen wir keinen Penny! Willst du, dass wir bankrott gehen? Was nützt es mir, wenn ich die *Fairchild* behalten und weder Passagiere noch Fracht befördern darf!« Sie war besorgt. »Was ist mit Noel Tuska und Richard Harmon? Haben die sich auch freiwillig gemeldet?«
»Noel, Richard, alle Männer, die ich kenne! Sid Baxter war gleich, nachdem die Meldung im Radio kam, auf dem Stützpunkt! Er wäre am liebsten allein gegen die Japaner geflogen!« Mike zeigte ein flüchtiges Lächeln. »Ich

kann den Angeber nicht leiden, aber ich bin sicher, er hätte es getan! Er ist ein mutiger Mann!«

Clarissa resignierte. Es ging ihr nicht nur um den Jungen. Sie sorgte sich um alle Männer, die in den Kampf gegen die Japaner zogen. War es nicht in allen Kriegen so gewesen? Die Männer zogen mit großem Hallo in die Schlacht und kehrten als verwundete Krüppel nach Hause zurück. Wenn sie das Glück hatten, die Grausamkeiten des Krieges zu überleben! So war es vor dreißig Jahren im Weltkrieg gewesen, und so würde es noch in den nächsten Jahrhunderten sein. Aber es war wohl nicht zu ändern. Amerika durfte den heimtückischen Angriff der Japaner nicht ungesühnt lassen, und sie hätte sich wahrscheinlich selber gemeldet, wenn ihr Mann nicht krank gewesen wäre. Viele junge Frauen gingen als Krankenschwestern zur Armee oder arbeiteten in der Rüstungsindustrie, um ihre Männer zu unterstützen.

Mike lächelte immer noch. »Wir gehen nicht bankrott, Clarissa! Ich hab eine Sondergenehmigung für dich rausgeschlagen! Du darfst den kommerziellen Schein schon nach hundert Stunden machen! Ist das nicht irre?« Schon wieder dieses Wort, das sie so albern fand. »Wir müssen unsere tapferen Frauen an der Home Front unterstützen, hat der Captain gesagt. Er hat an die CAA in Anchorage telegrafiert, du brauchst dort nur anzurufen!«

»Und ich werde schon mit hundert Stunden zur Prüfung zugelassen?«, meinte sie ungläubig. »In ein oder zwei Wochen?«

»Im Krieg ist vieles möglich«, wiederholte Mike die Erklärung des Captains. »Du fliegst nach Anchorage und machst die Prüfung, und dann kann es losgehen! Wahrscheinlich hast du ein Vermögen zusammen, wenn ich aus dem Krieg zurückkehre!«

Sie konnte sich nicht freuen. »Ich werde die Hälfte des Vermögens auf dein Konto überweisen. Vielleicht überschreibe ich dir die ganze Firma, wenn du wieder hier bist.« Sie wollte ihm sagen, dass sie eine eigene Maschine anzahlen würde, wenn sie genug Geld gespart hatte, um gemeinsam mit ihrem Mann zu fliegen, sobald er gesund war, brachte es aber nicht übers Herz. Die Wahrheit hätte ihm alle Hoffnung genommen, und was war ein Mann, der in einen solchen Krieg zog, ohne Hoffnung wert?

»Du wartest doch auf mich?«, fragte er nervös.

Clarissa zögerte nur einen winzigen Augenblick. Sie zwang sich zu einem Lächeln und sagte: »Ja, Mike. Ich warte auf dich.«

22

Clarissa hörte die Kriegserklärung im Radio. Präsident Roosevelt sprach von der großen Schande, die gesühnt werden müsse, und forderte alle Amerikaner auf, in dieser schwierigen Zeit zusammenzustehen. »Gott ist mein Zeuge!«, sagte er feierlich. »Wir werden diesen Tag der Schande nicht ungesühnt lassen!« Er beschwor alle kampffähigen Männer, sich freiwillig zu melden und in den gerechten Krieg gegen die Unmenschen ziehen, die viele hundert unschuldige Amerikaner in einen grausamen Tod geschickt hatten. Später stellte sich heraus, dass über zweitausend Menschen in Pearl Harbor gestorben waren. Aber eine solche Zahl wäre der Kampfmoral nicht zuträglich gewesen. »Unsere Nation steht auf dem Prüfstand! Wollen wir zulassen, dass die Unmenschlichkeit einiger weniger Nationen die Welt in ein tragisches Unglück stürzt? Oder wollen wir unser Leben für eine bessere und gerechte Welt einsetzen? Ich sage, wir müssen kämpfen! Gott schütze unsere Soldaten! Gott schütze Amerika!«

»In drei oder vier Tagen geht es los!«, sagte Mike, als sie die *Fairchild* in den Hangar schoben. »Die meisten Männer, die sich gemeldet haben, bleiben in Alaska. ›Wir brauchen Soldaten, die sich in dieser verdammten Wildnis auskennen.‹« Er ahmte die Stimme des Captains nach. »Ich hab ihm gesagt, dass ich den Japanern in die Augen sehen will, und er meint, das kannst du haben, mein Junge! Er hat mir versprochen, mich an die vorderste Front zu schicken, irgendwo im Südpazifik. Mutige Männer wie du werden die Japse schlagen, hat der Captain gesagt. Ist das nicht wunderbar? Leider darf ich nicht fliegen.«

Seine Miene verdunkelte sich für einen Augenblick. »Aber ich darf als Mechaniker arbeiten! Wir werden diesen Krieg gewinnen, Clarissa!«
Die offensichtliche Begeisterung des Jungen erschreckte sie. Sie war nicht wie die anderen Frauen, die das Sternenbanner aus dem Fenster hingen und bei jeder Gelegenheit »God bless America!« riefen. Sie liebte ihr Land und wusste, dass es keine andere Möglichkeit gab, den Überfall von Pearl Harbor zu sühnen, als Japan den Krieg zu erklären, aber bei allem Patriotismus musste sie immer an die Opfer denken, die dieser Krieg fordern würde. Junge Männer, voller Idealismus und Zuversicht, kämpften in Ländern, von denen sie noch nie gehört hatten, für ihr Vaterland, und viele von ihnen würden niemals zurückkehren oder für den Rest ihres Lebens gezeichnet sein. Unwillkürlich dachte sie an ihren Mann, der hilflos in seinem Bett lag und einem ungewissen Schicksal entgegensah.
Frank ließ nicht erkennen, ob er etwas von dem Kriegstrubel mitbekam. Dem kurzzeitigen Hoch war ein neues Tief gefolgt, und er schien erneut das Bewusstsein verloren zu haben und starrte mit leeren Augen zur Decke empor. Einen Tag nach der Kriegserklärung konnte sie sich nicht vorstellen, ihn noch einmal lächeln zu sehen. Sie gab nicht auf, erzählte ihm von den Hunden, dass Dusty etwas verstimmt war, weil sie sich in letzter Zeit weniger um ihn kümmerte, und Pete endlich etwas Gewicht verloren hatte. Snowball war der selbe Hitzkopf wie vor zwei Jahren, als sie ihn von einem Züchter aus Bethel gekauft hatte, und der junge Grumpy würde immer ein unbeholfener Tollpatsch bleiben. »Es wird Zeit, dass ich mich mehr um die Hunde kümmere!«
Schwester Ruth stand im Eingang zum Schwesternzim-

mer, als sie durch den notdürftig erleuchteten Flur ging. Sie wirkte ernster und gefestigter als sonst. »Ich wollte mich von Ihnen verabschieden«, sagte sie, »ich habe mich freiwillig gemeldet und fliege morgen nach Anchorage. Keine Ahnung, wo sie mich hinschicken! Ich wünsche Ihrem Mann und Ihnen alles Gute! Tut mir Leid, ich war manchmal etwas ruppig. Mir ging's in letzter Zeit nicht besonders. Der neue Job wird mir helfen, Abstand zu gewinnen.«

»Längst vergessen«, erwiderte Clarissa. Sie schüttelte der Schwester die Hand und wünschte ihr viel Glück. »Ich hoffe, Sie müssen nicht zu viel Leid sehen! Helfen Sie unseren Soldaten!«

»Ich tue, was ich kann«, versprach sie.

Dr. Morgan würde bleiben und sich auch weiterhin um ihren kranken Mann kümmern. Aber auch er konnte ihr nicht versichern, dass Frank sein Zimmer während der nächsten Wochen behalten würde. Falls die Japaner die Aleuten angriffen, würde man jedes Bett für die Verwundeten brauchen. Sie hoffte, dass die Armee aus dem Überraschungsangriff auf Pearl Harbor gelernt hatte und es nicht dazu kommen lassen würde. Seit Sonntag befanden sich alle Einheiten im Alarmzustand, und es durfte eigentlich nichts mehr passieren. Beim ersten Anzeichen einer Gefahr würden die Abfangjäger des Army Air Corps aufsteigen.

Den Rest des Nachmittags verbrachte sie auf ihrem Schlitten und sah auf dem Rückweg bei Belinda vorbei. Die Bedienung wirkte niedergeschlagen und lächelte kaum. Sie bestellte ein Sandwich und eine Coca-Cola und ließ sich auf einem der Hocker nieder. Außer ihr war niemand im Lokal. »Der Krieg wird nicht lange dauern!«, tröstete sie die Bedienung. »Hast du nicht gehört?

Unsere großen Flugzeugträger waren gar nicht im Hafen, als die Japaner angriffen! Du wirst sehen, Bill ist bald zurück!«
Belinda zapfte die Cola und stellte sie auf den Tresen. Ihr Gesicht war verweint. »Ich weiß nicht«, meinte sie heiser, »er sagt, dass die Japaner den ganzen Pazifik beherrschen wollen, und dass es ein hartes Stück Arbeit wird, sie zu vertreiben.« Sie beschmierte die beiden Weißbrothälften mit Tunfischsalat und legte zwei Tomatenscheiben darauf. In ihren Augen schimmerten Tränen, als sie aufblickte. »Ich habe Angst, Clarissa! Um Bill, um alle Männer, die jetzt in den Krieg ziehen! In der Zeitung steht, dass Deutschland und Italien uns den Krieg erklären wollen, dann gibt es einen Weltkrieg! Wo soll das hinführen, Clarissa?«
»Ich weiß es auch nicht«, erwiderte sie. Ihre Gedanken waren bei Mike, der es gar nicht erwarten konnte, in den Krieg zu ziehen, und nicht daran zu denken schien, dass es in einem solchen Krieg auch Tote und Verwundete gab. »Der Präsident weiß, was er tut! Wir haben die stärkste Armee der Welt, steht im *News-Miner*! Du wirst sehen, wir werden die Japaner besiegen!«
»Ich bete jeden Abend«, sagte Belinda leise. Sie reichte Clarissa das Sandwich und stützte sich auf den Tresen. »Ich bete zu Gott, dass dieser Krieg schnell vorbei ist und Bill zurückkommt!«
Clarissa verzehrte stumm ihr Sandwich und verabschiedete sich von Belinda. Bis das Flugverbot für zivile Maschinen aufgehoben wurde, verbrachte sie viel Zeit mit den Hunden, holte nach, was sie während der vergangenen Tage versäumt hatte. Sie trainierte weiter mit den Huskys, obwohl ihr schon jetzt klar war, dass der Ice Carnival und das Dog Derby abgesagt würden, solan-

ge Amerika sich im Krieg befand. Im Busch begegnete sie keinem Menschen. Der Krieg hatte selbst die eifrigsten Wolfsjäger aus der Wildnis vertrieben, und niemand sprach mehr von der Bedrohung durch das hungrige Rudel. Im *News-Miner* stand lediglich eine kurze Notiz, die besagte, dass die Polizei regelmäßig patrouillierte und die Stadtgrenzen bewachte. Aber während der letzten beiden Tage war nicht einmal ein Heulen zu hören gewesen. Die Wölfe schienen vor dem Trubel geflohen zu sein.

Der Freitag war ein trüber Tag. Schon am frühen Morgen verdeckten dichte Wolken die Sterne, und leichter Schnee rieselte auf das Land herab. Clarissa wachte zeitig auf und hatte bereits gefrühstückt, als die Hunde bellten und es laut gegen die Tür klopfte. Sie bekam selten Besuch und blickte überrascht von ihrer Hausarbeit auf. Sie trug ein einfaches Hauskleid und war nicht geschminkt. Hastig rückte sie ihre Haare zurecht. »Mike!«, rief sie erstaunt, als sie den Jungen vor dem Haus stehen sah.

»Ich komme ungelegen, was?« Mike betrachtete den Scheuerlappen in ihrer Hand. »Ich wollte mich verabschieden. Wir fliegen in zwei Stunden nach Anchorage, und dann geht's weiter über den Pazifik. Das nehme ich jedenfalls an. Die Offiziere machen ein großes Geheimnis aus unserem Auftrag.« Er überspielte seine Verlegenheit mit einem Lächeln. »Darf ich reinkommen?«

Sie starrte ihn noch immer an. »Natürlich, Mike! Komm rein! Möchtest du einen Kaffee? Oder ein Glas Milch?«

Er schüttelte den Kopf. »Entschuldige die Unordnung, aber ich bin die meiste Zeit mit dem Schlitten unterwegs oder in der Luft, da komme ich kaum noch zur Hausarbeit. Wann geht's los? In zwei Stunden?«

»Wir fliegen mit einer DC-3 nach Anchorage«, bestätigte er. »Ich bin noch nie mit einer großen Maschine geflogen.« Sie bot ihm einen Stuhl an, aber er blieb stehen. »Der Captain meinte, dass wir uns von unseren Liebsten verabschieden sollen, und da dachte ich … nun ja, wir sind uns doch sehr nahe gekommen …«

Sie unterbrach ihn nicht, hätte es niemals übers Herz gebracht, ihn vor einer so gefährlichen Reise aller Hoffnungen zu berauben. Wenn er den Krieg gegen die Japaner überleben wollte, brauchte er einen Halt, den nur sie ihm geben konnte. Ihre Zuneigung war nicht so selbstverständlich wie die Liebe seiner Mutter, würde ihm die Kraft und die Ausdauer geben, die Grausamkeiten des Krieges zu überstehen. Er liebte sie, das war kein Geheimnis, und er würde jeglichen Mut verlieren und vielleicht sogar verzweifeln, wenn sie ihm jetzt die Wahrheit sagte.

»Ich liebe dich, Clarissa«, sagte er. »Ich weiß, ich dürfte das eigentlich nicht sagen, aber ich kann nicht anders! Ich liebe dich! Ich liebe dich wirklich!« Er blickte sie voller Zärtlichkeit an. »Und ich möchte dich noch einmal küssen, bevor ich gehen muss!«

Er ging langsam auf sie zu und nahm sie zärtlich in die Arme. Sie wehrte sich nicht. Wenn sie ihn jetzt zurückstieß, würde er verzweifeln und in der ersten Schlacht den Tod suchen. Sie schloss ihre Augen und spürte, wie seine Lippen ihren Mund berührten. Er küsste sie liebevoll, wie ein Bräutigam vor dem Altar, und erst als er ihre Zunge spürte, wurde sein Kuss leidenschaftlich und fordernd. Sie löste sich von ihm und rang nach Atem.

»Leb wohl, Clarissa«, sagte er nach einer Weile. »Ich werde immer an dich denken, wenn ich in der Ferne bin!«

Er blickte sie verträumt an. »Ich werde dir schreiben! Ich schicke die Briefe an meine Mutter, dann sieht niemand, dass du Post von mir bekommst. Sie weiß Bescheid. Sie ruft dich an, wenn sie einen Brief für dich hat.« Er zögerte. »Du magst mich auch, nicht wahr?«

»Ich mag dich sogar sehr«, erwiderte sie. Später wusste sie nicht, ob sie in diesem Augenblick gelogen oder die Wahrheit gesagt hatte. Sein Kuss lag wie ein warmer Hauch auf ihren Lippen, und der Gedanke an seine leidenschaftliche Berührung ließ ihr noch Tage später das Blut ins Gesicht steigen. In seinen dunklen Augen brannte ein Feuer, das sie tief in ihrer Seele berührte. Der Junge hatte Macht über sie, daran gab es keinen Zweifel, und obwohl sie seine Liebe nicht erwiderte, würde sie niemals kühl und unbeteiligt in seiner Nähe sein. »Leb wohl, Mike!«, sagte sie. »Du musst jetzt gehen! Ich werde für dich beten!«

»Leb wohl! Ich liebe dich!« Er ging nach draußen und rannte zur Stadt zurück. Das nervöse Gebell der Huskys folgte ihm über die Brücke. Er stolperte und fiel, stand wieder auf und rannte weiter.

Clarissa ließ sich in einen Sessel fallen und betrachtete das Scheuertuch in ihrer Hand. Sie hatte es selbst während seiner Umarmung nicht weggelegt. Ein verstörtes Lächeln huschte über ihr Gesicht. Dann wurde sie ernst und begann zu weinen. Minutenlang strömten die Tränen, bis sie sich endlich beruhigen konnte. Mit dem Ärmel trocknete sie ihr Gesicht. Sie hatte richtig gehandelt. Sie hatte seinen Kuss erwidert, und der liebe Gott würde ihr verzeihen, dass sie etwas dabei empfunden hatte. Mit einem Traum auf den Lippen würde er stark genug für den Krieg sein. Und dennoch kam sie sich schäbig vor. Seine Liebe war so stark und aufrich-

tig und verdiente es nicht, dass man ihn belog. Er war ein guter Junge.
Sie wollte nicht daran denken, was geschah, wenn er aus dem Krieg zurückkehrte, und betäubte sich, indem sie in die Kälte hinausging. Dicke Schneeflocken wirbelten ihr ins Gesicht. Kein Wetter, um mit einer kleinen Maschine in die Luft zu gehen, und doch beschloss sie, zum Flughafen zu fahren und die *Fairchild* zu warten. Sie musste sich früh genug daran gewöhnen, auch die Arbeit eines Mechanikers zu übernehmen. Willie und Mike hatten ihr beigebracht, wie man eine Ölleitung reparierte und die Aufhängung für die Skier austauschte. Sie kehrte ins Haus zurück und holte ihren Anorak, vertauschte das Hauskleid mit winterfesten Hosen und stieg in die Stiefel mit dem Eisbärenfell.
Auf dem Weg nach Weeks Field fiel ihr die unheimliche Stille über Fairbanks auf. Es brannten kaum Lichter, und die Häuser waren in tiefes Schweigen gehüllt. Die Stadt hielt den Atem an, verschmolz mit der Wildnis und wartete ängstlich darauf, dass der Krieg begann. Zwei Polizisten mit Gewehren begegneten ihr und grüßten verhalten. Selbst die Huskys schienen zu merken, dass sich etwas verändert hatte, und rannten schweigend durch den Schnee. »Lauf, Dusty, lauf!«, rief sie. Wir lassen uns von diesen verdammten Japanern nicht die Laune verderben, oder?«
Vor dem Hangar begegnete sie Harry Cheek. Der Airport Manager schien geahnt zu haben, dass sie kam, und freute sich, ein bekanntes Gesicht zu sehen. »Hi, Clarissa! Hab mir schon gedacht, dass du das bist! Männer lassen sich hier kaum noch blicken! Wenn ich noch zwei Augen hätte, wäre ich auch dabei!«
Sie merkte, dass er sich minderwertig fühlte, weil er nicht

am Krieg teilnehmen konnte, und schüttelte den Kopf.
»Ach, was! Wir brauchen dich in Fairbanks, Harry! Ich hab keine Lust, eine andere Stimme zu hören, wenn ich in Weeks Field lande.« Sie lief um ihre Maschine herum und blieb neben dem Propeller stehen. »Hast du gehört? Ich darf die kommerzielle Prüfung schon nach hundert Stunden machen! Hat das Army Air Corps angeordnet!«
»Im Krieg und in der Liebe ist alles erlaubt«, meinte er verschmitzt. »Ich hab immer gesagt, dass du was Besonderes bist!«
Sie errötete und wechselte schnell das Thema. »Hast du Noel und Richard gesehen? Weiß man schon, wo sie hinkommen?«
»Noel war gestern Abend auf einen Kaffee hier. Er hat keine Ahnung, wo sie ihn hinschicken. Er bleibt in Alaska, so viel ist sicher. Wär auch ziemlich hirnrissig vom Air Corps, ihn in die Südsee zu schicken! So gut wie er kennt kaum einer die Wildnis, und wer weiß schon, auf welche gottverlassene Gegend es die Japse als Nächstes abgesehen haben! Weißt du, dass sie eine Straße durch den Yukon bauen wollen? Von Fairbanks bis runter nach Kanada! Hat mir einer der Soldaten erzählt. Eine Militärstraße quer durch den Busch! In zwei Jahren soll sie fertig sein!«
»Verrückte Idee!«, meinte Clarissa nachdenklich. »Ich glaube, wir müssen uns an einiges gewöhnen. Wenn sie schlau sind, stampfen sie ein paar Landebahnen aus dem Busch, sonst können sie mit ihren großen Maschinen nirgendwo landen. Ich hab gehört, dass sie einen Stützpunkt auf den Aleuten errichten wollen. Meinst du, die Japaner haben es auf Alaska abgesehen?«
»Den Verbrechern traue ich alles zu!«, schimpfte Harry

Cheek. »Wenn sie den Nordpazifik kontrollieren wollen, müssen sie Alaska kassieren. Ich glaube eher, sie bleiben im Süden. Da gibt es mehr zu holen.« Er grinste mit seinem gesunden Auge. »Außerdem hab ich keine Lust, unter einem Kaiser zu dienen. Noel sagt, dass die Japse rohen Fisch essen! Wie die Eskimos!«
Sie lachten beide und gingen langsam zur offenen Tür. Am Horizont tauchte das erste Zwielicht auf und schimmerte wie ein leuchtender Schleier auf dem frischen Schnee. Von Ladd Field drang das Brummen einer schweren DC-3 herüber. Harry Cheek und Clarissa erkannten das Flugzeug am Motor. Sie traten ins Freie und sahen, wie die Maschine sich in den Himmel erhob und wie ein dunkler Schatten im Zwielicht verschwand. Der Motorenlärm wurde leiser und verstummte nach einer Weile ganz.
»Da sitzt der Junge drin, nicht wahr?«, fragte Harry Cheek.
Clarissa nickte abwesend. Ihr Blick war immer noch in die Ferne gerichtet, suchte nach der DC-3, die längst aus ihrem Blickfeld verschwunden war und Kurs auf Anchorage nahm. Für einige der Männer, die in dem Flugzeug saßen, würde es eine Reise ohne Wiederkehr sein. Als sie daran dachte, stiegen Tränen in ihre Augen. Sie hielt ihr Gesicht in den Wind und schluckte.
»Er war vorhin bei mir«, sagte der Airport Manager. »Mike Sheldon, meine ich. Ein guter Junge! Ein Jammer, dass er in diesem Krieg verheizt wird! Ich hoffe, dass er durchkommt!« Jetzt blickte auch Harry Cheek zum leeren Himmel empor. »Er ist schwer in dich verliebt, aber das weißt du sicher längst! Er hat die ganze Zeit nur von dir erzählt! Ich glaub, der würde dich sofort heiraten!«
»Mike Sheldon?« Ihr Lachen klang etwas gequält. »Ich

hab schon mit einem Mann genug, Harry!« Sie schloss die Tür zum Hangar und schnaufte. »Jetzt könnte ich einen Kaffee vertragen!«
Sie betraten das Blockhaus des Airport Managers, und er stellte einen Becher mit dampfendem Kaffee auf den Tisch. Er rührte etwas Zucker hinein. »Ich hab leider keine Milch mehr«, sagte er.
»Macht nichts«, erwiderte sie. Der heiße Kaffee weckte ihre Lebensgeister und vertrieb die Gedanken, die sie schon den ganzen Morgen quälten. »Du kochst den besten Kaffee der Welt, Harry! Du solltest im Drugstore anfangen oder im Palace Hotel!«
Er lachte. »Hab ich dir schon mal erzählt, wie ich mein Auge verloren habe, Clarissa?« Sie verneinte, obwohl sie die Geschichte schon viele Male gehört hatte, und hörte sich an, wie er nördlich vom Yukon auf einer Lichtung notgelandet war und tagelang durch die Wildnis gelaufen war, weil es damals noch keine Funkgeräte gab, und niemand wusste, wo er sich aufhielt.
»Ich hab den Fluss gesucht und robbte durch den verdammten Schnee, und dann weiß ich nur noch, dass mich etwas Hartes am Kopf erwischt hat. Ich wette zehn zu eins, dass es ein Elch gewesen ist! Der Bursche hat mir einen Huftritt verpasst! Ich kann von Glück sagen, dass diese Indianer daherkamen und mich ins nächste Dorf brachten! Sonst läge ich heute noch dort!«
Clarissa hörte sich zwei weitere Geschichten an und trank ihren Kaffee aus. Dann verabschiedete sie sich. Als sie ins Freie trat, hörte sie das unheilvolle Heulen einiger Wölfe.

≈ 23 ≈

Zwei Wochen waren nach dem Kriegseintritt der USA vergangen. Clarissa stand vor ihrer *Fairchild* und blickte nachdenklich zu einer schweren Transportmaschine empor, die von Ladd Field aufgestiegen war und langsam zwischen den glühenden Wolken verschwand. Der Krieg hatte Alaska verändert. Überall im Territorium wurden Militärlager und Flugplätze aus dem Boden gestampft. Der Himmel war voller Abfangjäger und Transportmaschinen, und die Radarstationen waren rund um die Uhr besetzt. Der private Luftverkehr war unter der Beschränkung freigegeben worden, dass der gesamte Funkverkehr in einem vorgeschriebenen Code vermittelt wurde. Aus Fairbanks war eine Garnisonsstadt voller Soldaten, Lastwagen und Jeeps geworden. Auf dem Weg nach Weeks Field war Clarissa einem Konvoi begegnet, der mitten auf der Hauptstraße stehen geblieben war, weil bei einigen Fahrzeugen der Motor versagt hatte. Einige der neuen Soldaten kamen aus Kalifornien und wussten nicht, wie man ein Fahrzeug in dieser Kälte wartete. Die Männer verfluchten ihren neuen Stützpunkt, noch bevor sie ihn gesehen hatten.

»Und du willst wirklich wieder fliegen?«, fragte Harry Cheek. Er hatte geholfen, die Maschine aus dem Hangar zu ziehen, und füllte aufgeheiztes Öl in den Motor. »Da oben ist 'ne Menge los!«

Clarissa blickte der Transportmaschine nach und wartete, bis die Wolken sie endgültig verschluckt hatten.

»Seit gestern dürfen wir wieder starten! Ich muss Stunden sammeln, sonst kann ich den Laden gleich zumachen. Nächste Woche will ich die Prüfung machen. Ich hab in Anchorage angerufen. Sie warten auf mich!«

»Fast alle Stationen melden schlechtes Wetter«, warnte der Airport Manager, »und in Beaver und Tanana soll es heftig schneien! Also, ich würde mir das nochmal überlegen! In einer Lockheed spürst du die Quellwolken kaum, aber in einer *Fairchild* …«

Clarissa ließ sich nicht beeindrucken. Harry Cheek hegte väterliche Gefühle für sie und behandelte sie manchmal wie ein kleines Mädchen. »Ich fliege nach Ruby«, beruhigte sie den ehemaligen Flieger, »dort kann man fast immer landen. Und wenn das Wetter dort oben besser ist, vielleicht weiter nach Allakaket.«

»Hast du genug Sprit dabei?«, fragte er besorgt.

Sie lächelte. »Zwei Kanister. Und meinen Schlafsack, die Kiste mit der Notration, Schneeschuhe, eine Säge und das 30.36 Gewehr mit so viel Munition, dass ich ein ganzes Jahr jagen kann!«

»Ich will nur nicht, dass es dir wie Frank ergeht«, meinte er ernst. »Im Nordosten braut sich ein Unwetter zusammen, und ich hab keine Lust, den ganzen Norden nach dir abzusuchen, wenn du irgendwo eine Bruchlandung baust!« Um sein gesundes Auge erschienen Lachfältchen. »Die Armee wird mir was husten, wenn ich sie vom Krieg gegen die Japaner abziehe, nur weil du in den Bergen ein Picknick veranstaltest und Grizzlybären jagst!«

»Die halten Winterschlaf«, erwiderte sie lachend. »Nein, ich passe schon auf mich auf! Ich mach einen weiten Bogen um das Unwetter und flieg nach Nordwesten. In Ruby gehe ich runter. Da kannst du auch im dicksten Schneesturm landen. Wenn das Wetter schlechter wird, oder wenn es zu schneien anfängt, übernachte ich im Roadhouse des Iren und fliege morgen zurück.«

»Red Kelly?« Er schloss die Motorhaube und wischte seine Handschuhe am Overall ab. »Ein wilder Bursche, nicht wahr? Ohne sein Rheuma wäre er immer noch in der Luft! Der flog schon nach Barrow, als es dort nur Eisbären und Robben gab! Sag ihm einen schönen Gruß! Und rühr bloß nicht seinen Kartoffelschnaps an! Ein alter Eskimo soll daran gestorben sein!«
Clarissa verabschiedete sich von Harry Cheek und stieg ins Cockpit. »Pass auf die Japse auf!« rief der alte Mann ihr nach. Sie verstand seine Besorgnis. Wie alle Piloten, die gezwungen waren, auf dem Boden zu bleiben, beobachtete er den Himmel besonders genau. Er erkannte Gewitterwolken, die andere gar nicht sahen. Um Clarissa machte er sich besonders große Sorgen. Sie war »sein Mädchen«, die Tochter, die er nie gehabt hatte.
»Bis später, Harry!«, rief sie durch das Seitenfenster. Sie steuerte die Maschine auf das Flugfeld und wartete geduldig, bis der Airport Manager ins Blockhaus gelaufen war und die Starterlaubnis erhalten hatte. Er war verpflichtet, jeden Start einer zivilen Maschine mit einem Offizier des Army Air Corps abzusprechen.
Gewissenhaft überprüfte sie die Instrumente. Mike hatte die Ölleitung gewechselt und die Maschine einem gründlichen Check-up unterzogen, bevor er gegangen war. Während sie die *Fairchild* in den Wind stellte, warf sie einen Blick auf das neue Morsegerät, das die Armee seit Kriegsbeginn vorschrieb. Jeder Pilot hatte eine Buchstabenkombination erhalten, die er allen Meldungen voranstellen musste. Über dem Steuerknüppel hatte sie die Liste befestigt, auf der alle Codes verzeichnet waren. Nur in dringenden Notfällen durfte man sich über Sprechfunk melden.

Sie startete gegen den Wind und flog eine weite Linkskurve über die Stadt. Die Straßenlampen waren ausgeschaltet, und auch in den Privathäusern brannte kaum Licht. Obwohl selbst die Armee nicht damit rechnete, dass die Japaner sich auf das Festland wagten, hielten sich die Bürger an die Verdunkelung. Nur die Scheinwerfer einiger Militärfahrzeuge waren zu sehen.
Ihr Start verlief reibungslos. Inzwischen hatte sie genug Routine, um sich durch den heftigen Wind, der die *Fairchild* wie ein Wildpferd bocken ließ, und das Aufheulen des Motors über den Häusern am Stadtrand nicht aus der Ruhe bringen zu lassen. Sie flog mit dem Hintern, wie Willie Jones es ihr beigebracht hatte, war mit der Maschine verwachsen wie ein Reiter mit seinem Pferd. Es machte ihr Freude, sich wie ein Adler in die Lüfte zu erheben und die Kraft des brummenden Motors zu spüren.
Im Zwielicht, das in orangefarbenen Schwaden über den Highlands hing und die Maschine wie bunter Nebel einhüllte, floh sie vor den dunklen Wolken im Nordosten. Sie flog stetig nach Nordwesten und folgte dem Tanana River nach Manley Hot Springs, einem winzigen Dorf, das sie oft mit Frank besucht hatte. Die heißen Quellen, die zwischen den Felsen am Flussufer entsprangen, sollten eine heilende Wirkung haben und waren ein beliebtes Ausflugsziel für die Bürger von Fairbanks. Ob sie wohl jemals wieder ein gemeinsames, entspanntes Wochenende mit Frank genießen würde? In den letzten Tagen hatte sich keine Besserung gezeigt. Er war wieder in seinen Dämmerzustand verfallen und reagierte nicht, wenn sie mit ihm sprach. Sie wusste nicht, ob er etwas von der Aufregung spürte, die seit Kriegsbeginn auch im Krankenhaus herrschte. Einige Ärzte und Kran-

kenschwestern hatten sich freiwillig gemeldet und waren zur Armee gegangen. Das verbliebene Personal musste doppelt so lange und hart arbeiten und war oft schlecht gelaunt.
Dr. Morgan blieb optimistisch. Er hatte sich verpflichtet, im Krankenhaus zu bleiben und sich weiter um den schwer kranken Piloten zu kümmern. Sein Kollege in Chicago war über sechzig und kam nicht für den Kriegsdienst in Frage. »Noch bevor der Krieg vorbei ist, steigt er wieder in ein Flugzeug!«, versprach Dr. Morgan in einem seltenen Anfall von Euphorie, aber Clarissa war in den langen Monaten, die sie ihren Mann schon im Krankenhaus besucht, vorsichtig geworden und würde erst an eine Genesung glauben, wenn Frank ihren Namen aussprach und sie in die Arme nahm. Ihre Augen füllten sich mit Tränen, als sie daran dachte. Wie lange musste sie noch warten?
Sie ging auf zweitausend Fuß und flog über die Hügel nach Nordwesten. Der Tanana River, der weit unter ihr eine scharfe Biegung machte, leuchtete im arktischen Zwielicht wie flüssiges Gold. Der Fichtenwald reichte bis dicht an beide Ufer heran und bildete eine undurchdringliche, schwarze Wand. In einem der zahlreichen namenlosen Täler, die sich tief in das hügelige Land gegraben hatten, mussten die Wölfe leben. Die Tiere hatten sich nicht mehr in der Stadt blicken lassen. Sie nahm an, dass sie die Witterung eines Elchs oder eines verirrten Karibus aufgenommen und sich in die Wälder zurückgezogen hatten. Die Polizisten waren von der Bewachung abgezogen worden, und selbst übereifrige Wolfsjäger wie der bullige Kerl, der Clarissa beschimpft hatte, interessierten sich nicht mehr für »Bestien«.
Der Krieg war wichtiger. Präsident Roosevelt betonte in

jeder Ansprache und jedem Interview, wie wichtig es war, dass Amerika jetzt zusammenhielt. »Nur ein vereintes Amerika ist ein starkes Amerika!«, hatte er gesagt, und obwohl es eine Phrase war, die viele Politiker gebrauchten, hielt sich das Volk daran. Alle Anstrengungen mussten jetzt dem Kampf gegen die Japaner und die Deutschen und Italiener gelten, auch wenn manche Amerikaner gar nicht wussten, wo Deutschland und Italien lagen, und nicht anzunehmen war, dass sich ein europäisches Schiff oder Flugzeug in amerikanisches Hoheitsgebiet verirrte. Aber das hatte man von der japanischen Luftwaffe auch geglaubt. Der Krieg war kein fernes Ereignis mehr, über das man in der Zeitung las. Er war nach Amerika gekommen, und es musste mit aller Macht versucht werden, das Böse zu besiegen und den Frieden wiederzuerlangen. So dachte auch Clarissa, und obwohl sie nicht im aktiven Dienst stand, würde sie mit ihrer *Fairchild* dazu beitragen, die Soldaten in den fernen Stützpunkten zu versorgen. Die Armee hatte bereits angedeutet, ihr einige Aufträge zukommen zu lassen. »Wir bauen eine Straße quer durch Alaska und den Yukon, und wir brauchen jede Maschine, um unsere Soldaten und die anderen Bauarbeiter an diesem Highway zu versorgen.«
Sie überflog Manley Hot Springs und sah den breiten Yukon River im Zwielicht glitzern. Die Luft war ruhig, und es zogen nur noch vereinzelte Wolken über den Himmel. Bei dem Gedanken, was Harry Cheek wohl dazu sagen würde, musste sie schmunzeln. Es war lange her, dass er selber geflogen war, und er war schon beinahe so ängstlich wie die Frau eines Buschpiloten, die noch nie in einer *Bellanca* oder *Fairchild* gesessen hatte und vor Angst zu zittern begann, wenn sie eine dunkle Wolke

am Himmel sah. Noel Tuska hätte den Airport Manager ausgelacht: »Jetzt mach dir nicht in die Hosen, Harry! Das miese Wetter, das mich von einem Start abhält, muss der liebe Gott erst noch erfinden!«
Wo der verwegene Noel Tuska jetzt wohl sein mochte? Und Richard Harmon und dieser Stinkstiefel von Sid Baxter? Es hieß, dass Noel und Richard zu den Piloten gehörten, die irgendwo auf den Aleuten stationiert waren und einen möglichen Überfall der Japaner abfangen sollten. Ein zweites Pearl Harbor durfte es nicht geben! »Remember Pearl Harbor!« hatten viele Piloten auf ihre Maschine geschrieben. Sie würden sich mit wilder Entschlossenheit auf die japanischen Flugzeuge stürzen und keine Gnade kennen. In Fairbanks hatte es wilde Demonstrationen gegen die Japaner gegeben, viele Bürger waren aufgebracht und stießen wüste Beschimpfungen aus. In Kalifornien, so wurde berichtet, waren selbst Japaner, die in den Vereinigten Staaten geboren waren, in Internierungslager gebracht worden. Auch Clarissa hasste die Japaner für ihren heimtückischen Überfall. Aber bei aller Abneigung empfand sie auch Abscheu vor einem blinden Rachefeldzug gegen die japanische Armee. Wenn jeder Angriff mit einem neuen Angriff vergolten wurde, würde dieser Krieg niemals enden. Sie glaubte nicht, dass sie jemals ein feindliches Flugzeug abgeschossen hätte. Der Gedanke an die Frau und die Kinder des feindlichen Piloten hätte sie zögern lassen. Oder galt ihre Sorge nur der Rettung des eigenen Lebens?
Sie erreichte den Yukon River und folgte dem zugefrorenen Fluss nach Westen. Im Norden ragten die Gipfel der Kokrines Hills aus dem leuchtenden Dunst. Sie entdeckte einen Schatten zwischen den Bäumen, wahr-

scheinlich ein Elch, der unter dem Schnee nach Nahrung suchte. Im nächsten Augenblick war er verschwunden. Das Land lag starr und still unter dem düsteren Himmel, schien die eisige Kälte des arktischen Winters gleichmütig hinzunehmen. Die Winter waren lang in Alaska. Erst im Mai würde das Eis der Flüsse in diesen Breiten aufbrechen, und bereits im September würden die ersten Winterstürme über die Hügel toben. Und doch gab es vereinzelte Menschen in dieser Wildnis. Indianer und Fallensteller, die vor der Zivilisation geflohen waren und in entlegenen Hütten die Einsamkeit genossen.
Sie musste an die Hütte denken, in der sie nach dem Absturz mit ihrem ersten Mann überwintert hatte, und konnte bei dem Gedanken schon wieder lächeln. Die Kälte hatte ihr nichts ausgemacht, und in der Einsamkeit und in ihrem Schmerz war sie stark geworden. Aber ohne Nanuk hätte sie es nicht geschafft. Der geheimnisvolle Wolfshund war zu einem verlässlichen Freund geworden, hatte sie gegen wilde Tiere beschützt und ihr den Weg durch den Busch gewiesen. Ob er noch lebte? Oder war ihre vermeintliche Begegnung mit ihm lediglich ein Traum?
Eine Turbulenz drückte die *Fairchild* zur Seite, und sie glich mit einem Ruder aus. Sie legte beide Hände auf den Steuerknüppel, um die Maschine besser in den Griff zu bekommen. Das Zwielicht warf gespenstische Schatten ins Cockpit. Weit unter ihr zog die winzige Siedlung Kokrines vorbei, eine Baracke und ein paar Fischerhütten. Jetzt waren es nur noch ein paar Meilen bis Ruby. Sie betätigte die Morsetaste und gab ihr neues Kennzeichen KHBWV an den Mann am Boden durch, einen jungen Indianer, der das Morsealphabet kaum beherrsch-

te und sich mehrmals vertippte. Sie näherte sich der verschneiten Landebahn in einer steilen Kurve und landete sicher neben der Flughafenbaracke.
Wie alle Piloten, die während des arktischen Winters in der Wildnis landeten, zapfte auch Clarissa das Öl aus dem Motor und füllte es in einen Kanister, den sie im Roadhaus warmhalten würde. Dann brauchte sie den Motor vor dem Start nicht mehr aufzuheizen. Sie vertäute die Maschine und bedeckte die Tragflächen, damit sie in der eisigen Kälte nicht vereisten. Die Hilfe des jungen Indianers lehnte sie freundlich, aber bestimmt ab. Wenn sie die kommerzielle Prüfung bestehen wollte, musste sie alle Handgriffe selbst ausführen können. Als Musherin hatte sie längst gelernt, die Arbeit eines Mannes zu verrichten. Und eine Frau, die in der Wildnis überleben wollte, musste stark sein. Umso erstaunlich war, dass ihre Weiblichkeit und ihre Schönheit darunter nicht gelitten hatten. Sie war keines dieser Mannweiber, das allein im Busch lebte und mit derben Flüchen um sich warf.
»Wie ist das Wetter in Allakaket?«, fragte sie den jungen Indianer, als sie den Deckel auf den Kanister schraubte. »Ich will rauf zum Koyukuk River und ein paar Runden in den Bergen drehen!«
»Ein bisschen windig, aber trocken und etwas wärmer als hier«, antwortete er. »Ben Carlisle kommt gerade von dort. Kennen Sie den alten Ben? Ich glaube, er ist weit über die siebzig, aber die jungen Männer sind alle in den Krieg gezogen, da musste er nochmal ran!« Er zeigte seine weißen Zähne. »Er sitzt oben bei Red Kelly und lässt sich eine Elchkeule schmecken. Red brät die besten Elchkeulen der Welt, wussten Sie das? Ausgerechnet ein Ire! Und ich dachte, die trinken den ganzen Tag nur Whiskey!«

Clarissa bedankte sich und stapfte die hundert Schritte zum Roadhouse hinauf. Das Blockhaus stand auf einem Hügel und war von mächtigen Fichten umgeben. Ein Schwall von Hitzedunst und Zigarrettenrauch schwappte ihr entgegen, als sie die Tür öffnete und den großen Raum betrat. »Hallo, Red! Hallo, Leute!«, grüßte sie die Männer am Tresen und an den Tischen. Außer dem irischen Wirt und Ben Carlisle waren noch drei andere Männer in der Schankstube, alles Piloten, die sie flüchtig kannte. Sie stellte den Ölkanister neben dem Yukon-Ofen ab.
»He, da kommt unsere Lady!«, rief Red Kelly. Seine roten Locken leuchteten im flackernden Licht. Er sah wie ein typischer Ire aus, stämmig, blass und mit grünen Augen. Seine Stimme klang heiser vom vielen Trinken und Rauchen. »Ich hab frischen Kaffee aufgesetzt. Mit viel Milch und Zucker, nicht wahr? Hast du deine Stunden bald zusammen?«
Dankbar griff sie nach dem Kaffeebecker und nickte. »Nächste Woche hab ich Prüfung. Sie lassen mich den Schein schon nach hundert Stunden machen. Weil die meisten Männer in den Krieg müssen und sie dringend Piloten an der Home Front brauchen.«
»Wir wollten alle in den Krieg«, meldete sich einer der anderen Männer, »sogar Ben!« Er deutete auf Ben Carlisle, der in einer Ecke saß und eine riesige Elchkeule verspeiste. »Leider haben sie uns nicht genommen. Zu wenig Flugzeuge, sagt der Colonel. Jetzt sollen wir mit unseren eigenen Maschinen fliegen. Post für die Soldaten und anderen Kleinkram. Auf den Aleuten bauen sie einen Militärstützpunkt.« Er zögerte etwas. »Wie geht es Frank?«
»Er macht Fortschritte«, berichtete sie. »Neulich hat er

die Augen bewegt, stellt euch vor!« Sie merkte, wie wenig diese Meldung die Piloten beeindruckte, und fügte schnell hinzu: »Laut Dr. Morgan war das ein großer Schritt! Bis der Krieg vorbei ist, sitzt er wieder in seiner *Fairchild*, sagt er.« Sie trank von dem kochend heißen Kaffee und verbrannte sich die Zunge. »Was meint ihr, wie lange der Krieg dauert?«, fragte sie etliche Minuten später.

»Wenn's nach dem Militär geht, nur ein paar Monate«, antwortete ein kräftiger Mann, der gerade einen großen Teller mit Eintopf geleert hatte. Er rülpste ungeniert. »›Wir stampfen die Japaner in den Boden!‹, hat der Colonel zu mir gesagt, und Jack hat gehört, dass wir den Japsen haushoch überlegen sind, auch ohne die Kriegsschiffe, die wir in Pearl Harbor verloren haben!«

»Das stimmt«, sagte der Mann neben ihm, »wir haben noch die beiden Flugzeugträger, und die Flotte kriegen wir auch wieder hin!« Er zog an seiner Pfeife und blies den Rauch zum Himmel. »Hast du gehört, dass es wieder Tote gegeben haben soll?«

Clarissa erschrak. »Auf unserer Seite?«

Der Mann nickte. »Ein Mann aus Hawaii. Beim Waffenreinigen ging seine Kanone los, und er fiel tot vom Hocker! Ist das nicht komisch? Der Kerl überlebt Pearl Harbor und stirbt beim Waffenreinigen! Also, ich kann mir einen besseren Abgang vorstellen!«

Aus irgendeinem Grund war Clarissa erleichtert. Sie sank auf einen Hocker und wärmte ihre Hände an dem heißen Kaffeebecher. »Ich hoffe, unsere Jungs kommen bald zurück!«, sagte sie.

24

Clarissa hatte keinen Hunger. Sie beließ es bei dem Kaffee und verabschiedete sich schon nach einer halben Stunde. Ben Carlisle hatte ihr von dem klaren Wetter am Koyukuk River berichtet, und sie wollte das mittägliche Licht ausnützen und ein paar Runden über den Bergen drehen, bevor sie nach Fairbanks zurückkehrte. Wenn die Zeit es erlaubte, würde sie in Allakaket landen und im Trading Post ein Sandwich oder eine warme Suppe bestellen. Die Indianerin, die den Handelsposten führte, war eine lausige Köchin, aber die Chance, bei klarem Wetter über den schroffen Bergen am Koyukuk River zu üben, war ihr wichtiger. Dort waren die Winde oft unberechenbar, und man lernte in großer Höhe, rechtzeitig auf diese Luftströmungen zu reagieren. »Bis bald«, verabschiedete sie sich von den Männern.
»Und du willst wirklich kein Glas?«, versuchte Red Kelly, sie zurückzuhalten. »Mein Kartoffelschnaps ist weltberühmt! Wenn ich das Zeug in Flaschen abfüllen würde, wäre ich schon Millionär!«
»Und die halbe Menschheit wäre tot!«, lachte Ben Carlisle.
Clarissa ahnte, dass der Ire auf jeden Kunden angewiesen war, seitdem viele Piloten in den Krieg gezogen waren, und verzichtete darauf, sich über ihn lustig zu machen. »Vielen Dank, Red. Aber ich muss gehen. Sonst bestehe ich die Prüfung nicht!«
Sie nahm ihren Kanister und kehrte zu ihrer Maschine zurück. Ihre Schritte knirschten in dem harschen Schnee. Der Rauch im Roadhouse hatte ihr zugesetzt. Allein der Gedanke an den Kartoffelschnaps des Iren trieb ihr

einen kalten Schauer über den Rücken. Sie mochte keinen Alkohol, beließ es bei Wein oder Champagner, wenn sie zu einem Essen oder einer Feier eingeladen war. In der *Fairchild* lag eine Kanne mit heißem Tee.
Sie füllte das heiße Öl in den Motor und klärte den jungen Indianer über ihre Pläne auf. Er fror erbärmlich und beeilte sich, wieder in seine Baracke zu kommen. Aus dem schmalen Schornstein stieg Rauch. Sie schüttelte den Kopf. Nachdem sie die Tragflächen abgedeckt und die Seile gelöst hatte, kletterte sie ins Cockpit. In einer nassen Wolke aus Schnee stieg sie in den Himmel. Das Zwielicht leuchtete über den Bergen und tauchte die Felsen und Baumspitzen in orangefarbenes Licht.
Der Flug über die Kokrines Hills war nicht ungefährlich. Es gab keinen Fluss, dem man folgen konnte, und die Täler lagen oft in der Dunkelheit verborgen. Im Nebel oder bei Schnee oder Regen konnte ein unerfahrener Pilot leicht die Orientierung verlieren und an einer Felswand zerschellen. Selbst bei klarem Wetter wie jetzt war es nicht einfach, den richtigen Kurs zu finden. Gerade deshalb flog sie nach Allakaket. Wenn sie Passagiere und Fracht befördern wollte, musste sie sich in jedem Terrain zurechtfinden. Sonst würde man schnell auf ihre Dienste verzichten, und sie konnte die *Fairchild* verkaufen. Im Hohen Norden musste man sich der Gefahr stellen, in einem Buschflugzeug, auf einem Hundeschlitten oder auf einer Wanderung durch den Busch. Selbst als Bürger einer harmlosen Stadt wie Fairbanks lebte man gefährlicher als in San Diego oder San Francisco. Die Wildnis begann gleich hinter der Haustür, und barg tausend Gefahren. Die Natur war unerbittlich. Clarissa hatte sich mit dieser Bedrohung arrangiert und beherrschte die Überlebensregeln.

Sie wischte das beschlagene Seitenfenster sauber und blickte nach draußen. Keine Wolke stand am Himmel. Aber die Luft war böig, und sie musste das Steuerruder mit beiden Händen halten und höllisch aufpassen, um nicht zum Spielball des Windes zu werden. Ihr zufriedenes Spiegelbild bewies, dass sie alles richtig machte. Sie war bereit für die Prüfung. Noch ein paar Routineflüge, und sie hatte die hundert Stunden zusammen. Sorgen bereitete ihr nur die schriftliche Prüfung. Besonders die technischen Fragen machten ihr manchmal zu schaffen. Sie würde noch einmal das Übungsbuch studieren, bevor sie nach Anchorage flog und sich den strengen Prüfern stellte.

In der Ferne flog eine Transportmaschine des Army Air Corps vorbei, und sie fragte sich, ob Mike Sheldon schon sein Ziel erreicht hatte. Warum wollte er ausgerechnet an die Front? Er war gar nicht der Typ des jungen Heißsporns, der mit aufgepflanztem Bajonett auf die Japaner zurannte. Brachten sie ihn nach Hawaii oder auf die Philippinen? Sie stellte sich vor, wie er als Mechaniker auf einem abgelegenen Flugplatz große Militärmaschinen wartete, vom heißen Dschungel umgeben und in der ständigen Gefahr, von japanischen Granaten zerfetzt zu werden.

Vor Schreck riss sie das Ruder in die falsche Richtung. Die *Fairchild* trudelte nach rechts und stürzte einige Meter steil nach unten, bevor Clarissa sie abfing und auf die alte Höhe brachte. Sie schüttelte ärgerlich den Kopf. Eine erfahrene Pilotin ließ sich niemals ablenken. Sie verdrängte die schrecklichen Bilder und konzentrierte sich ganz auf den Flug. Mit einer Linkskurve wich sie einer Felswand aus, um gleich darauf zu steigen und über einen schroffen Bergkamm zu steigen. Der

Koyukuk River musste hinter den nächsten Gipfeln liegen.

Was dann geschah, würde sie noch in einigen Jahren beschäftigen. Denn kaum hatte sie den Bergkamm überquert, änderte sich das Wetter schlagartig. Vor ihr tauchten dunkle Wolken auf, und ein heftiger Ostwind peitschte ihr entgegen und drückte wie eine unsichtbare Riesenfaust gegen die Maschine. Von einer Sekunde auf die andere befand sie sich in einem dichten Schneetreiben. Dicke Flocken klatschten wie Insekten gegen die Windschutzscheibe. Sie umklammerte den Steuerknüppel und kämpfte gegen die winterlichen Dämonen an. Unter ihr, auf den Berghängen und in den Tälern, tobte ein weißes Meer, wirbelte der Wind den Schnee auf und trieb ihn in nassen und schweren Wellen über die schroffe Felslandschaft. »Verdammt!«, fluchte sie. »Ich hätte auf Harry Cheek hören sollen!«

Doch später bestätigten ihr auch erfahrene Piloten, dass das Klima am Koyukuk River unberechenbar war, und ein solcher Wetterwechsel nichts Ungewöhnliches war. Sie hatte Pech gehabt, weiter nichts, und ihr einziger Fehler war vielleicht gewesen, nicht auf der Stelle umzukehren. Aber noch während sie überlegte und das Risiko abschätzte, in einem solchen Sturm zu wenden, war sie schon zu tief in dem tobenden Inferno. Der Wind machte Bocksprünge, schien ihr beweisen zu wollen, dass er stärker als die *Fairchild* war und sie wie ein lästiges Papierflugzeug zerdrücken konnte. Die Maschine ächzte und stöhnte.

Clarissa riss die *Fairchild* nach oben, stieg durch die Wolken auf über dreitausend Fuß. Viel höher konnte sie nicht gehen. Doch auch über den Wolken tobte der Wind, die kleine Maschine war den Mächten der Natur hilflos ausgeliefert. Sie hatte längst die Orientierung verloren, suchte verzweifelt nach einem markanten Punkt in dem wirbelnden Schnee, einem Berggipfel, den sie kannte, oder dem weißen Band des Flusses. Auf dem Fluss könnte sie landen und dem wilden Sturm entkommen.

Ein ängstlicher Blick aus dem Seitenfenster verriet ihr, dass sie immer noch zu tief flog. Wie dunkle Burgfestungen aus einem unheimlichen Märchen ragten die Berggipfel aus dem tosenden Schneetreiben empor. Sie konnte nicht sehen, vertraute allein ihrem Instinkt, um nicht an einer Felswand zu zerschellen. Als wenige Meter vor ihr ein dunkler Bergkamm aus dem Schnee tauchte, riss sie die *Fairchild* in letzter Sekunde nach oben und schrammte mit den Skiern über den harten Felsen. Jenseits der Bergwand wurde sie das Opfer eines Phänomens, das schon zahlreichen Piloten zum Verhängnis geworden war. Ein ungemein heftiger Windstoß drückte sie auf der windabgewandten Seite nach unten und ließ sie wie einen Stein zu Boden stürzen. Die *Fairchild* schlingerte und trudelte. Bedrohlichen Schatten gleich zogen Felsen an ihr vorbei, während die Maschine in ein tiefes Loch stürzte und im Nichts zu zerschellen drohte. Nur ein starker Windstoß, der wie die rettende Hand eines unsichtbaren Gönners aus einer Lücke zwischen den Felsen schoss, hielt sie auf. Es gelang ihr, die Kontrolle über das Flugzeug zurückzugewinnen. Wahrscheinlich hätte sie auch jetzt noch umkehren können, doch sie hatte zu viel damit zu tun, die Maschine in der Luft zu halten und um ihr Leben zu kämpfen. Sie schrie und fluchte, ohne es zu merken und steuerte ziellos in das grenzenlose Weiß.

Beim Absturz hatte sie das Glück, das ihren beiden

Ehemännern versagt gewesen war. Sie setzte mit beiden Skiern auf einem Berghang auf, ohne es zu merken, und war durch den Wind so abgebremst worden, dass sie fast in der Luft stand. Der Sturm rüttelte und riss an der Maschine, schüttelte sie wie eine Puppe durch und nahm ihr jegliche Orientierung. Selbst als sich der linke Ski zwischen einigen Felsen verfing und die linke Tragfläche den Schnee berührte, merkte sie nichts. Die *Fairchild* hing immer noch im Sturm, sprang und bockte wie ein störrisches Pferd und gab ihr das Gefühl, immer noch in der Luft zu sein. Erst als sie nach draußen blickte und feststellte, dass sich die dunklen Schatten der Felsen nicht mehr bewegten, merkte sie, dass sie auf einen Berghang gestürzt war. Sie nahm die verkrampften Hände vom Steuerknüppel und zwang sich zur Ruhe.
Erschöpft sank sie in ihrem Sitz zurück. Sie blieb still sitzen, dachte einen Augenblick an gar nichts und war viel zu benommen, um zu schreien oder zu weinen. Durch die Frontscheibe sah sie, dass der Propeller nicht beschädigt war. Nasser Schnee klatschte gegen die Fenster und nahm ihr die Sicht. Der Wind war unvermindert stark, ließ die Maschine erzittern und schob sie wie einen lästigen Störenfried über den Berghang. Clarissa öffnete die Tür und zog sie rasch wieder zu. Entsetzt hielt sie sich fest. Sie trieb auf den Abgrund zu, würde in einer Schlucht zerschellen, wenn nicht bald etwas geschah. Zu ihrem Glück wurde der Schnee, der auf die Skier fiel, immer schwerer und drückte die Maschine fest auf den Boden, bis der Wind nichts mehr gegen sie ausrichten konnte. Der linke Ski war abgebrochen und verhakte sich zwischen den Felsen. Erleichtert stellte sie fest, dass die *Fairchild* immer fester am Boden klebte.

Sie griff mit zitternden Händen nach dem neuen Funkgerät. Die Antenne war in den Schnee gefallen und längst unter der weißen Masse verschwunden, doch sie hoffte, dass sie auch unter dem Schnee die rettenden Wellen aussenden würde. Sie gab ihren Code ein und sendete SOS, alle paar Sekunden, ohne eine Antwort zu bekommen. Nach einer Weile schaltete sie das Gerät aus, um die Batterie zu schonen. Sie lehnte den Kopf zurück und blickte niedergeschlagen in den Sturm. Was hatte sie verbrochen, dass ihre beiden Ehemänner und jetzt auch sie mit einem kleinen Flugzeug abstürzten? Warum musste Frank im Krankenhaus dahinsiechen und sie in dieser unwirtlichen Natur ihr Leben aushauchen? Gab es denn keine Rettung? Sie griff erneut nach dem Funkgerät und sendete »SOS für KHBWV! SOS für KHBWV!«. Immer wieder, ohne Unterlass, bis endlich Antwort kam.

Der junge Indianer in Ruby hatte sie gehört. Wie sich später herausstellte, hatte er aus purer Langeweile am Funkgerät gesessen. In Windeseile gab sie durch: »BIN UNVERLETZT! MASCHINE LEICHT BESCHÄDIGT! WENIGE MEILEN WESTLICH VON HUGHES AM KOYUKUK RIVER!« Genauer konnte sie die Absturzstelle nicht bestimmen. Zurück kam nur eine bruchstückhafte Antwort. Der Kontakt brach ab, und so sehr Clarissa auch versuchte, das Funkgerät wieder in Gang zu bringen, es gelang ihr nicht. Entweder hatte die Antenne unter dem Schnee gelitten, oder das Gerät war beim Absturz zu stark beschädigt worden.

Sie war dennoch voller Hoffnung. Die Maschine lag sicher und konnte nicht mehr über die Klippe rutschen. Und der Indianer in Ruby wusste ungefähr, wo sie sich befand, und würde sofort Hilfe losschicken, wenn sich das Wetter gebessert hatte. Sie zwang sich zur Ruhe. In der Maschine hatte sich eine dünne Eisschicht gebildet, und sie kam sich wie in einem Kühlschrank vor. Sie fühlte die Kälte durch ihren gefütterten Parka. Der dichte Schnee auf den Fenstern verhinderte jeden Ausblick nach draußen. Beim ersten Versuch, die Tür zu öffnen, hatte der Wind sie beinahe aus der Maschine gerissen, und sie wollte abwarten, bis der Sturm nachgelassen hatte. Auch in den Bergen tobte ein solches Unwetter nicht ewig. Sie zwang sich zur Ruhe und ließ ihre Gedanken wandern, ohne dass sie ein Ziel fanden.

Die Eisschicht in der Maschine wurde immer dicker. Sie zog die Kapuze ihres Anoraks über den Kopf und schlug die Hände gegeneinander. Wie lange würde es dauern, bis man sie fand? Würde einer der Piloten, die sie im Roadhouse des Iren getroffen hatte, in seine Maschine steigen und in den Sturm fliegen? Niemals, sagte sie sich, es wäre glatter Wahnsinn und beinahe unmöglich gewesen, sie bei diesem Wetter zu finden. In dem angehäuften Schnee war die Fairchild wahrscheinlich kaum zu sehen. Noel Tuska war der einzige Pilot, der es gewagt hätte, aber der verwegene Flieger war auf den Aleuten und wartete darauf, japanische Flugzeuge abzuschießen. Wenn er erfuhr, dass sie in Gefahr war, würde er wahrscheinlich desertieren und auf eigene Faust nach ihr suchen, überlegte sie belustigt. Noel Tuska war ein verrückter Hund, der seine Entscheidungen aus dem Bauch heraus traf.

Sie würde sich gedulden müssen, bis der Sturm vorüber war, und die Absturzstelle dann deutlich markieren. Enttäuscht griff sie nach dem winterfesten Schlafsack hinter dem Pilotensitz und stieg hinein. So war die Kälte einigermaßen auszuhalten. Sie zog den Behälter mit

der Notration heran und öffnete ihn. Die Auswahl war nicht gerade berauschend. Einige Tafeln Schokolade und Konservendosen mit Sardinen und Reis. Hätte sie doch die Elchkeule oder den Eintopf bei Red Kelly bestellt! Jetzt war ihr Hunger groß, und sie kaute lustlos auf der bitteren Schokolade. Wenn die Soldaten das gleiche Essen bekamen, würden sie den Krieg verlieren, schon weil sie elend verhungerten!
Die Wartezeit wurde zu einer endlosen Geduldsprobe. Solange der Wind heulte, fühlte sie sich niemals sicher, blieb die beklemmende Angst, dass sich die Maschine doch noch löste und über die Klippe rutschte. Der Tag verging quälend langsam. Auch als die Nacht kam, und sie von tiefer Dunkelheit umgeben war, tat sie kaum ein Auge zu. Kaum war sie eingenickt, weckte sie ihre Unruhe wieder. Sie kämpfte sich durch die Nacht, richtete sich um sechs Uhr wieder auf und massierte stöhnend ihren Nacken. Dann schob sie den Schlafsack bis zur Hüfte, um ihren schmerzenden Körper zu massieren. So schlecht hatte sie schon lange nicht mehr geschlafen. Vor lauter Wut, in so eine missliche Lage geraten zu sein, konnte sie nicht einmal weinen. Sie schlug den Frost aus ihren Kleidern und fluchte ungeniert.
Einige Minuten saß sie stumm in der Maschine, bis ihr auffiel, dass der Sturm nachgelassen hatte. Zuerst konnte sie es nicht glauben. Dann öffnete sie vorsichtig die Tür und erkannte erleichtert, dass der Wind sie ihr nicht mehr aus der Hand riss. Die Tür stieß gegen die Felsen. Sie streifte den Schlafsack ab und kletterte hinaus, stapfte um die *Fairchild* herum und besah sich den Schaden. Sie hatte Glück im Unglück gehabt! Außer dem abgerissenen Ski und der beschädigten Tragfläche hatte die

Maschine keine Schäden aufzuweisen. Und der Berghang zog sich so weit in die Felsen hinein, dass man bei klarem Wetter bequem starten konnte, sobald man das Flugzeug freigeschaufelt hatte. »Das kriegen wir wieder hin!«, machte sie sich selber Mut.

Sie blieb in dem knietiefen Schnee stehen und blickte sich um. Sie war auf dem abschüssigen Hang einer Felswand abgestürzt und konnte von Glück sagen, dass sie nicht weitergeflogen war. Keine hundert Meter weiter nördlich ragten einige zerfurchte Gipfel aus der felsigen Landschaft. Sie wäre unweigerlich daran zerschellt. Ein gütiges Schicksal hatte sie zu Boden gedrückt und vergleichsweise sanft auf dem Hang aufsetzen lassen. Unterhalb des Hanges erstreckte sich ein Tal, das in zahlreichen Windungen durch die Berge führte und sich in der Dunkelheit verlor. Der Schnee leuchtete in der Dunkelheit und blendete sie. Das weiße Band des Koyukuk Rivers war nirgendwo zu sehen.

Sie kehrte zur Maschine zurück und zog eine Schaufel aus dem Innenraum. Mühsam räumte sie den Schnee zur Seite, aber nur so weit, dass die *Fairchild* nicht den Halt verlor. Sie kramte eine rote Plane aus dem Behälter mit der Notration, breitete ihn auf dem Schnee aus und befestigte ihn mit einigen Steinen. So würde sie ein Pilot, der nach ihr suchte, besser finden. Es war immer noch windig, aber lange nicht mehr so stürmisch wie am Tag zuvor, und es würde nicht mehr lange dauern, bis man sie aufspürte. Müde warf sie die Schaufel hinter den Sitz und lehnte sich gegen die Maschine. Sie trank etwas lauwarmen Kaffee aus ihrer Thermosflasche und kochte eine Dose mit Reis über dem *Coleman*-Kocher, mit dem sie sonst das Öl erhitzte.

Das Zeug schmeckte fürchterlich, aber es brachte etwas

Ruhe in ihren aufgewühlten Magen und gab ihr die Kraft, einen ereignislosen Tag durchzustehen. Keine einzige Maschine erschien. Kein vertrautes Brummen, kein Wippen mit den Tragflächen, das ihr anzeigte, dass der Pilot sie gesehen hatte. Nur grenzenlose Stille und das leise Rauschen des Windes, der gegen Abend wieder auffrischte und sie in den Schutz der Fairchild trieb. Während sie sich in den Schlafsack quälte, wurde ihr zum ersten Mal bewusst, dass es beinahe unmöglich war, sie in dieser Wildnis zu finden, und dass es Tage dauern konnte, bis man sie entdeckte. Stöhnend sank sie in ihrem Sitz zusammen.

25

Am dritten Tag baute Clarissa einen Iglu. Mit einer Säge, die zur Notausstattung der *Fairchild* gehörte, schnitt sie feste Blöcke aus dem Schnee und setzte sie zu einer kuppelförmigen Behausung zusammen. Sie schaffte ihren Schlafsack, eine Öllampe, den Kocher und den Behälter mit den Konserven und der Schokolade in das Schneehaus und betrachtete zufrieden ihr Werk. In dem Iglu war es wesentlich wärmer und bequemer als in dem kleinen Flugzeug, und nicht einmal ein heftiger Sturm konnte ihr etwas anhaben. Sie holte das zerfledderte Exemplar von »Wem die Stunde schlägt« aus der *Fairchild* und legte es schon nach wenigen Minuten zur Seite, weil sie bei der Lektüre der tragischen Kriegsgeschichte ständig an ihre Freunde denken musste, an Noel Tuska und Richard Harmon und auch an Mike Sheldon, die irgendwo die Schrecken des Krieges ertrugen.

Sie kroch aus dem Iglu und stapfte ein paar Schritte durch den verkrusteten Schnee. Es war noch früh am Morgen, und der Himmel erstrahlte im Licht unzähliger Sterne. Hellgrünes Nordlicht, durchzogen von silbernen und orangefarbenen Streifen, flackerte über den Bergen und ließ die verschneiten Gipfel in einem zarten Licht erstrahlen. Ein magischer Anblick, der sie selbst in ihrer verzweifelten Lage verzauberte. Der arktische Himmel war ein geheimnisvolles Zauberreich, das jede Nacht mit neuen fantastischen Bildern überraschte und die Einsamkeit des Hohen Nordens mit seinem geheimnisvollen Licht erhellte. Wie würde der Himmel des südlichen Pazifik aussehen? Stand Mike in diesem Augenblick an einem weiten Palmenstrand und blickte zu den Sternen empor? Lehnte er an der Reling eines Flugzeugträgers? Was ging in den Soldaten vor, die in ihren ersten Kampf zogen und erkannten, dass sie ihr Leben einsetzten?

Sie biss ein Stück von der Schokolade ab und ließ es auf ihrer Zunge zergehen. Die Süßigkeiten, die während des Ice Carnivals verkauft wurden, waren wesentlich besser. Beim Gedanken an die Sardinen, die in ihrem Iglu warteten, wurde ihr beinahe übel. Zum Glück hatte sie immer einen Beutel Tee dabei. Sie erhitzte etwas Schnee über dem *Coleman*-Kocher und füllte die Thermosflasche. Nach einem kräftigen Schluck ging es ihr schon wesentlich besser. Sie rollte die Flasche in ihre Decke, um sie warm zu halten, und trat wieder ins Freie, weil sie die Enge des Iglus nicht ertrug und hoffte, dass im nächsten Augenblick ein Flugzeug über dem Berghang auftauchte und sie fand.

Mit dem Zwielicht, das wie ferner Lichtschein über den Gipfeln heraufstieg, wuchs ihre Hoffnung. Sie stellte sich neben die rote Plane und starrte in das stärker werdende Licht, suchte den Himmel nach einem Schatten oder einer Bewegung ab, und tatsächlich erfüllte plötzlich Motorenlärm die Stille. »Hierher! Hierher!«, rief sie, obwohl ihr klar war, dass sie niemand hören konnte, aber das Flugzeug blieb unsichtbar, und das Geräusch wurde immer schwächer, bevor es schließlich ganz verstummte. Sie sank entmutigt auf die Plane. Wie groß waren die Chancen, dass sie jemand fand? Keiner der Piloten, die nach ihr suchten, kannte ihre genaue Position. Sie wusste ja selber nicht genau, wo sie war. Westlich von Hughes und nördlich vom Koyukuk River, eine genauere Angabe hatte sie nicht machen können. Doch wie viele Berghänge und Täler gab es in diesem Gebiet?

Die Männer konnten ein ganzes Jahr nach ihr suchen, ohne sie zu Gesicht zu bekommen! Sie war die berühmte Stecknadel im Heuhaufen!
Das Zwielicht schwand und wich der Dunkelheit. Am Himmel waren Wolken aufgezogen, und es schneite leicht. Clarissa verkroch sich in ihrem Iglu und trank etwas heißen Tee, betrachtete eine Dose Sardinen und legte sie in den Behälter zurück. Lieber wollte sie hungern, als sich den Magen mit dem fettigen Fisch zu verderben. Sie hüllte sich in die Decke und versuchte, etwas zu schlafen. Vergeblich. Obwohl sie von beinahe vollkommener Stille umgeben war, tat sie kein Auge zu. Ihre Nervosität war zu groß. Wie lange würde sie durchhalten? Wie für jeden Piloten, der in der Wildnis abstürzt, gab es auch für sie nur zwei Möglichkeiten: Sie blieb bei ihrem Flugzeug und hoffte, dass sie jemand fand, oder sie verließ die Absturzstelle und marschierte so lange, bis sie auf eine menschliche Siedlung stieß. Beides war mit großen Gefahren verbunden. Wenn sie blieb, riskierte sie, dass niemand auftauchte und sie verhungerte oder den Verstand verlor. Wenn sie ging, war das Risiko groß, dass sie niemanden fand und irgendwo in der Wildnis erfror. Hier gab es keinen Wolfshund, der sie zu einem Blockhaus mit Vorräten und Feuerholz führte.
Sie entschloss sich, noch zwei Tage an der Absturzstelle auszuharren und dann ins Tal zu steigen. Wenn sie schon sterben sollte, dann bei dem Versuch, ihr Leben zu retten. Mit dem Gewehr, den Schneeschuhen und ihrer jahrelangen Erfahrung als Musherin in der Wildnis standen ihre Chancen gar nicht so schlecht. Solange das Wetter mitspielte. Sie aß einen Riegel Schokolade und spülte ihn mit Tee hinunter. Sie war froh, eine Entscheidung getroffen zu haben. Und sie dankte dem lieben Gott

dafür, dass sie nicht verletzt war. Nach dem Absturz, der ihren ersten Mann das Leben gekostet hatte, war sie mit einem gebrochenen Bein durch den Schnee gehumpelt und hatte es nur Nanuk zu verdanken, dass sie nicht wie ein angeschossenes Wild verendete.

In dieser Nacht schlief sie etwas besser. Es war angenehm warm in dem Schneehaus, und das Heulen des Windes war nur als leises Seufzen zu hören. »Mein größtes Problem war die Langeweile!«, würde sie Ross Clayton vom *News-Miner* später berichten und dabei mächtig untertreiben. »Die Tage vergingen so quälend langsam, dass ich beinahe den Verstand verloren hätte!« Doch auf dem verschneiten Berghang brauchte sie nur daran zu denken, dass es wesentlich schlimmere Probleme als die Langeweile gab, wenn man mit einer *Fairchild* abgestürzt war und in der Wildnis ausharrte. Ohne eine Verletzung und bei diesem klaren Wetter waren auch die langen Stunden des Nichtstuns zu ertragen. Es hatte aufgehört zu schneien. Wie ein schwacher Hoffnungsstrahl schob sich das Zwielicht über die Berge. Doch schon am frühen Nachmittag erschienen neue Wolken über den Bergen, und das Land versank im düsteren Halbdunkel. Der Himmel blieb leer. Ihre Hoffnung, von einem der Suchflugzeuge entdeckt zu werden, schwand. Auch der fünfte Tag an der Absturzstelle brachte keine Rettung. Sie musste sich zwingen, die ihr selbst gesetzte Frist einzuhalten und bis zum Morgen des sechsten Tages mit ihrem Aufbruch zu warten. Im Schein der Öllampe schrieb sie auf einen Zettel, dass sie fünf Tage gewartet hatte und nun versuchte, sich nach Süden zum Koyukuk River durchzuschlagen, und befestigte ihn in der Maschine. Nur für den Fall, dass ein Pilot die *Fairchild* fand, während sie unterwegs war.

Sie packte ihre Vorräte, den Schlafsack, die Decke und den *Coleman*-Kocher in einen Rucksack, schnallte die Schneeschuhe an und hängte sich das geladene 30.36 Gewehr über die Schultern. Nach einem letzten Blick auf die *Fairchild* stapfte sie durch den tiefen Schnee ins Tal hinab.

Schon nach wenigen Metern wurde ihre Hoffnung, eine deutliche Spur auf dem verschneiten Berghang zu hinterlassen, durch starkes Schneetreiben zunichte gemacht. Dicke Flocken rieselten aus den Wolken herab und verdeckten die Abdrücke ihrer Schneeschuhe. Sie ließ sich nicht entmutigen. Als erfahrene Musherin, die täglich mit dem Hundeschlitten unterwegs war und die Yukon Trophy und das Dog Derby gewonnen hatte, war sie es gewohnt, durch knietiefen Schnee zu gehen. In einem solchen Gelände musste sie den Weg für die Hunde ebnen. Eine Frau, die es nicht gewohnt war, auf Schneeschuhen zu laufen, hätte schon nach wenigen hundert Metern entkräftet aufgegeben. Und die Einsamkeit und unheimliche Stille, der Anblick der schroffen Berge und die scheinbare Ausweglosigkeit ihres Marsches hätten sie in Tränen ausbrechen und aufgeben lassen.

Am Ende des Berghanges drehte Clarissa sich noch einmal um. Die rote Plane stach wie ein Blutfleck aus dem jungfräulichen Schnee. Die *Fairchild* hing schief zwischen den Felsen. Wenn sie die Ersatzteile zu der Maschine schaffen konnte, wäre es ein Leichtes, sie in den Schnee zu schieben und auf dem abschüssigen Hang zu starten. Sie lachte trocken. Vor einigen Wochen hätte sie bei dem Gedanken, einen solchen Start ausführen zu müssen, noch feuchte Hände bekommen. Jetzt zweifelte sie nicht mehr daran, die Maschine von diesem Berg heil wegzubekommen. Wenn es ihr gelang, sich selbst zu retten! Sie kletterte zwischen zwei Felsen hindurch und erreichte das Tal.

Erst zwischen den steil aufragenden Felswänden merkte Clarissa, in welcher abgeschiedenen Gegend sie gelandet war. Wie die abweisenden Mauern einer gewaltigen Festung ragten sie aus dem Schnee. Das Tal wand sich wie ein erstarrter Fluss durch das Felsenlabyrinth, verlor sich in der arktischen Dunkelheit, die in dem Schneetreiben noch düsterer und unheimlicher wirkte. Weit und breit waren keine Spuren zu erkennen. So weit sie blicken konnte, gab es nur Berge und Felsen und Unmengen von Schnee. Sie folgte dem Tal nach Süden und kämpfte sich mit weit ausholenden Schritten durch den Schnee. Der Koyukuk River konnte nicht weit sein, und wo ein Fluss war, befanden sich auch Menschen. Auch das hatte sie von Willie Jones gelernt. Sie musste den Fluss finden, wenn sie am Leben bleiben wollte.

Sie marschierte den ganzen Tag, von morgens bis abends, rastete nur einmal, um etwas Schokolade zu essen und lauwarmen Tee zu trinken, und hatte doch das Gefühl, keinen Meter vom Fleck gekommen zu sein. Das Land hatte sich nicht verändert. Noch immer ragten felsige Gipfel in den dunklen Himmel, spiegelte sich das wenige Licht, das vom Himmel fiel, auf den verschneiten Hängen. Die Berge und die Dunkelheit versperrten ihr die Sicht, hinderten sie daran, den zugefrorenen Koyukuk River in der Ferne auszumachen.

»Weiter nach Süden!«, ermahnte sie sich, weiterzulaufen, »weiter nach Süden, dann musst du den Fluss finden!« Einen Iglu für die Nacht zu bauen, würde viel zu lange dauern. Sie musste weiterlaufen, bis sie keine Kraft mehr hatte, und in einer Höhle oder unter einem

Felsvorsprung übernachten. Sie wusste, wie nahe sie dem Tode war. Wenn das Wetter schlechter wurde, und ein Blizzard über das Land brauste, war sie verloren. »Wo ist der verdammte Fluss?«, schimpfte sie und stapfte unverdrossen weiter durch die Nacht.

Um Mitternacht rastete sie in der Einbuchtung eines großen Felsens. Die Öffnung war kaum groß genug, um sie aufzunehmen, und sie lag so unbequem, dass sie keinen Schlaf fand. Der Wind kam von allen Seiten und trieb ihr die Schneeflocken ins Gesicht. Sie schmiegte sich an den Felsen und merkte, wie schon nach wenigen Minuten ihre Beine schmerzten. Sie massierte ihren durchfrorenen Körper, nickte ein und schreckte aus dem Schlaf, als sie durch fernes Heulen geweckt wurde. Zuerst glaubte sie an eine Sinnestäuschung, aber dann war das Heulen wieder zu hören, und sie schlüpfte hastig aus dem Schlafsack und verstaute ihn in ihrem Gepäck. Nachdem sie die Schneeschuhe angeschnallt und den Rucksack geschultert hatte, lief sie weiter. Sie behielt das Gewehr in beiden Händen.

Ganz in der Nähe waren Wölfe! Ein hungriges Rudel auf der Suche nach Nahrung! Wie eine unsichtbare Drohung schwang das Heulen durch die eisige Luft. War dasselbe Rudel, das in der Stadt gewesen war, auf ihrer Spur? War Nanuk bei den Wölfen? So weit konnte er niemals gelaufen sein! Oder doch? Widersprüchliche Gedanken marterten ihr Gehirn. Sie überprüfte hastig, ob ihre Waffe geladen war, und stapfte weiter nach Süden. Sie musste sich der Gefahr stellen. Wenn die Wölfe ihre Witterung aufgenommen hatten und verzweifelt genug waren, um einen Menschen anzugreifen, stand ihr ein erbitterter Kampf bevor.

Schon jetzt suchte sie nach einem geeigneten Platz für

diesen Kampf. Nachdem sie das Tal durchquert und die Ausläufer eines felsigen Berges erreicht hatte, stieß sie auf eine Ansammlung von Felsbrocken, die ihr genügend Deckung geben würden. Sie blieb stehen und lauschte. Das Heulen war näher gekommen, und sie glaubte bereits, die gelben Augen der Angreifer zwischen den Bäumen sehen zu können. Als sie die Augen schloss und wieder öffnete, war der Waldrand dunkel. Bildete sie sich das Heulen nur ein? Gab es gar keine Wölfe in ihre Nähe? Sie versteckte sich zwischen den Felsbrocken. Sie würde zwei oder drei Stunden rasten und abwarten, ob die Wölfe auftauchten. Vor ihr lag ein offener Berghang, der keinerlei Deckung bot, und sie wollte kein Risiko eingehen. Ein Schluck aus der Thermosflasche vertrieb den schlechten Geschmack aus ihrem Mund. Sie würde nie mehr Schokolade essen! Und keinen Reis!
Ein Schuss peitschte durch das Zwielicht. Der Knall hallte als vielfaches Echo zwischen den Felsen nach und wurde von einem ängstlichen Jaulen begleitet, das immer leiser wurde. Clarissa erschrak. Zögernd trat sie aus ihrem Versteck, das Gewehr schussbereit in beiden Händen. Sie blieb abwartend am Rande des Berghangs stehen und seufzte erleichtert, als sich ein Hundeschlitten vom dunklen Waldrand löste und auf sie zuhielt. Sie winkte dem unbekannten Musher zu. Er grüßte zurück und brachte seinen Schlitten mit einem lauten »Whoaa!« zum Stehen. »Verdammte Wölfe!«, war eine weibliche Stimme zu hören. »Ich hab sie mit meinem Colt vertrieben! Obwohl ich ohne die Wölfe nie in diese Richtung gefahren wäre! Dann wärst du arm dran!«
Erst jetzt merkte Clarissa, dass sie eine Frau vor sich hatte. Eine Indianerin, deren Alter sich schwer schätzen

ließ. Sie konnte dreißig, aber auch vierzig oder fünfzig sein. Ihre Augen wirkten jünger als das faltige Gesicht, brannten dunkel und voller Energie und Entschlossenheit. Unter der Kapuze ihres Anoraks ragten zwei lange Zöpfe hervor. Mit einem scharfen Befehl brachte sie die bellenden Hunde zur Ruhe. »Ich bin Alice«, sagte sie. »Und du bist die Frau, die abgestürzt ist! Clarissa Watson, nicht wahr? Ich habe von dir gehört! Du hast die Yukon Trophy und das Dog Derby gewonnen! Du bist eine gute Musherin!« Sie grinste. »Wenn du zum Fluss wolltest, der liegt zwanzig Meilen weiter südlich!« Sie deutete in die Richtung, aus der sie gekommen war. »Ein ziemlich anstrengender Marsch, wenn du mich fragst!« Clarissa gefiel der bissige Humor der Indianerin. »Alice … du bist doch nicht … bist du die Indianerin, die allein in den Bergen lebt und nur rohes Fleisch isst? Und ich dachte, dich gibt's nur in den Lügengeschichten, die meine Kollegen erzählen!«

»Die sind mir auch schon zu Ohren gekommen!«, lachte Alice. Sie verankerte den Schlitten und reichte Clarissa eine Flasche mit heißem Kräutertee. »Dabei lasse ich meine Elchkeulen immer zu lange im Ofen liegen! Kuchen esse ich sowieso lieber!«

»Woher wusstest du, dass ich abgestürzt bin?«, fragte Clarissa. Sie trank aus der Thermosflasche und genoss den heißen Tee.

»Von meinem Neffen in Ruby. Er hat deinen Funkspruch aufgefangen. Ich hab dem Iren einen halben Elch vorbeigebracht und bei ihm vorbeigeschaut. Verrückter Bursche! Mein Neffe, meine ich! Er träumt davon, nach Anchorage zu gehen und bei der Pan American zu arbeiten!« Sie nahm die Flasche entgegen und verstaute sie in ihrer Felltasche. »Also, wenn ich nicht wüsste, dass er keinen Alkohol anrührt ... ich würde ihm glatt zutrauen, diese Geschichten über mich zu verbreiten!« Sie blickte an Clarissa vorbei in das Halbdunkel. »Wo liegt deine Maschine? Die Männer waren verzweifelt, weil sie dich nicht finden konnten!«

»Ungefähr zwanzig Meilen hinter mir«, erklärte Clarissa, »auf einem Berghang. Ich brauche ein paar Ersatzteile, dann kriege ich sie wieder in Gang. Sie hat kaum was abbekommen! Nimmst du mich mit? Ich muss wegen der Teile telegrafieren. Und ich brauche einen starken Mann, der mir hilft, das Zeug in die Berge zu fahren und die Maschine zu reparieren. Starten kann ich allein.«

Alice verzog geringschätzig das Gesicht. »Wir brauchen keine Männer! Meine letzten beiden hab ich zum Teufel gejagt, als sie mir lästig wurden! Ich helfe dir! Mein Bruder soll die Ersatzteile bestellen, und wir schaffen sie mit dem Schlitten auf den Berg. Das bisschen Reparieren kriegst du wohl selber hin! Wenn du zwei starke Hände brauchst, ich bin stärker als ich aussehe!«

Das glaubte Clarissa der Musherin aufs Wort. Eine Frau, die allein in einer einsamen Blockhütte wohnte, musste sich zu helfen wissen und die Arbeit eines Mannes verrichten können. Auch als Musherin machte sie eine gute Figur. Clarissa hatte selten eine Frau gesehen, die ihren Schlitten mit einer solchen Energie durch den Schnee bewegte. In jeder ihrer Bewegungen steckte unbändige Kraft. Clarissa saß mit angezogenen Beinen auf dem Schlitten und hörte, wie sie ihre Hunde anfeuerte. »Lauft! Lauft! Verdammt, ihr wollt doch nicht schlappmachen, ihr faules Pack?«

Während einer kurzen Rast fragte sie: »Machst du beim nächsten Dog Derby mit? Ich hab gehört, der Winter Carnival fällt aus, wegen des Krieges, aber sie veranstalten ein Fünfzig-Meilen-Rennen. Die Hälfte der Preisgelder geht an Soldatenwitwen.«

»Das wusste ich noch gar nicht«, wunderte sich Clarissa. »Ein Fünfzig-Meilen-Rennen? Natürlich mache ich mit! Meine Hunde wären ziemlich wütend, wenn ich mich drücken würde!« Sie erkannte, was hinter der Frage steckte, und lächelte verschmitzt. »Du machst auch mit, nicht wahr? Du willst mich schlagen!«

»Ich werde die erste Indianerin sein, die das verdammte Dog Derby gewinnt!«, meinte sie entschlossen. »Du wirst dich wohl mit dem zweiten Platz begnügen müssen, Clarissa Watson!«

»Wir werden sehen«, sagte Clarissa, »wir werden sehen!«

≈ 26 ≈

»Du hättest die Männer beim Iren sehen sollen«, sagte Clarissa am Krankenbett ihres Mannes, »die wollten gar nicht glauben, dass die Maschine heil geblieben war! Und als ich ihnen sagte, dass ich sie reparieren und von dem Berghang starten würde, lachten sie mich aus! Sie wollten mir alle helfen, aber Alice bestand darauf, allein zu der Absturzstelle zu fahren und schraubte eigenhändig die neue Verkleidung an die Tragfläche! Na ja, und dann zogen wir die Maschine aus den Felsen, und ich startete mitten auf dem Berghang und flog nach Hause! Ich wette, beim Iren standen sie alle vor der Tür und starrten zum Himmel rauf!«

Frank ging es besser. Sein Blick war etwas klarer geworden, das bildete sie sich jedenfalls ein, und Dr. Morgan behauptete, dass sich seine Werte stabilisiert hatten und auch seine Temperatur konstant war. »Margaret kümmert sich um ihn«, sagte er und stellte ihr die Schwester vor, die den Dienst von Ruth übernommen hatte. Sie war keine zwanzig und wirkte reichlich verunsichert, als sie Clarissa die Hand schüttelte, aber die erfahrenen Schwestern waren im Krieg oder wurden auf anderen Stationen gebraucht. »Sie massiert ihn jeden Tag und reibt seinen Rücken mit Franzbranntwein ein, damit er sich nicht wund liegt.« Er ignorierte Clarissas kritischen Blick. »Wir schaffen das, Mrs. Watson! Geben Sie nicht auf! Reden Sie weiter mit ihm!«

Clarissa gab nicht auf. Seit ihrer Rettung aus den Bergen fühlte sie sich freier und selbstbewusster, und ihre Zuversicht wuchs, obwohl Frank keine Anstalten machte, sie anzusehen oder mit ihr zu reden. »Alice tritt beim Dog

Derby gegen mich an«, fuhr sie fort. »Der Ice Carnival fällt aus, aber das Eishockeyturnier findet statt, und sie veranstalten ein Fünfzig-Meilen-Rennen. Die Hälfte des Preisgeldes geht ... wird für einen guten Zweck gespendet. Und Alice hat sich bereits angemeldet. Der *News-Miner* nennt sie die ›wilde Alice‹! Ziemlich geschmacklos, wenn du mich fragst, aber so sind sie eben, die Reporter. Sie bauschen die Sache zu einem großen Duell auf: Clarissa Watson, die Tochter unserer Stadt, gegen die wilde Alice aus dem Norden!« Von den salbungsvollen Worten, die sie als »leidende Frau, die sich für ihren kranken Mann aufopfert« und Alice als »ungehobelte Einsiedlerin, die angeblich von rohem Fleisch lebt« beschrieben, verriet sie ihm nichts. Sie hatte sich bei Ross Clayton beschwert und als Antwort erhalten, »so sei halt das Geschäft.«

Sie küsste ihren Mann auf die Lippen und blieb mit ihrem Gesicht dicht über ihm, um seinen Atem zu spüren. Er war am Leben, und sie glaubte seinen Willen zu spüren, die Dunkelheit zu verlassen und in die Wirklichkeit zurückzukehren. »Es dauert nicht mehr lange«, flüsterte sie. »Bald kannst du mich wieder in die Arme nehmen! Halte durch, Frank! Ich freue mich schon auf den Tag, wenn du aufwachst, und ich dich aus dem Krankenhaus hole! Ich liebe dich, Frank! Ich werde dich immer lieben! Unser Leben fängt jetzt erst an, das verspreche ich dir!«

In ihren Augen waren wieder Tränen, wenn sie ihn verließ, und ihr ganzes Handeln drehte sich um seine Genesung und die Zeit danach. Selbst bei der Flugprüfung in Anchorage dachte sie an ihn. Sie hatte jeden Abend fleißig gelernt und bestand den schriftlichen Test mit Auszeichnung. Den praktischen Teil brach der Prüfer

schon nach einer halben Stunde ab: »Eine Pilotin, die nördlich des Koyukuk River notlandet und von einem verschneiten Berghang startet, brauche ich keine Runden mehr drehen zu lassen! Sie haben bestanden, Lady! Herzlichen Glückwunsch!«
Diesmal gab es kaum etwas zu feiern, denn fast alle Piloten waren im Krieg. Anstatt im verwaisten Nugget Saloon mit dem alten Chuck anzustoßen, gönnte sie sich eine große Schokomilch und ein Tuna Sandwich mit viel Mayonnaise im Drugstore. Belinda, die stärker unter der Trennung von ihrem neuen Freund litt, als man gedacht hatte, prostete ihr mit einer Coca-Cola zu und sagte ernst: »Auf die geplagten Frauen, die an der Homefront ausharren müssen!« Und nach einem kräftigen Schluck fügte sie hinzu: »Warum müssen Männer immer Krieg führen?«
Clarissa zuckte mit den Schultern. »Das liegt wohl in ihrer Natur. Wenn's nach mir ginge, würden wir mit allen in Frieden leben.« Sie trank von ihrer Schokomilch und schmunzelte. »Vielleicht sind sie noch nicht zivilisiert genug! Es soll Länder geben, da leben die Männer noch auf den Bäumen!« Sie wischte sich etwas Schokomilch von der Oberlippe und überlegte einen Augenblick, bevor sie fragte: »Hast du schon Post bekommen?«
Sie schüttelte den Kopf. »Ich weiß nur, dass sie ihn auf irgendeine Insel im Pazifik gebracht haben. Den Namen wollten sie mir nicht sagen. Seit Pearl Harbor ist alles streng geheim. Der Mann am Telefon hat gesagt, dass es einige Tage dauern kann und von den … den Kampfhandlungen abhängt, bis die Soldaten schreiben dürfen. Und dann kommt es darauf an, wann eine Transportmaschine in die USA zurückfliegt.« Sie seufzte leise. »Ist das nicht furchtbar, Clarissa? Bill ist irgendwo

auf einer einsamen Insel und kämpft gegen die Japaner, und ich weiß nicht mal, wie es ihm geht! Ich hab solche Angst um ihn! Manchmal wünsche ich mir, ich hätte ihn gar nicht kennen gelernt, dann wäre jetzt vieles leichter!« Sie spülte einige Gläser und lächelte versonnen. »Ich habe ihm schon drei Briefe geschrieben! Sobald ich seine Adresse habe, gebe ich sie auf dem Stützpunkt ab.«
Während Clarissa mit ihrem Hundeschlitten nach Hause fuhr, dachte sie an Mike. Auch er war irgendwo in der Südsee und kämpfte gegen die Japaner. Er würde seinen Kameraden von der wundervollen Frau erzählen, die zu Hause auf ihn wartete. Keines dieser dummen Mädchen, sondern eine richtige Frau, und er würde ihren Kuss auf den Lippen spüren und sich nach ihrer Umarmung sehnen. Vielleicht träumte er sogar davon, in ein paar Monaten aus dem Krieg nach Fairbanks zurückzukehren und sie zu heiraten. Ein Gedanke, der Clarissa immer wieder beschäftigte, denn sie hatte ihn in dem Glauben verabschiedet, dass sie ihn liebte. Wenn er nach Hause kam, würde sie ihm die Wahrheit sagen müssen. Er würde sich gedemütigt vorkommen und ihr heftige Vorwürfe machen. Und doch war sie der festen Überzeugung, richtig gehandelt zu haben. Wenn sie ihn abgewiesen hätte, wäre er voller Verzweiflung in den Krieg gezogen und hätte den Tod gesucht. Er hätte die ganze Welt für seinen Schmerz verantwortlich gemacht und sich blindwütig auf die nächsten Japaner gestürzt! Ein Gedanke, der ihr Angst machte.
Clarissa verfolgte den Krieg im Radio und der Zeitung. Obwohl ständig davon zu hören und zu lesen war, mit welcher Entschlossenheit die amerikanischen und britischen Truppen gegen den Feind vorgingen, waren die

Meldungen wenig ermutigend. Am 10. Dezember wurden zwei Flugzeugträger der britischen Marine, die *Prince of Wales* und *Repulse*, von den Japanern versenkt. Ein herber Verlust, der in England mit großer Betroffenheit aufgenommen wurde. Inzwischen wusste Clarissa, wie wichtig die Flugzeugträger für den Krieg gegen die Japaner waren. Im *News-Miner* hatte ein Colonel der US-Armee es eine »göttlichen Fügung des Schicksals« genannt, dass die Flugzeugträger der Amerikaner in Pearl Harbor nicht vernichtet wurden. Die Japaner zogen mordend und brandschatzend durch Malaya, so schrieb der Reporter im *News-Miner*, und vertrieben die aufopfernd kämpfenden Briten von der Insel. Auf der Halbinsel Bataan in den Philippinen kämpften die Amerikaner gegen den Feind. »Ein Kampf, der von unserer tapferen Armee mit großer Verbissenheit und dem Schlachtruf ›Remember Pearl Harbor‹ geführt wird«, stand im *News-Miner* zu lesen. Erst sehr viel später erfuhren die Amerikaner die bittere Wahrheit, dass ihre Truppen in Bataan eine schmachvolle Niederlage erlitten hatten.

Ohne die Landkarte, die zu jedem Artikel im News-Miner abgedruckt war, hätte Clarissa niemals gewusst, wo diese Orte lagen. Sie hätte nicht einmal die Philippinen auf einem Globus gefunden, geschweige denn exotische Namen wie Bataan oder Luzon und Mindanao. Durch die amerikanische Beteiligung war der Krieg näher gerückt, und die quälenden Bilder von explodierenden Flugzeugen und Schiffen, die sie in der Wochenschau sah, ließen sie auch auf ihren Fahrten durch die Wildnis nicht los. Wenn die neue Wochenschau herauskam, war das Kino überfüllt, egal welcher Film im Hauptprogramm lief. Die Bilder vom Krieg waren wichtiger als Bob Hope in »Road to Singapore«.

Der Krieg in Europa und in der Südsee schien Clarissa nur darin zu bestärken, ihr Leben zu ordnen und in ein festes Schema zu pressen. Der Morgen gehörte der Büroarbeit. Sie hatte etliche Auftraggeber ihres Mannes zurückgewonnen und einen beachtlichen Kundenstamm aufgebaut, versorgte entlegene Orte wie Hughes und Anaktuvuk Pass mit der Post und erledigte gelegentliche Frachtflüge für die Armee. Ihre Buchhaltung erledigte sie selbst. Am späten Vormittag, wenn das Zwielicht einsetzte, stieg sie in die Maschine. Meist war sie nur ein paar Stunden unterwegs, manchmal auch zwei oder drei Tage. Dann übernachtete sie in den Road Houses oder bei Bekannten ihres Mannes. Nachmittags besuchte sie Frank im Krankenhaus, und abends trainierte sie mit den Hunden. Sie hatte gesehen, wie gut Alice mit ihrem Gespann zurechtkam, und wollte sich beim Fünfzig-Meilen-Rennen im März keine Blöße geben. »Hast du gehört, Dusty?«, sagte sie zu ihrem Leithund. »Alice ist ein harter Brocken! Wenn wir nicht in Topform sind, können wir einpacken!«
Die erste Kunde, die Fairbanks aus dem Krieg erreichte, war traurig. Sid Baxter war gefallen. Wie nur langsam durchsickerte, war er nicht bei einem Manöver oder in einem heroischen Kampf mit seiner Maschine abgestürzt, sondern von einem Jeep überfahren worden. Der Corporal am Steuer hatte ihn im strömenden Regen übersehen. Seine »sterblichen Überreste«, so hieß es im *News-Miner*, wurden auf den Aleuten verbrannt, aber der Pfarrer in Fairbanks hielt eine bescheidene Trauerfeier ab, und Clarissa stand neben Harry Cheek und dem alten Chuck in seinem Rollstuhl, als er den Einsatzwillen des tapferen Soldaten lobte. »Sid war ein mieser Angeber«, sagte Clarissa zu dem Airport Manager, »aber ich

hätte ihm einen anderen Tod gegönnt! So sterben keine Helden!« Dieser Meinung war auch der Pfarrer, der die Art des Unfalls beharrlich verschwieg und nur davon sprach, dass Sid Baxter im Dienst für sein geliebtes Vaterland gefallen war.
»Wenn Bill so etwas passiert, bringe ich mich um!«, sagte Belinda, als sie im Drugstore über die Beerdigung sprachen. Ihre Worte klangen so ernst, dass Clarissa erschrak. »Wenn er nicht mehr lebt, will ich auch nicht mehr leben! Er darf nicht sterben!«
»Bill ist ein Glückskind«, sagte Clarissa, »sonst hätte er dich nicht gefunden! Er stirbt bestimmt nicht! Er kommt wieder nach Hause, und ihr bekommt viele Kinder!«
Clarissa ließ sich nicht von der Panik vieler anderer Menschen anstecken. Auch sie hatte Angst, um Mike Sheldon, um jeden Soldaten, der in diesem hässlichen Krieg kämpfte, und doch ging es ihr besser als vielen Frauen, die um ihre Männer zitterten und jeden Tag um ihre Existenz kämpften. Ihr Mann lag im Krankenhaus und war vor den Kugeln der Japaner sicher. Sie hatte einen Job, der ihr so viel Geld brachte, dass sie sorgenfrei leben und den Anteil ihres Partners zur Seite legen konnte. Sie hatte ein Konto für Mike eingerichtet und überwies die Hälfte aller Einkünfte an ihn. Auf ihren langen Ausflügen mit dem Hundeschlitten oder den Flügen mit der *Fairchild* dachte sie oft an den Krieg, und wenn das Wetter zu klar oder die Einsamkeit zu eintönig wurde, tauchten auch die schrecklichen Bilder von zerfetzten Flugzeugen und Schiffen wieder auf, doch sie hatte nach ihrem Absturz am eigenen Leib erfahren, wie wichtig es war, in solchen Situationen die Nerven zu behalten, und ließ sich auch durch die bedrohliche Lage im südlichen Pazifik nicht anstecken.

Ihre Flüge verliefen ohne größere Zwischenfälle. Sie hatte gelernt, sich bei jedem Wetter zurechtzufinden, und wurde nicht einmal nervös, wenn dichter Nebel ihr die Sicht versperrte. Sie kannte die Umgebung von Fairbanks besser als alle anderen Piloten, weil sie jeden Tag mit den Hunden unterwegs war, und würde immer eine Stelle finden, an der sie landen konnte. Harry Cheek half ihr bei der Wartung der *Fairchild*, und mit einem Angestellten von Pacific Air baute sie ein neues Ersatzteil ein, nachdem sie in heftige Turbulenzen über der Küste geraten war und ein Teil der schweren Fracht gegen ihr Armaturenbrett krachte. Sie schaffte es trotz der Ladung, die Maschine über die Wolken zu steuern und aus der Gefahrenzone zu bringen. Ein anderes Mal hatte sie weniger Glück. Heftige Schneefälle und eisiger Nebel zwangen sie zu einer Notlandung auf einem zugefrorenen See fern jeder menschlichen Siedlung, und es blieb ihr nichts anderes übrig, als die Maschine in den Wind zu stellen und zu sichern und einen Iglu zu bauen. Zwei Tage harrte sie in der Einsamkeit aus. Sie lebte von Konserven, die sie über ihrem *Coleman*-Kocher erhitzte, und dem Tee aus ihrer Thermosflasche und las die restlichen Seiten von »Wem die Stunde schlägt«, bis das Wetter aufklarte und sie wieder starten konnte. Erst in der Luft dachte sie daran, dass sie kein Wolfsgeheul gehört und kaum Angst verspürt hatte. »Langsam machst du mir Angst!«, lachte Harry Cheek. »Du bringst es fertig und fliegst allein über den Pazifik!«
»Nicht solange die Japaner sich da unten rumtreiben«, erwiderte sie lächelnd, »da würde ich wohl nicht weit kommen!«
Anfang Februar erhielt Clarissa einen Anruf, der sie beinahe aus der Fassung brachte. »Ich weiß, es ist schon

spät, aber ich konnte Sie nicht früher erreichen«, meldete sich eine Frauenstimme, »aber ich muss Sie unbedingt sprechen! Hier ist Elizabeth Sheldon. Ich habe heute einen Brief von Mike bekommen ...«
Clarissa versprach, sofort vorbeizukommen, schlüpfte hastig in ihren Anorak und lief zu Fuß in die Stadt. Bis zum Haus der Sheldons war es nicht weit, und sie wollte keine Zeit damit vergeuden, die Hunde anzuspannen.
»Clarissa Watson«, stellte sie sich vor, als Mrs. Sheldon die Tür öffnete und sie ins Haus bat.
»Elizabeth Sheldon. Sie können mich Betty nennen«, erwiderte die Mutter des Jungen. Sie war ungefähr fünfzig, hatte ein blasses Gesicht mit einer etwas zu spitzen Nase und forschenden blauen Augen. Ihr dunkelblondes Haar war sorgfältig frisiert. Sie trug ein gemustertes Kleid und eine Schürze. »Kann ich Ihnen einen Früchtetee anbieten? Ich habe gerade frisches Wasser aufgesetzt.« Clarissa nahm an, und sie fuhr fort: »Seltsam, dass wir uns jetzt erst kennen lernen, nicht wahr? Aber ich kenne ihr Bild aus der Zeitung. Sie sind eine berühmte Frau, Clarissa!«
»Die Zeitungen übertreiben, Mrs. Sheldon ... Betty.«
Während Betty Sheldon das Wasser vom Herd nahm und den Tee aufgoss, herrschte Stille. Clarissa saß verlegen auf dem Sofa und blickte sich in dem altmodisch eingerichteten Wohnzimmer um. Über der antiken Kommode, die aus Europa stammen musste, hing ein Foto von Mike Sheldon. Darunter lag ein Blumenstrauß. »Ein schönes Foto, nicht wahr?«, sagte Betty Sheldon, als sie zurückkehrte. »Ich habe extra einen Fotograf kommen lassen, bevor er ... er in den Krieg zog!« Sie unterdrückte einige Tränen. »Ist dieser Krieg nicht schrecklich?« Sie schenkte Tee ein und setzte sich. »Ich will keine großen

Worte machen, Clarissa. Ich war ziemlich wütend auf Sie, als Mike nach Hause kam und erzählte … nun ja, Sie müssen wissen, er hatte keine Geheimnisse vor mir, und als er mir erzählte, dass Sie ihm … Hoffnungen gemacht haben, da habe ich mich natürlich sehr gewundert und gedacht, das ist eine von diesen Frauen, die mit der Einsamkeit … ich habe selbst darunter gelitten, Clarissa, ich weiß, wie es ist, wenn man seinen Mann verliert. Aber Ihr Mann lebt, und ich weiß nicht … aber das ist alles Schnee von gestern!«
»Ich wollte Ihrem Sohn nicht wehtun, Betty«, gestand Clarissa. Sie war rot angelaufen. »Mike hat sich da etwas in den Kopf gesetzt, wissen Sie, und ich war vielleicht nicht aufrichtig genug …«
»Sie lieben ihn nicht. Sie haben ihn nie geliebt«, sagte Betty Sheldon. Es klang wie eine nüchterne Feststellung. »Und ich kenne meinen Mike!« Jetzt lächelte sie. »Wenn er sich was einbildet, ist er nur schwer davon abzubringen! Er glaubt, dass er unsterblich in Sie verliebt ist, und ich bin nicht einmal böse darüber, denn dieses Gefühl wird ihm helfen, den Krieg zu ertragen!« Sie legte eine Hand auf Clarissas Arm. »Ich bin Ihnen dankbar dafür, dass Sie ihm die Wahrheit verschwiegen haben!«
Clarissa spürte, wie eine schwere Last von ihrer Seele fiel. »Ich konnte ihm nichts sagen, Betty! Er hätte die Wahrheit nicht ertragen! Ich wollte nicht, dass er verzweifelt in den Krieg zieht! Er hätte sich vielleicht etwas angetan! Ich hatte große Angst um ihn!«
»Ich weiß, und deshalb bin ich Ihnen dankbar!« Betty Sheldon zog einen Brief aus ihrer Schürzentasche und reichte ihn Clarissa. Sie faltete das Schreiben auseinander und begann zu lesen:

Meine liebe Clarissa,
ich vermisse dich so sehr! Nun sind wir schon drei Wochen in der Java-See unterwegs, und ich habe noch immer keinen Japaner zu Gesicht bekommen. Wir sind alle begierig darauf, endlich gegen die Japse zu kämpfen! Ich bin auf einer kleinen Insel stationiert und verbringe den ganzen Tag damit, die wenigen Maschinen zu warten, die wir stehen haben. Aber ich will dich nicht mit Einzelheiten langweilen. Ich will dir lediglich sagen, dass ich dich unsterblich liebe und den Tag herbeisehne, an dem ich dich wieder in die Arme schließen kann! Ich hoffe sehr, dass es eine gemeinsame Zukunft für uns gibt! So, und jetzt muss ich leider aufhören, sonst schnappen mir meine Kameraden den Brief weg und lesen ihn laut vor! Schreibst du mir? Ich sehne mich nach einem Brief von dir!
In großer Liebe
    Dein Mike

Clarissa ließ die Hand mit dem Brief sinken und wagte nicht, Betty Sheldon in die Augen zu sehen. Doch die Stimme von Mike's Mutter klang sanft: »Antworten Sie ihm, Clarissa! Und tun Sie so, als wären Sie in ihn verliebt! Ich möchte, dass er glücklich ist, und wenn es nur für kurze Zeit ist! Versprechen Sie mir das?«
»Ich verspreche es«, antwortete Clarissa mit erstickter Stimme. Dann steckte sie den Brief ein und ging weinend aus dem Haus.

27

Der Krieg hatte das hungrige Wolfsrudel aus den Schlagzeilen und dem Bewusstsein der Menschen gedrängt. Nur noch vereinzelt patrouillierten bewaffnete Polizisten am Waldrand entlang. Die Bestien, so meldete der *News-Miner* auf der fünften Seite, hatten endgültig aufgegeben und waren nach Norden geflohen. Am Stadtrand spielten die Kinder längst wieder allein auf der Straße, und niemand dachte sich etwas dabei, wenn Huskys bellten oder flackernde Schatten durch das Halbdunkel tanzten. Die arktische Nacht war voller Geheimnisse, und im düsteren Licht der Straßenlampen wirkte manches unheimlicher, als es wirklich war. Die Einwohner waren die langen Nächte gewöhnt.
Clarissa hatte die Wölfe nicht vergessen. Sie spürte ihre Nähe, wenn sie nachts aus dem Schlaf schreckte, weil sie ihr entferntes Heulen vernommen hatte. Sie blickte nervös aus dem Fenster, wenn ihre Hunde unruhig bellten, und war überzeugt, von ihnen beobachtet zu werden, wenn sie allein durch die Wildnis fuhr. Selbst als sie ihre Antwort für Mike zu Betty Sheldon brachte, damit die Mutter des Jungen sie zusammen mit ihrem Brief versandte, war sie sicher, von den Wölfen verfolgt zu werden. Doch sie erzählte niemandem von ihrem Verdacht, aus Sorge, ausgelacht zu werden, denn mitten auf der Cushman Street war noch niemals ein Wolf gesehen worden, und in den Außenbezirken der Stadt hätten die Hunde angeschlagen, wenn ein Wolfsrudel in der Nähe gewesen wäre.
Betty Sheldon sagte kein Wort, als sie Clarissas Brief in den Umschlag steckte, um ihn sogleich zuzukleben. Nur

ihre nervöse Miene und ihre unsteten Augen verrieten die Sorge um ihren Sohn. Auch die Zensur der Armee konnte aus Niederlagen keine Siege machen, und die Berichte im *News-Miner* über die Kämpfe im Südpazifik waren nicht dazu angetan, in Jubelstürme und ungetrübten Optimismus auszubrechen. Die japanische Armee kontrollierte Malaya und die Philippinen, und die amerikanische Marine schien noch keine Strategie gefunden zu haben, die die grausame Entschlossenheit der Japaner brechen konnte. Die schönen Worte, die Präsident Roosevelt und andere Politiker und Generäle über das Radio sandten, konnten Betty Sheldon nicht täuschen. Ihr Sohn war in großer Gefahr, und es würde noch sehr lange dauern, bis die Amerikaner auf dem fernen Kriegsschauplatz die Führung übernehmen konnten.

Obwohl Clarissa den Jungen nicht liebte und den Brief nur geschrieben hatte, um seinen Lebensmut zu stärken und ihn vor einer leichtsinnigen Verzweiflungstat zu schützen, hatte sie ein schlechtes Gewissen. Allein der Gedanke, dass Frank irgendwann diesen Brief zu sehen bekommen könnte, ließ sie erschaudern. Wenn dieser Krieg jemals zu Ende ging, und Mike nach Hause zurückkehrte, konnte sie nur hoffen, dass er selber eingesehen hatte, wie hoffnungslos seine Liebe zu ihr war, oder sie musste seinen Traum unsanft zerstören und ihm die Wahrheit sagen. Ihrem Mann erzählte sie überhaupt nichts von Mike. Dr. Morgan hatte ihr empfohlen, den Krieg nicht zu erwähnen, und sie war auch froh, über etwas anderes sprechen zu können. Über das Dog Derby und den Zweikampf mit Alice, auf den sie sich wirklich freute. Ihre Hunde, die wohl spürten, dass ein wichtiges Rennen bevorstand, und sich auf jeden Trainings-

lauf freuten. Ihre Flüge, die sie bis an die Küste und hinauf nach Anaktuvuk Pass führten.
Von den angriffslustigen Wölfen, denen sie auf einem ihrer Ausflüge in die Wildnis begegnet war, erzählte sie keinem Menschen, schon wegen des schadenfrohen Grinsens einiger Konkurrenten, das sie dann bis zum Dog Derby verfolgt hätte. An einem klaren und kalten Tag, der sie schon am frühen Morgen mit einem überwältigenden Nordlicht geweckt hatte, war sie jenseits des Flusses unterwegs. Der nächtliche Himmel erstrahlte wie das große Feuerwerk, das sie an einem der letzten Thanksgiving Days in Fairbanks entzündet hatten. Während sie die Hunde fütterte, leuchteten farbige Lichter über ihr, flackerten bunte Schatten über den Schnee und ließen die Hunde wie geisterhafte Wesen aus einem Märchen erscheinen. Clarissa unterbrach ihre Arbeit und starrte zum Himmel, schon lange hatte sie nicht mehr ein solches Spektakel gesehen. Am nächsten Tag berichtete sogar der *News-Miner* über das ungewöhnliche Nordlicht.
In dem verschneiten Tal, das sie nach einem ausgiebigen Frühstück durchquerte, glitzerte nur noch der Schnee. Das Organisationskomitee des Dog Derby hatte angekündigt, die relativ kurze Rennstrecke durch unwegsames Gebiet abzustecken, und sie wollte die Hunde darauf vorbereiten, durch Tiefschnee zu laufen. Dort wurde selbst ein kurzes Rennen zur Qual. Die Musher waren gezwungen, ihre Schneeschuhe anschnallen, und dem Schlitten vorauslaufen, um den Weg für die Hunde zu ebnen. Nur mit einer guten Kondition war diese Anstrengung zu schaffen. Nachdem sie das Tal durchquert hatte, umarmte Clarissa atemlos jeden einzelnen Hund und bedankte sich bei ihm.

Nach einer kurzen Pause trieb sie die Hunde durch einen dichten Fichtenwald, wo der Schnee kaum knöcheltief lag, und erreichte den Indianerpfad, auf dem sie sonst immer trainierte. »So, jetzt könnt ihr rennen«, rief sie den Hunden zu, »zeigt, was ihr könnt!« Das ließen sich die Huskys nicht zweimal sagen. Sie legten sich in die Leinen und setzten zu einem langen Spurt an, der Clarissa zeigte, dass sie ihre Bestform erreicht hatten. Ihre Füße schienen kaum den Boden zu berühren. Die Kufen des Schlittens flogen über den körnigen Schnee, kratzten über das harte Eis, das sich am Rand des Pfades gebildet hatte. Unter dem Schlitten stob der Neuschnee hoch und hüllte sie in eine eisige Wolke, die sich auf ihren Anorak und die Schutzbrille legte.

Hinter einer scharfen Biegung brachen die Hunde unerwartet aus. Sie zogen nach links und flohen ins Unterholz des Fichtenwaldes. Ein riesiger Elch stapfte zwischen den Bäumen hervor, senkte seinen langen Schädel mit den mächtigen Schaufeln und schlug nervös mit den Hufen aus, als er die Hunde sah. Die Huskys winselten ängstlich und wechselten so abrupt die Richtung, dass Clarissa vom Trittbrett geschleudert wurde und mit der Schulter gegen einen abgestorbenen Fichtenstamm prallte. Sie verspürte einen heftigen Schmerz und verlor das Bewusstsein.

Wie lange sie im Schnee gelegen hatte, vermochte sie später nicht zu sagen. Über dem Indianerpfad hing bereits düsteres Zwielicht, als sie die Augen öffnete. Schmutzige Schatten fielen auf den Schnee. Am Himmel waren Wolken aufgezogen, und das Glitzern der Sterne war verschwunden. Es war noch kälter geworden. Sie konnte von Glück sagen, dass die Bäume den eisigen Wind aufhielten, der jetzt durch die Täler und Senken

blies. Sie stützte sich auf einen Ellbogen und schrie auf. Starker Schmerz durchzuckte ihre linke Schulter. Sie bewegte sich zaghaft und atmete erleichtert auf, als sie merkte, dass nichts gebrochen war. Eine schmerzhafte Prellung, die bis zum Rennen ausgeheilt sein würde, weiter nichts. Sie verlagerte ihr Gewicht auf den rechten Ellbogen und spürte, wie der Schmerz nachließ.
Die Wölfe entdeckte sie erst, als sie sich aufrichten wollte und die gelben Augen am Waldrand sah. Sie hielt mitten in der Bewegung inne. Von den forschenden Augen der Tiere ging eine Bedrohung aus, die ihr wie ein eisiger Windhauch entgegenschlug. Den Blicken folgte ein heiseres Knurren. Fast vergessene Bilder kehrten zurück, die weite Senke vor dem Blockhaus, in das sie sich nach dem Tod ihres ersten Mannes geflüchtet hatte, das Wolfsrudel, das sie umstellt und in die Enge getrieben hatte. Sie suchte vergeblich nach ihrem Schlitten und vermisste den Revolver aus ihrer Felltasche. Die panische Reaktion der Hunde hatte sie daran gehindert, danach zu greifen. Sie griff nach dem Messer in ihrer Anoraktasche und stöhnte verzweifelt, als sich der Schmerz zurückmeldete und heftig durch ihre Schulter fuhr.
Das Knurren wurde lauter, und sie beobachtete entsetzt, wie die Wölfe aus dem Wald kamen. Einer nach dem anderen, langsam und bedrohlich, die Augen voller Gier und Mordlust. Sie erinnerte sich an ihre Worte auf der Versammlung, dass Wölfe mit Menschen nichts zu tun haben wollen und sie nur in höchster Verzweiflung angreifen. Was würden wohl die Männer sagen, die sie damals ausgelacht hatten, wenn sie jetzt beobachten könnten, wie sie von den »blutgierigen Bestien« angegriffen wurde?
Sie ignorierte den Schmerz und richtete sich langsam

auf. Das Messer wog schwer in ihrer rechten Hand. War es jetzt so weit? Müsste sie sich einem Kampf gegen die Wölfe stellen? Die Tiere kamen aus allen Richtungen, fletschten ihre gelben Zähne und kreisten sie ein. Es gab kein Entrinnen. Sie würden sich auf sie stürzen und sie zerfleischen. Zehn Wölfe kamen auf sie zu. Auch das Messer nützte ihr nichts gegen diese Übermacht. Dennoch musste sie es versuchen. Ein verzweifeltes Lachen kam über ihre Lippen, als sie daran dachte, was der *News-Miner* über ihren Tod schreiben würde: *Erfolgreiche Musherin von Wölfen zerfleischt!* Ein erfolgreiche Musherin war bestimmt nicht so dumm, sich ohne ihren Revolver vom Schlitten werfen zu lassen.
Die Rettung kam unerwartet und so plötzlich, dass Clarissa vor Schreck das Messer fallen ließ. Ein Wolfshund, größer und stämmiger als seine wilden Brüder und mit funkelnden Augen, stürmte aus der Dunkelheit heran. Mit blitzenden Zähnen stürzte er sich auf die Wölfe. Wie ein Orkan wütete er unter den überraschten Tieren und trieb sie in alle Himmelsrichtungen. Sein Fauchen hallte wie in unheimliches Echo durch den Wald. Unter seinen kräftigen Beinen staubte der Schnee, und sein Atem hing wie tödlicher Nebel in der Luft. Die Wölfe wichen ängstlich zurück und verzogen sich mit eingezogenen Schwänzen in den Wald. Zögernd legte sich der aufgewirbelte Schnee.
»Nanuk!«, flüsterte Clarissa ehrfürchtig. Sie hob ihr Messer auf und steckte es in den Anorak. »Du hast mir das Leben gerettet!«
Sie öffnete die Augen und schüttelte verwundert den Kopf. Der Wolfshund war verschwunden. Wie vom Erdboden verschluckt. »Verrückter Traum!«, brummte sie leise. Langsam richtete sie sich auf und hielt ihre ver-

letzte Schulter. Sie würde Salbe darauf schmieren und einige Tage pausieren müssen. Ihr Kopf wurde allmählich wieder klar. Außer heftigen Kopfschmerzen und einer dicken Beule würde nichts zurückbleiben. Von einer Gehirnerschütterung blieb sie verschont. Um sicherzugehen, würde sie sich im Krankenhaus von Dr. Morgan untersuchen lassen. Sie lehnte sich gegen einen Baumstamm und wartete, bis die Benommenheit wich. Sie hoffte nur, dass die Hunde nicht zu weit gelaufen waren, und sie gleich nach Hause fahren konnte. Sie ging ein paar Schritte und blieb verwirrt stehen. War da nicht ein dunkler Schatten am Waldrand gewesen? »Nanuk?«, rief sie mit gedämpfter Stimme. »Bist du das?« Sie bekam keine Antwort und nahm an, dass sie sich die Bewegung nur eingebildet hatte.
Mit der rechten Hand klopfte sie den Schnee von ihrem Anorak. »Dusty! Snowball! Grumpy! Wo steckt ihr?«, rief sie in die Dunkelheit. »Der Elch ist weg! Ihr braucht keine Angst mehr zu haben!«
Sie fand die Hunde ungefähr drei Meilen von der Unfallstelle entfernt, im Unterholz eines Fichtenwäldchens, das sich am Ufer eines zugefrorenen Sees erhob. Der Schlitten hatte sich um einen Baum gewickelt, und den Huskys war es nicht gelungen, sich aus den verhedderten Leinen zu befreien. Entkräftet kehrte sie schließlich nach Hause zurück und fuhr ins Krankenhaus. Dr. Morgan verschrieb ihr eine Salbe, die wahre Wunder wirkte, und ermahnte sie, sich drei Tage zu erholen. »Mindestens«, fügte er hinzu, »sonst findet das Dog Derby in diesem Jahr ohne Sie statt! Wenn Sie gewinnen wollen, müssen Sie gesund sein! Die Schulter ist geprellt und braucht Ruhe!«
Clarissa hielt sich an die Ermahnung des Arztes und war-

tete, bis sie vollkommen genesen war. Erst dann trainierte sie wieder mit den Hunden. Fast jeden Nachmittag verbrachte sie auf dem zugefrorenen Chena River, um die Spurtkraft und die Schnelligkeit der Hunde zu stärken. Ihre Huskys waren mehrtägige Rennen wie die Yukon Trophy gewöhnt und mussten sich rasch umgewöhnen, wenn sie beim Dog Derby eine Chance haben wollte. Auch den anderen Mushern erging es ähnlich. Wie sie hatten sie monatelang auf ein langes Rennen trainiert und mussten sich wenige Wochen vor dem Dog Derby umstellen. Nur weil ein Teil der Preisgelder an die Hinterbliebenen von gefallenen Soldaten ging, hatten die Politiker überhaupt eingewilligt, eine verkürzte Version des Dog Derby durchzuführen. Die Einnahmen aus dem Eishockeyturnier sollten ebenfalls gespendet werden. Unter der Überschrift *Remember Pearl Harbor* berichtete der *News-Miner* regelmäßig über solche Aktionen. Zahlreiche Prominente, darunter auch Clarissa, gaben der Zeitung ausführliche Interviews, die ausschließlich dazu dienten, die Moral der Bürger zu stärken.
Der Februar verging, und die Tage wurden länger. »Willie's Flight Service« florierte, und sie konnte sich vor Aufträgen kaum retten. Ungewollt profitierte sie von dem Krieg, denn Piloten waren knapp, und die Wien Air und andere große Firmen konnten nicht jeden Auftrag übernehmen. Ihr fliegerisches Können hatte sich herumgesprochen, und kein Kunde zögerte mehr, wenn er hörte, dass eine Frau am Steuerknüppel sitzen würde. Schon gar nicht, wenn man ihm erzählte, dass diese Frau die Yukon Trophy und das letzte Dog Derby gewonnen hatte und auch in diesem Jahr zu den Favoriten zählte. Der *News-Miner* tat ein Übrigens, um ihren Ruf als star-

ke und selbstständige Frau zu festigen, allerdings aus eher egoistischen Motiven. Die Berichte über die hübsche und ungewöhnliche Frau steigerten die Auflage. Clarissa waren diese Berichte eher peinlich. Sie beantwortete die vielen Fragen der Reporter nur, weil sie vom News-Miner gesponsort wurde und sich dazu verpflichtet fühlte. Es behagte ihr gar nicht, im Mittelpunkt des Interesses zu stehen. »Die Zeiten sind schlecht«, erklärte Ross Clayton, »da brauchen die Menschen etwas Ablenkung!« Sie fügte sich widerwillig und dachte: Ich sollte es wie Alice machen und mich in die Wildnis zurückziehen!

Die Schlagzeilen gehörten weiterhin dem Krieg gegen die Japaner, und manche Politiker befürchteten bereits, dass amerikanische Soldaten auch im fernen Europa einen hohen Preis für die Freiheit zahlen mussten. Die Deutschen und die Italiener hatten sich vorgenommen, die ganze Welt zu erobern, und waren größenwahnsinnig genug, auch Amerika anzugreifen. Der Kapitän eines Kreuzers behauptete allen Ernstes, ein deutsches U-Boot vor der Küste von North Carolina gesichtet zu haben. »Dieser Hitler ist ein Verrückter!«, schimpften die Leute und zeigten offen ihre Angst vor einem jahrelangen Krieg gegen den Terror.

Am 27. Februar kam Clarissa unmittelbar mit dem Krieg in Berührung. Sie erinnerte sich so genau an das Datum, weil sie gerade auf den Kalender blickte, als die Hunde anschlugen. Es war spät am Abend, und ihr Haus war von tiefer Dunkelheit umgeben. Der Mond und die Sterne standen hinter einer dichten Wolkendecke. Sie blickte aus dem rückwärtigen Fenster und sah, dass Snowball nervös an seiner Kette zerrte. Grumpy bellte laut. Dusty kam aus der Küche und lief zur Haustür. »Ruhig, Dusty!«,

ermahnte Clarissa ihren Leithund. Sie nahm das Gewehr aus der Halterung und schob eine Patrone in den Lauf. Sie wollte kein unnötiges Risiko eingehen. Diesmal träumte sie nicht.
Natürlich galt ihr erster Gedanke den Wölfen. Obwohl ihre Hunde dann noch heftiger reagiert hätten. Sie öffnete vorsichtig die Tür und entdeckte eine Gestalt zwischen den Büschen an der Straße. Sie hob das Gewehr an die Schultern. »Kommen Sie da raus!«, forderte sie den Fremden auf. »Na, los! Kommen Sie!«
Aber sie hatte keinen Einbrecher aufgescheucht. »Belinda!«, rief sie entsetzt, als sie die Bedienung aus dem Drugstore erkannte. Das Mädchen taumelte wie eine Betrunkene und weinte hemmungslos. Ihr Haar war zerzaust. »Clarissa!«, stieß Belinda verzweifelt hervor, »ich wusste nicht, zu wem ich sonst gehen sollte! Ich hab doch niemand! Du musst mir helfen!« Sie bekam einen Weinkrampf und schlug die Hände vors Gesicht. »Es ist wegen Bill! Er ist tot! Er ist gefallen! Die Japaner haben ihn erschossen!« Wieder erstickten Tränen ihre Stimme. »Sie haben ihn umgebracht! Die verdammten Schweine haben ihn umgebracht!«
Clarissa nahm sie in den Arm und führte sie ins Haus. Mit sanfter Gewalt drückte sie das verzweifelte Mädchen in ihren Lieblingssessel. »Ruh dich erstmal aus!«, meinte sie beschwichtigend. »Ich koch dir einen heißen Tee, okay?« Sie umarmte sie noch einmal und wartete, bis das Weinen nachließ. Erst dann ging sie in die Küche. Mit dem Tee kehrte sie ins Wohnzimmer zurück. Belinda saß mit verschmiertem Makeup auf dem Sofa, die Beine angezogen wie ein ängstliches Mädchen, und starrte ins Leere. »Was soll ich denn jetzt tun, Clarissa?«, fragte sie heiser. »Wir hatten uns so auf das Stipendium

gefreut …« Sie schüttelte den Kopf. »Es ist alles so sinnlos, Clarissa! Ohne Bill ist alles … so leer!« Ihre Augen wurden klar, und sie blickte Clarissa an. »Entschuldige, dass ich gekommen bin! Ich wollte nicht allein sein! Du bist mir doch nicht böse, oder?«

»Natürlich nicht«, erwiderte Clarissa sanft, »du bist doch meine Freundin!« Sie reichte ihr den Becher. »Weißt du was, du schläfst heute hier! Und morgen und übermorgen auch! Einverstanden?«

»Einverstanden«, meinte sie dankbar. Sie erschrak. »Aber ich bin aus dem Drugstore weggelaufen! Der Chef ist sicher böse …«

»Das regele ich schon«, sagte Clarissa und ging zum Telefon.

28

Das Dog Derby startete auf der Cushman Street. Auf den Gehsteigen und an den Fenstern der umliegenden Häuser drängten sich die Zuschauer, und neben der Start-Ziel-Linie hatte man ein Podium aufgebaut. Überall hingen amerikanische Flaggen und Wimpel, in den Fenstern, am Banner über der Straße und am Rednerpult, und das Podium war mit künstlichen Blumen geschmückt. Erwartungsvolle Spannung hing in der Luft. Die Zuschauer warteten ungeduldig darauf, dass der Bürgermeister die Eröffnungsrede hielt, und die ersten Musher auf die Strecke gingen. Eine Blaskapelle unterhielt die Leute mit patriotischen Liedern und aktuellen Schlagern wie »Chattanooga Choo-Choo«.
Im Camp der Musher, das in einer Seitenstraße aufgebaut war, herrschte hektische Betriebsamkeit. Alle Teilnehmer des Rennens waren damit beschäftigt, ihre Hunde anzuspannen und ein letztes Mal die Schlitten zu überprüfen. In einem Fünfzig-Meilen-Rennen galten andere Bedingungen. Die Schlittenführer durften keine Hundenahrung und keine Ersatzhunde mitnehmen. Falls ein Hund ausfiel, musste er auf dem Schlitten transportiert werden. Alle fünf Meilen waren die Musher verpflichtet, sich bei einem Kontrollpunkt zu melden. Gestartet wurde in Zehn-Minuten-Abständen, die Reihenfolge war am Abend ausgelost worden.
Clarissa startete an vierter Stelle, direkt vor Alice. Die beiden Frauen begrüßten sich freundschaftlich und hatten großen Spaß daran, sich gegenseitig aufzuziehen.
»Und du willst wirklich mitmachen?«, meinte Clarissa fröhlich. »Wer den ganzen Winter von rohem Fleisch lebt,

hält die Strapazen bestimmt nicht durch!« Alice winkte grinsend ab. »Ein weißes Stadtmädel wie dich schlage ich im Vorbeigehen!«, erwiderte sie, »ich werde die erste Indianerin sein, die das verdammte Dog Derby gewinnt!« Und als Clarissa ihren Leithund vor den Schlitten spannte, spottete sie: »Mit dem alten Stinktier kommst du doch keine Meile weit!« Clarissa konterte mit einem abfälligen Blick auf die Hunde der Indianerin: »Und wo hast du diese Kröten her? Von einem Medizinmann?«

Die Rede des Bürgermeisters wurde über Lautsprecher verbreitet. Er begründete noch einmal, warum der Ice Carnival in diesem Jahr ausfallen musste, und legte eine Schweigeminute für die gefallenen Soldaten ein. Clarissa schloss die Augen. Sie dachte an Mike, der irgendwo im Südpazifik kämpfte, und an Belindas jungen Freund, der an der Front gefallen war. Und wie mochte es Noel Tuska und Richard Harmon auf den Aleuten gehen? Und Schwester Ruth, die sich auf irgendeinem Militärstützpunkt um die verwundeten Soldaten kümmerte? »...darf ich Sie ganz herzlich zum Dog Derby begrüßen!«, hörte sie die Stimme des Bürgermeisters. »Diesmal ist es kein gewöhnliches Rennen. Die Hälfte des Preisgeldes und die Hälfte aller Einnahmen fließt den Hinterbliebenen unserer gefallenen Soldaten zu, und ich hoffe, das ist in Ihrem Sinne, liebe Mitbürger!« Der Applaus gab ihm Recht. Es folgten einige Worte über den gerechten Krieg und den aufopferungsvollen Kampf der jungen Soldaten, und dann bat er um Aufmerksamkeit für die Nationalhymne. Die Blaskapelle begann zu spielen, und die Menschen sangen ergriffen mit. Die Verbundenheit mit den Soldaten war groß, und fast jeder Zuschauer war mit einem jungen Mann verwandt, der in den Krieg gezogen war. Clarissa hätte gern gewusst, ob Belinda unter

den Zuschauern war. Sie hatte es versprochen. Seit ihr Freund gefallen war, ging Clarissa jeden Abend in den Drugstore und munterte die junge Bedienung auf.
»Hiermit erkläre ich das diesjährige Dog Derby für eröffnet!«, tönte der Bürgermeister. Er überließ das Mikrofon dem offiziellen Sprecher, der seinerseits das Publikum begrüßte und noch einmal die Regeln erklärte. Die »Miss Ice Carnival 1941«, ein hübsches High-School-Mädchen mit einer blauen Schärpe und einer goldenen Krone auf den lockigen Haaren, gab den Startschuss für den ersten Musher, und das Rennen begann. Die Zuschauer begleiteten den ersten Schlittenführer mit lauten Anfeuerungsrufen und dem traditionellen »Go! Go! Go!« aus der Stadt.
»Mit der Startnummer vier sehen Sie eine der großen Favoritinnen, eine Siegerin der Yukon Trophy und die letztjährige Siegerin des Dog Derby, unsere Mrs. Clarissa Watson!« Begeisterter Applaus empfing Clarissa, als sie zur Startlinie fuhr. Sie hörte kaum das Klatschen und das Johlen, war ganz auf das bevorstehende Rennen konzentriert. »Dusty! Ich zähle auf dich!«, rief sie ihrem Leithund zu. »Vor den vielen Leuten dürfen wir uns nicht blamieren!« Dusty wandte den Kopf und schien ihr mit seinen blauen Augen sagen zu wollen, dass er ganz ihrer Meinung war. »Snowball! Grumpy! Benehmt euch! Habt ihr gehört? Wir schaffen es nur, wenn wir alle zusammenhalten!« Clarissa nannte jeden Hund beim Namen und feuerte ihn mit aufmunternden Worten an. »He, Blue! Heute müssen wir besonders schnell sein! Pete, du siehst gut aus! Die ersten Meilen gehen wir schnell an, ja?«
Als der Startschuss fiel, startete Clarissa mit einem lauten »Go! Go! Go!«. Unter den Anfeuerungsrufen des Pu-

blikums lenkte sie den Schlitten über die verschneite Cushman Street und die Brücke über den Chena River. Der größte Teil der Zuschauer war auf ihrer Seite. Sie war die einzige Teilnehmerin aus Fairbanks, und der *News-Miner* hatte sie erfolgreich zum Publikumsliebling aufgebaut. Die anderen Musher kamen aus Anchorage und kleinen Siedlungen am Yukon, Tanana und Koyukuk River, und ein Mann war sogar aus dem Yukon-Territorium angereist.
Clarissa ging das Rennen schnell an. Fünfzig Meilen waren keine große Entfernung für trainierte Schlittenhunde, und sie wollte schon bis zum ersten Kontrollpunkt einen Vorsprung herausfahren, bevor es durch die unwegsamen Wälder und in die Berge ging. »Lauf, Dusty! Alice darf uns nicht einholen!« Die ersten Meilen führten am Waldrand entlang und auf den zugefrorenen Tanana River. Das gab den Hunden Gelegenheit, ihre ganze Kraft und Schnelligkeit auszuspielen. Dusty flog über den festen Schnee. Snowball und Grumpy legten sich mächtig ins Geschirr. Pete, Blue und der junge Blondie hielten tapfer mit. Jetzt zahlten sich die vielen Trainingsstunden aus. Auf dem Tanana River war Clarissa besonders viel gefahren, und ihre Hunde kannten das Eis auswendig, wussten lange vorher, wo sie einem Hindernis ausweichen oder einen anderen Kurs nehmen mussten. Sie kümmerten sich nicht um die Spuren der drei Gespanne, die vor ihnen über den Fluss gerannt waren. »Weiter so, Dusty!«, rief Clarissa zufrieden. »Noch ein bisschen schneller!«
Selbst auf dieser ebenen Strecke zahlte sich die langjährige Erfahrung der Musherin aus. Geschickt verlagerte sie ihr Gewicht, wenn es in eine Kurve ging, und sprang rechtzeitig vom Trittbrett, wenn ihre Kräfte gefordert

waren. Noch vor dem ersten Kontrollpunkt hatte sie den dritten Musher eingeholt. Er war fair genug, ihr die Spur zu überlassen und sie an ihm vorbeiziehen zu lassen. Clarissa winkte ihm zu und federte geschickt in den Knien nach, als der Schlitten über eine Bodenwelle sprang. »Go! Go! Go!«, rief sie in den kalten Wind. Das Rennen machte ihr Spaß, und sie genoss das Gefühl, mit dem Schlitten über den zugefrorenen Fluss zu fliegen. Es war jetzt länger hell, und der Himmel zeigte ein verwaschenes Grau. Einige Schneeflocken wirbelten auf das Eis herab. Sie spürte die eisige Kälte kaum.

Am ersten Kontrollpunkt gönnte sie den Hunden eine kurze Verschnaufpause, dann ging es weiter. Sie blickte sich nicht um. Alice durfte auf keinen Fall an ihr vorbeiziehen, sonst hätte die Indianerin einen zehnminütigen Vorsprung, und der wäre nicht mehr wettzumachen. Clarissa hatte den Ehrgeiz, die beiden Musher vor ihr zu überholen und als Erste durchs Ziel zu gehen. Kein leichtes Unterfangen bei diesem Rennen. Auf der unwegsamen Strecke zwischen dem zweiten und dritten Kontrollpunkt wollte sie es schaffen, dort führte der abgesteckte Trail durch das zerklüftete Bergland, in dem sich die Ausdauer ihrer Hunde auszahlen würde. Sie hatte den großen Vorteil, das Terrain genau zu kennen, obwohl einige Musher von außerhalb in der Nähe von Fairbanks trainiert hatten. Sie würde das Rennen gewinnen. Sie durfte ihre vielen Fans in Fairbanks nicht enttäuschen. Clarissa hatte keine Ahnung, dass Alice sich ein heißes Kopf-an-Kopf-Rennen mit ihr lieferte. Sie waren nur wenige Sekunden auseinander. Dennoch gönnte sie sich auch am zweiten Kontrollpunkt kaum eine Pause. Die Hunde waren durchtrainiert und waren begierig darauf, ihr Können zu zeigen. »Die ersten beiden sind nur wenige Minuten vor dir!«, verriet ihr der Offizielle, der am Kontrollpunkt die Namen auf der Teilnehmerliste abhakte, »in den Bergen holst du sie ein!« Obwohl er im Pacific Air Shop in Fairbanks arbeitete und auf ihrer Seite war, prüfte er sorgfältig, ob alle Hunde gesund waren, bevor sie weiterfahren durfte.

Entschlossen lenkte sie den Schlitten in die Berge hinein. Die Hunde legten sich kräftig in die Leinen und kämpften sich durch den harschen Schnee. Der Trail führte in scharfen Windungen zwischen den Felsen hindurch, und sie lief die meiste Zeit hinter dem Schlitten her und schob kräftig an. Mit weit ausholenden Schritten kämpfte sie sich nach oben. Der Schnee, der von den Hunden und dem Schlitten aufgewirbelt wurde, hüllte sie wie eine nasse Wolke ein. Ihre Schutzbrille beschlug, und sie überließ es den Hunden, dem Trail zu folgen. Auf der Höhe schnaufte sie kurz durch, rieb die beschlagene Brille trocken und fuhr weiter. Sie überholte den zweiten Starter, einen jungen Mann aus Anchorage, der mächtig fluchte, als sie an ihm vorbeifuhr. In dem weiten Tal, das sich am Fuße des Berges erstreckte, zog sie zu einem langen Spurt an und ließ auch den ersten Musher hinter sich. Er grüßte nicht einmal. »Weiter so, Dusty!«, rief sie. »Go! Go!«

Am dritten Kontrollpunkt war sie immer noch gut bei Kräften, und auch die Hunde machten den Eindruck, als hätte das Rennen gerade erst angefangen. »Wir Frauen sind einfach zäher!«, würde Alice später sagen. Clarissa trieb die Hunde noch einmal an und fuhr in den Fichtenwald, der zwischen dem Kontrollpunkt und dem Tanana River lag. Hier war der Schnee besonders trocken, und sie musste aufpassen, dass der Schlitten auf dem teilweise blanken Eis nicht ins Schleudern

geriet. Mit gemischten Gefühlen dachte sie an den Tag zurück, an dem sie vom Schlitten gestürzt und dem hungrigen Wolfsrudel begegnet war.
Sie erreichte eine Lichtung und fuhr in den frischen Schnee hinein. Beinahe zu spät entdeckte sie den Wolfshund, der einsam auf einem Hügel stand und sie anstarrte. »Whoaa!«, rief sie den Hunden zu. »Whoaa! Haltet an!« Sie bremste den Schlitten ab und blickte den Wolfshund wie eine Erscheinung an. »Nanuk!«, flüsterte sie. »Willst du mir was sagen?« Der Wolfshund drehte sich ein paar Mal auf der Stelle und wartete geduldig. »Du willst, dass ich dir folge, nicht wahr?« Sie zögerte einen Augenblick, blickte sich nach ihren Verfolgern um und sah wieder den Wolfshund an. Er schien keine Widerrede zu dulden. Ohne daran zu denken, dass dieser Umweg sie den Sieg kosten würde, folgte sie Nanuk. Sie lenkte den Schlitten vom Trail und fuhr durch den tiefen Schnee den Hügel hinauf. Nanuk wartete auf sie. Als sie sich dem Wolfshund bis auf wenige Meter genähert hatte, und sie bereits sehen konnte, wie sein Fell vom Wind gefächert wurde, verschwand er aus ihrem Blickfeld. Sie schob den Schlitten auf den Hügelkamm und entdeckte ihn in einer Senke.
Er stand mit aufgerichtetem Schwanz im schmutzigen Schnee und beobachtete, wie die anderen Wölfe seines Rudels sich über einen erlegten Elch hermachten. Sie beachteten Clarissa gar nicht, fraßen gierig von dem blutigen Fleisch. Nanuk beteiligte sich nicht an der Fressorgie. Er blieb ruhig stehen und starrte Clarissa an, als wollte er sagen, wir haben genug zu fressen. Wir lassen euch in Ruhe. Und in seinen Augen war wieder dieses Leuchten, das sie schon am Yukon bemerkt hatte. »Ich liebe meinen Mann!«, bekräftigte sie noch einmal. »Und

ich werde ihn niemals verlassen! Das verspreche ich dir, Nanuk!«

Clarissa wendete den Schlitten und kehrte zur Strecke zurück. Sie bemerkte gerade noch, wie Alice mit lauten Anfeuerungsrufen zwischen den Felsen verschwand und sich erstaunt umblickte, als sie die Konkurrentin vom Hügel kommen sah. In ihrem Windschatten nahm Clarissa das Rennen wieder auf. Sie vergaß Nanuk, und der Ehrgeiz erwachte von neuem in ihr. Doch sie konnte nicht mehr gewinnen. Es gelang ihr, Alice auf der letzten Meile abzufangen und an ihr vorbeizuziehen, aber ihr Vorsprung war nicht groß genug, um die zehn Minuten zu übertreffen, die Alice später gestartet war. Die Zuschauer empfingen die beiden Musherinnen mit lautem Beifall. Sie feuerten Clarissa an, bis sie im Ziel war, und jubelten der Siegerin zu. »Ladys and Gentlemen«, tönte es aus den Lautsprechern, »damit hat Alice das diesjährige Dog Derby gewonnen! Die erste Indianerin, die das jemals geschafft hat!« Die Indianer, die in die Stadt gekommen waren, umringten die Siegerin und feierten sie begeistert.

Clarissa wartete, bis sich die Aufregung gelegt hatte, und gratulierte Alice. »Das nächste Mal gewinne ich wieder«, sagte sie.

»Was hast du auf dem Hügel gemacht?«, fragte Alice verwundert. »Wolltest du Blumen für die Siegerehrung pflücken?« Sie grinste. »Ohne den verdammten Umweg hättest du gewonnen ...«

»Ich musste mit einem Wolf sprechen«, erwiderte Clarissa.

Sie ließ die erstaunte Indianerin stehen und kehrte zu ihrem Schlitten zurück. »Gut gemacht, Dusty!«, lobte sie ihren Leithund. »He, Snowball! Kein Grund, die Zähne

zu fletschen! Easy, Grumpy! Ich musste dem Wolfshund folgen. Er hatte mir was Wichtiges zu sagen!« Sie kraulte ihren Leithund zwischen den Ohren und drückte ihn liebevoll. »Ihr seid die besten Hunde der Welt!«
Sie verankerte den Schlitten und war auf dem Weg zur Siegerehrung, als sie Betty Sheldon aus einem der Häuser kommen sah. Schon beim Anblick ihres verweinten Gesichts wusste sie, was geschehen war. Sie rannte zu ihr und umarmte sie. »Mike ist gefallen«, flüsterte die Mutter des Jungen, »sie haben es mir gerade gesagt! Er flüsterte deinen Namen, bevor er starb! Ein anderer Soldat war bei ihm!« Sie löste sich von Clarissa. »Und gestern hab ich noch zu einer Nachbarin gesagt, der schafft es, der Junge! Der liebe Gott kann nicht wollen, dass er so früh stirbt!«
»Es tut mir so Leid«, versuchte Clarissa sie zu trösten.
Obwohl ihr nicht nach Feiern zumute war, ging sie zur Siegerehrung. Es wäre unfair und respektlos der Siegerin gegenüber gewesen, ihr fernzubleiben. Sie umarmte die Indianerin und gratulierte ihr, und sie lächelte in die Kameras der Reporter. Als Ross Clayton ihr einige Fragen stellte und wissen wollte, warum sie den Sieg verpasst hatte, sagte sie: »Alice war heute besser!«
Sie versprach sogar, zu der Siegesfeier im Nugget Saloon zu kommen, und stahl sich unter dem Vorwand davon, ihre Hunde nach Hause bringen und versorgen zu müssen. Stattdessen fuhr sie an der Brücke vorbei und nach Weeks Field hinaus. »Mike Sheldon ist gefallen«, sagte sie nur, als Harry Cheek aus seinem Holzhaus kam und ihr half, die *Fairchild* aus dem Hangar zu schieben und den Motor aufzuheizen. Der Airport Manager, der bereits wusste, dass sie Zweite geworden war, legte ihr eine Hand auf den Rücken. Er schüttelte den Kopf und sag-

te: »Hoffentlich ist dieser Krieg bald vorbei! Mike war ein guter Junge!«
Clarissa kletterte ins Cockpit und drehte die Maschine in den Wind. Mit heulendem Motor hob sie ab. Sie stieg in den grauen Himmel empor und zog in einer weiten Kurve über die Stadt. Aus luftiger Höhe verfolgte sie, wie die vielen Zuschauer die Cushman Street verließen und in ihre Häuser zurückkehrten. Sie entdeckte Alice, die mit ihrem Schlitten zum Nugget Saloon fuhr und sich bestimmt wunderte, warum das »weiße Stadtmädel« der Siegesfeier fernblieb. Sie nahm sich vor, die Indianerin sobald wie möglich zu besuchen und mit ihr auf den Sieg anzustoßen.
Sie hatte kein besonderes Ziel, ließ sich vom Wind über das verschneite Land treiben und genoss die Einsamkeit am trüben Himmel. Mit Tränen in den Augen sprach sie ein Gebet für Mike. Er hatte ihren Brief bekommen, bevor er gefallen war, und war in dem Bewusstsein gestorben, dass sie ihn liebte. Wenn es ein Wiedersehen im Jenseits gab, würde er ihr verzeihen. »Ich hab es für dich getan, Mike! Ich wollte dir den Schmerz ersparen!«
Über dem Tanana River wendete Clarissa die *Fairchild*. Sie folgte dem Fluss nach Fairbanks zurück und hörte plötzlich Harrys Stimme in ihrem Kopfhörer. »He, Clarissa! Kannst du mich hören?« Sie wunderte sich, dass er nicht den vorgeschriebenen Code benutzte, und ahnte, dass etwas Außergewöhnliches geschehen war. »Was gibt's, Harry? Hab ich was verbrochen?«
»Frank ist aufgewacht! Du sollst sofort kommen!«
Clarissa zögerte keine Sekunde. Sie drückte die *Fairchild* nach unten und hielt direkt auf das Krankenhaus zu. Wie in einem Rausch flog sie über die Cushman Street. Sie sah, wie einige Leute nach oben blickten und

erschrocken zur Seite rannten, und setzte kurz vor der Brücke auf. Wenige Meter vor dem Parkplatz kam sie zum Stehen. Sie sprang aus dem Cockpit und rannte an den verdutzten Ärzten und Schwestern vorbei ins Krankenhaus.
Atemlos hetzte sie durch den dunklen Flur. »Kommen Sie, kommen Sie!«, rief Dr. Morgan schon von weitem. Er öffnete die Tür des Krankenzimmers, und sie stürmte hinein, sah zu ihrer großen Freude, dass Frank sie anblickte, und umarmte ihn fest.
»Ich liebe dich, Frank!«, begrüßte sie ihn voller Tränen.
»Ich ... liebe ... dich ...«, sagte er. Und dann küsste sie ihn, bis sie keine Luft mehr bekam, und wich nicht mehr von seiner Seite.